《企业现场管理准则》国家标准系列图书

建筑业《企业现场管理准则》（GB/T 29590—2013）标准实施指南

中国质量协会
中国石油集团东北炼化工程有限公司
编著

中国质检出版社
中国标准出版社

北京

图书在版编目(CIP)数据

建筑业《企业现场管理准则》(GB/T 29590—2013)标准实施指南/中国质量协会，中国石油集团东北炼化工程有限公司编著.—北京：中国标准出版社，2015.9
ISBN 978-7-5066-8018-9

Ⅰ.①建… Ⅱ.①中… ②中… Ⅲ.①建筑业—工业企业管理—标准—中国—指南 Ⅳ.①F426.9-65

中国版本图书馆 CIP 数据核字（2015）第 189738 号

中国质检出版社
中国标准出版社 出版发行

北京市朝阳区和平里西街甲 2 号（100029）
北京市西城区三里河北街 16 号（100045）

网址：www.spc.net.cn
总编室：(010) 68533533 发行中心：(010) 51780238
读者服务部：(010) 68523946
中国标准出版社秦皇岛印刷厂印刷
各地新华书店经销

*

开本 700×1000 B5 印张 23.25 字数 245 千字
2015 年 9 月第一版 2015 年 9 月第一次印刷

*

定价 45.00 元

编写人员

齐　静　王　璐　高冬兰　郭立新
于　鹏　李朋达　王　楠　郑韶峰
陆平杰　高建磊　柳士鑫　曹建伟
李　昱　万展强

编审人员

吕　青　侯进锋

前　言

为了促进我国企业基础管理水平的持续提升，中国质量协会从2009年开始，在全国范围的企业开展现场管理改进提升活动。2013年12月，中国质量协会组织起草制定的、我国首部原创性管理类国家标准——《企业现场管理准则》（GB/T 29590—2013），由国家标准化管理委员会正式发布实施。标准的出台，为企业提供了系统开展现场管理工作的方法，企业通过导入和实施《企业现场管理准则》，建立和完善企业内部现场管理体系，将先进质量管理工具方法系统运用到基础管理工作过程中，不断增强企业管理水平，促进企业品牌价值和核心竞争力的提升。《企业现场管理准则》也将为企业的现场管理改进活动提供更为有效的指导。

为了帮助企业更好地理解并实施国家标准，中国质量协会组织专家编写《企业现场管理准则》国家标准系列图书。《建筑业〈企业现场管理准则〉（GB/T 29590—2013）标准实施指南》由中国质量协会与中国石油集团东北炼化工程有限公司共同编著。本书结合建筑行业现场特点，在对国内优秀建筑企业的现场管理经验进行系统梳理和总结的基础上，全面阐述现场管理的理念、现场管理与项目管理的关系、建筑业现场管理的实施过程，并结合建筑企业实施的具体案例，对 GB/T 29590—2013 中附录 C《企业现场管理准则建筑业实施指南》的要求进行深入解读。

在编写过程中，青建集团、上海城建集团等企业为本书提供了丰富的现场管理案例。

由于时间仓促，水平有限，书中难免存在诸多不足之处，诚恳地希望广大读者批评指正。

编著者

2015 年 6 月

目　录

第一篇 现场与工程项目管理概述

第一章　现场与现场管理

第一节　现　　场

一、现场的概念

现场是指企业中提供产品和服务的场所。产品和服务提供过程具有不同的特征（见图 1-1），因此，产品和服务提供现场中需要重点控制的管理要素和管理活动也不尽相同。

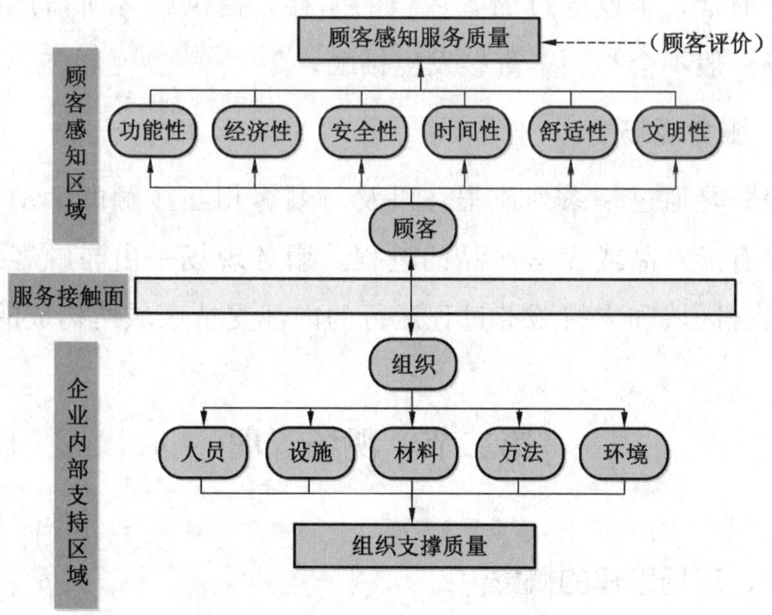

图 1-1　产品和服务提供现场重点管理要素示意图

对生产性质的现场来讲，管理者重点需要解决人员、设施、材料、作业方法等生产要素之间如何协调匹配的问题，从而既能保证产品质量的稳定，又能发挥出这些管理要素在生产过程中的效率和效能。

对服务性质的现场来讲，顾客通常会直接参与到服务的过程中，企业既会为顾客提供有形产品，也会为顾客提供无形产品。顾客会从服务的功能性、经济性、安全性、时间性、舒适性、文明性等方面来评价服务的感知质量，管理者重点要解决服务现场如何满足顾客个性化需求，从而不断提升顾客的满意度和忠诚度。

二、现场的分类

1. 生产现场

制造过程是通过物理或化学作用将有形输入转化为有形输出的过程。生产现场包括制造满足顾客所需产品的车间、生产线等场所。通常，企业通过储备适当的库存，提供顾客所需产品，生产现场一般不会与顾客直接发生接触。

2. 服务现场

服务是通过一系列流程，以及与顾客相互接触的活动，向顾客提供有形产品或无形产品的过程。服务现场是由与顾客接触的服务接触区域和支持服务过程运行的内部支持区域所构成的。

第二节　现场管理

一、现场管理的概念

现场管理是对现场进行的计划、组织、指挥、协调、控制和改进的活动。

现场管理是一项系统化的工作，围绕着对现场涉及各项活动的策划、控制和改进等几个重要阶段展开，在这一过程中，需要通过系统地运用质量管理工具方法，不断提升各个阶段工作的质量和效率。

二、现场管理的目的

现场管理是企业重要的基础性管理工作，企业中大量的管理控制活动都是通过现场中的普通员工完成的。现场管理活动的质量和效率，将会直接决定企业内部与质量、效率、成本等相关的运营绩效结果。

当前，我国企业正处于转型发展的关键时期，迫切需要提升产品制造能力和服务水平。长期实践表明，企业现场管理水平的提高会有效促进包括产品质量、市场占有率、利润率、顾客满意度、顾客忠诚度在内的经营业绩的提升。广大企业需要深刻理解现场管理的内涵，加强科学运用管理工具的水平，不断提升基础管理能力，最终实现企业高质量的发展。

第三节　建筑业现场类别及特点

一、建筑业现场类别

1. 按资质类别划分

按照建筑企业的资质类别划分，一般包括工程勘察企业、工程咨询企业、建筑施工企业、建设工程设计企业、监理企业、工程检测企业等。与之相对应的有勘察现场、咨询现场、施工现场、设计现场、监理现场、检测现场等。这里的现场是指广义的现场，可能包括建筑物所在地、办公场所、实验现场、预制现场、原材料存储现场等。其中，不同的现场特点不同，具有一定的差异性，施工现场是最为普遍和典型的，本书侧重以施工现场为主。

2. 按专业类别划分

建筑企业依据《建筑业企业资质标准》，可以分为建筑工程、公路工程、铁路工程、港口与航道工程、水利水电工程、电力工程、矿山工程、冶金工程、石油化工工程、市政公用工程、通信工程、机电工程等专业。尽管各专业现场提供的工程产品或最终标的物不同，但是从现场管理上有共性的特点，管理控制都可以遵循《企业现场管理准则》（GB/T 29590）（以下简称《准则》）对过程控制的相关要求。

3. 按项目利益相关方划分

项目利益相关方，即项目的参与方及受影响的个人或组织。如投资方、业主方（或建设单位）、咨询方、设计方、总承包方、分包方、监理方、采购方等。各利益相关方都涉及对现场的管理，由于出发点不同，在同一现场管理中关注点有所不同（见表 1-1）。因此，即使服务于同一工程现场，不同利益相关方现场管理关注点会有较大的差异，在评审现场或实施现场管理时，要识别利益相关方关注要素，进行现场策划与管理。如对于某一工程项目，投资方的现场管理应重点关注投资控制、现场实施风险、总工期与工程主体质量管理等；总承包方及施工总包方应重点关注质量、安全、进度、合同、成本及组织协调等的控制与管理；采购方应关注工程项目对产品需求的价格、质量、进度安排，以及工程项目能否按时支付货款及履行订货合同等。

表 1-1　项目利益相关方的主要关注点

相关方	关注要素									
	安全	投资	进度	质量	合同	信息	组织和协调	成本（或工程造价）	风险	资源
投资方	△	▲	▲	▲	△	△	△	▲	▲	△
业主方（或建设单位）	▲	▲	▲	▲	▲	△	△	▲	▲	△
咨询方	△	▲	△	△	▲	△	△	▲	▲	△
设计方	▲	▲	▲	▲	▲	▲	△	△	△	△
总承包方	▲	△	▲	▲	▲	▲	▲	▲	△	▲
分包方	▲	△	▲	▲	▲	▲	▲	▲	△	▲
监理方	▲	▲	▲	▲	▲	▲	▲	△	△	△
采购方	△	△	▲	▲	▲	△	△	▲	△	△
▲为重点关注；△为一般关注。										

二、建筑业现场的特点

建筑业企业现场大多具有离散性的现场特点，就其实施场所而言，可能是固定场所、移动场所或是其组合。尽管按照资质、专业及利益相关方等有不同划分方式，现场管理都具有以下特点。

1. 产品固定性

建筑产品建造地点固定，这种空间固定的属性是其与一般工业产品最大的区别。

2. 工艺、方法多样性

在建筑施工中，专业类别多、工序复杂，即使同一道工序也可采用不同的工艺和施工方法。

3. 现场离散性

建筑施工使用的构配件和工序产品被分解成多个任务或过程产品，经过一系列并不连续的工序加工最终安装而成。

4. **人员流动性**

工程项目参与人员是临时组合的，组成项目的人员流动性大，项目完工后即转移到新项目。

5. **时间限定性**

工程项目必须依据合同在限定的时间内完成，即工期限制。

6. **现场不确定性**

工程项目建设周期长，内外部环境复杂，露天作业条件差，交叉作业多，施工过程中不确定因素较多。

第二章　工程项目及项目管理过程

第一节　工程项目

一、工程项目的定义

工程项目是以工程建设为载体的项目，是作为被管理对象的一次性工程建设任务。它以建筑物或构筑物为目标产出物，需要支付一定的费用、按照一定的程序、在一定的时间内完成，并应符合质量要求。一个完整的工程项目可以是一个建设项目、单项工程或单位工程。

二、工程项目的特性

1. 唯一性

无论是什么样的项目，其本身的内涵和特点都与众不同，没有两个完全一样的工程项目。

2. 特定性

所有工程项目都具有特定的对象和建设目标，可能是一个商场、一所学校或一条高速公路，其建设周期、造价和功能都是独特的，建成后所发挥的作用和效益也是独一无二的。

3. 约束性

任何项目的实施，都具有一定的限制、约束条件，包括时间的限制、费用的限制、质量和功能的要求以及地区、资源和环境的约束等。

4. 复杂性

工程项目规模大、投资高、建设周期长、协作单位多，建设地点、人员和环境不断变化，加之项目管理组织是临时性组织，使其具有复杂性的特点。

三、工程项目阶段划分

建设工程项目的全寿命周期可以分为三个阶段，即决策阶段、实施阶段和使用阶段（见图 2-1）。

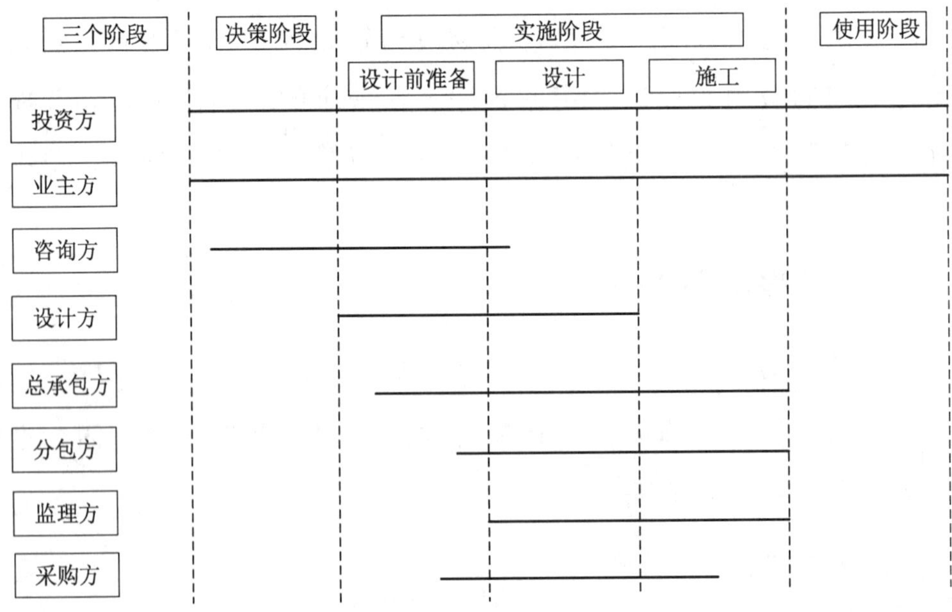

图 2-1 建设项目的阶段划分

注：不同的建设项目采取的项目管理方式不同，各参与方参与项目深度也有所不同，因此，图 2-1 横线表示的参与深度会有差异。

1. 决策阶段

建设项目的决策阶段包括从建设意图的酝酿开始，调查研究、编写及报批项目建议书、可行性研究报告等项目前期的组织、管理、经济和技术方面的论证等工作。这一阶段的参与方可能包括业主方、咨询方、投资方等。

2. 实施阶段

建设项目的实施阶段包括设计前准备阶段、设计阶段、施工阶段、动用前准备阶段和保修期。设计前准备阶段的主要任务是为已经做出决策并且要实施的建设项目编制设计任务书；设计阶段工作包括初步设计、技术设计、施工图设计等；施工阶段是实现建设工程价值和使用价值的主要阶段，需要协调的内容多、持续时间长、风险因素多、合同关系复杂、合同争议多；动用前准备阶段要保证项目顺利通过竣工验收；保修期自竣工验收合格之日起计算。需要特别指出的是，工业项目竣工验收后要确保装置开车。这一阶段的参与方可能包括业主方、投资方、设计方、总承包方、分包方、监理方、采购方等。

3. 使用阶段

使用阶段也称为运营阶段或运行阶段，意味着工程建设已经全部完成，并且依据有关法规规定履行了必需的工作程序。这一阶段的参与方可能包括业主方、投资方等。

总体来说，工程项目管理的各个阶段按照顺序首尾衔接，有明确定义的步骤为各阶段的完成标志，随着项目推进，项目面临的风险和不确定性逐渐降低。

第二节 工程项目管理

一、工程项目管理的定义

工程项目管理是指从事工程项目管理的企业受业主委托，按照合同约定，代表业主对工程项目的组织实施进行全过程或若干阶段的管理和服务。

根据管理主体、管理对象、管理范围不同，工程项目管理可以分为业主方项目管理、设计方项目管理、总承包方项目管理、分包方项目管理、咨询方项目管理、监理方项目管理、采购方项目管理等。

二、工程项目管理的内容

根据《建设工程项目管理规范》（GB/T 50326）中的要求，项目管理内容包括合同管理、采购管理、进度管理、质量管理、安全管理、环境管理、成本管理、资源管理、信息管理、风险管理、沟通管理等。

三、工程项目管理的特点

1. 复杂性

建设工程项目具有一次性的特点，且受到投资、时间、质量等多种约束条件的严格限制，涉及多系统、多专业集成，外界影响因素多，这些都增加了项目管理的复杂性。

2. 特殊性

一方面项目管理组织是随同项目临时组建的团队，不同于相对固定的企业组织；另一方面不同的工程项目资源约束不同、合同要求不同、管理模式不同，不可完全复制，因此具有特殊性。

3. 系统性

项目管理的策划、实施、评价是一个系统的过程。同时，项目管理方法的理论体系集成了多学科的知识，并广泛应用在项目的策划与立项、目标控制、后评价等方面。

4. 顾客导向性

项目管理成功的标准是项目利益相关方的满意度，特别是顾客满意度。利益相关方是那些参与项目或其利益受到该项目影响的个人和组织，项目管理就是要充分考虑相关顾客的利益，最大限度地满足顾客的要求，力求超越顾客期望。

四、工程项目管理的影响因素

工程项目管理是在一个比工程项目本身大得多的环境中进行的，项目干系人、组织、文化、自然环境等都可能对工程项目产生不可忽视的影响。

1. 干系人的影响

项目干系人从自身的利益出发，会提出不同的需求和期望，要达到这些需求和期望，可能会有不同的解决方案，有时还会有冲突或矛盾，所以项目管理必须找到恰当的平衡点满足不同干系人的需求。

2. 组织的影响

组织影响一般来自两个方面：一是来自于项目之外的组织影响，包括上级公司、政府机构、总承包方、业主方、项目管理承包商等，这些组织的体系、文化、结构都会对项目的管理和协调产生很大的影响；二是项目自身采用的组织管理模式影响，如直线职能式、事业部式、矩阵式等组织架构会对项目内部的沟通与协调、资源调配、工作效率等方面产生不同的影响。

3. 文化的影响

文化影响着人们的思维方式和行为方式，文化差异会影响各方的价值取向、交流及沟通效果，项目管理要考虑如何避免文化冲突，以确保不同文化背景的人共同工作时能够提高工作效率。

4. 其他因素的影响

政治环境的影响，如发生战争、禁运、罢工、社会动乱等造成工程中断或终止；经济环境的影响，如通货膨胀、汇率调整、工资和物价上涨等；法律、政策的影响，如新法律颁布、国家调整税率或增加新税种等；自然环境的影响，如百年未遇的洪水、地震、台风等，以及工程水文、地质条件的不确定性等。

这些因素应在项目风险管理过程中予以考虑，以尽量减少其对项目造成的负面影响。企业要认真识别风险，进行风险分析，采取有效措施，消除、降低或分担风险，保证项目顺利进行。

五、工程项目管理模式

工程项目管理模式是指一个工程项目建设的基本组织模式，以及在完成项目过程中各参与方所扮演的角色及其合同关系，在某些情况下，还要规定项目完成后的运行方式。典型的工程项目管理模式包括以下几种。

1. 分别委托项目管理模式

在这种工程项目管理模式中，业主将工程项目的工作分别委托给具备资质的相应单位，业主要参与工程项目管理的全过程，对每阶段工作要做出较细致的控制和监督，并要协调各承包商的工作。业主项目管理工作量大，承担风险高。

2. EPC 模式

EPC（Engineering Procurement Construction）是设计、采购、施工的英文缩写，是总承包商按照合同约定，完成工程设计、采购、施工、试运行（试车）服务等工作，实现设计、采购、施工各阶段工作合理交叉与紧密融合，并对工程的进度、质量、造价和安全等全面负责的项目管理模式。EPC 模式中，业主只负责整体的、原则的、目标的管理和控制，业主介入具体组织实施的程度较浅。工程总承包商要承包更多的责任和风险，同时工程总承包商也拥有更多获利机会。

3. PMC 模式

PMC（Project Management Contractor）模式是指在项目可行性研究完成后，业主先选择技术力量较强，有丰富工程管理经验的工程公司或咨询公司对项目进行全面全过程的项目管理承包。项目管理承包商作为业主的代表或业主的延伸，帮助业主在项目前期策划、项目定义、计划、融资方案以及设计、采购、施工、试运行等全过程实施有效的控制，保证项目成功交付，达到项目生命周期技术和经济指标的最优化。

4. BOT 模式

BOT（Build Operate Transfer）模式有时也称为“特许经营权”方式，它是指某一财团或若干投资人作为项目的发起人，从一个国家的中央或地方政府获得某项基础设施的特许建造经营权，然后由此类发起人联合其他各方组建股份制的项目公司，负责整个项目的融资、设计、建造和运营。在整个特许期内，项目公司通过项目的运营获得利润。在特许期届满时，整个项目由项目公司无偿或以极低的名义价格移交给东道国地方政府。此外还有BOT模式的一种变换形式BT（Build Transfer）模式，意即“建设—移交”，是政府利用非政府资金来进行非经营性基础设施建设项目的一种融资模式，指一个项目的运作通过项目公司总承包，融资、建设验收合格后移交给业主，业主向投资方支付项目总投资加上合理回报的过程。

5. PPP 模式

PPP（Public Private Partnership）模式是指政府与私人组织之间，为了合作建设城市基础设施项目，或是为了提供某种公共物品和服务，以特许权协议为基础，彼此之间形成一种伙伴式的合作关系，并通过签署合同来明确双方的权利和义务，以确保合作的顺利完成，最终使合作各方达到比预期单独行动更为有利的结果。“鸟巢”就是中国首例实行PPP经营模式的体育馆。

PPP模式与BOT模式相比：一是组织机构设置不同，BOT模式中参与项目的公共部门和私人企业之间是以等级关系发生相互作用的，组织机构中没有一个相互协调的机制，不同角色的参与方都追求自身利益最大化，PPP模式中政府、企业是基于某个项目而形成的以“双赢”或“多赢”为理念的相互合作形式，参与各方可以达到比预期单独行动更有利的结果；二是运行程序不同，BOT模式先确立项目，开展招投标，然后成立项目公司进行项目融资，PPP模式则首先选择项目合作公司，再确立项目，最后成立项目公司开展招投标和项目融资活动。

除上述模式之外，还有CM（Construction Management）模

式、Partnering 模式及多种模式的组合等。

第三节 现场管理与项目管理的关系

一、现场管理在项目管理中的作用

现场管理和项目管理尽管在管理范围和侧重点等方面不尽相同，但一个项目可能由一个或多个现场组成，高水平的现场管理对于项目管理起着重要作用。

1. 保障产品质量

现场管理通过对影响产品实现要素的控制、对工艺流程和管理流程的梳理，建立产品质量保证体系，并通过对体系运行的监控检查确保持续提供精品工程和满意服务。

2. 降低生产成本

有效的现场管理能够促进在项目执行中系统识别各种浪费，如等待的浪费、搬运的浪费、不良品的浪费、库存的浪费等，及时采取有效措施来控制和减少浪费，降低生产成本。

3. 提升作业效率

现场管理通过对工艺流程、施工方案的优化以及对新工具、新方法、新技术应用等，达到以最小的资源投入获取最大效益的目的。

4. 掌握一手信息

贴近现场可以高效、准确地获得工程建设第一手资料，便捷获取设计、施工方案实施过程中阶段性效果信息，及时发现潜在问题和改进机会。同时，采用信息化手段收集现场信息，提高信息传递效率。此外，充分利用现场信息可以为项目决策提供保障和依据。

5. 挖掘存在问题

现场是工程建设活动的主体和控制的关键，很多问题都来源于现场，在现场发现问题并及时采取措施解决可以避免不必要的损失。

二、现场管理与项目管理的联系

现场管理是工程项目管理的重要实践场所，是项目管理的载体，二者存在很多联系。

1. 宗旨相同

都强调以顾客为中心，关注顾客，了解顾客需求，通过高效的流程控制与管理，提高顾客满意度和忠诚度。

2. 目标相同

对生产要素进行有效计划、组织和协调，达到优质、高效、低耗、均衡生产目标，为顾客和社会提供优质产品和服务。

3. 实施主体相同

二者都是在一定时间内建立相对稳定的组织架构，并配置管理团队组织实施。

4. 控制要素相同

二者都涉及质量、安全、环保、进度等控制要素，通过对这些要素的监控，实现预期结果。

5. 资源约束相同

二者都有人员、设备、资金、技术、供方等各方面的约束。

一方面在资源不足情况下，需尽可能使资源利用效率最大化，确保项目顺利进行；另一方面在资源充足的情况下，要保证与项目或现场匹配的资源配备，减少浪费。

三、现场管理与项目管理的区别

现场管理与项目管理同属于管理活动范畴，但二者之间存在着明显区别。

1. 现场范围不同

现场管理的现场指的是广义现场，可包括工程施工场所、与工程相关的工序半成品加工制造场所、设计场所、咨询场所和管理人员办公场所等，工程项目管理的现场主要是建筑或装置标的物所在地的场所。

2. 管理内容不同

现场管理更强调过程的策划、实施和监控，鼓励管理者根据自己的实际情况设计过程。在过程实施中，突出工具方法的应用，强调过程实施结果的监控。项目管理重点是对要素进行控制，没有明确提出工具方法和过程结果监控的要求。

3. 阶段划分不同

项目管理有生命周期各阶段的划分，如决策阶段、实施阶段和使用阶段，而现场管理没有明显的阶段划分。现场管理是基于PDCA循环，运用各种先进的管理方法，通过过程策划、过程控制、过程实施、过程改进等不断提升现场管理水平。

4. 界定依据不同

项目管理是依托于合同来界定的，而现场管理是以提供生产和服务的场所来界定的。

5. 各自独立的考核体系

二者都可以根据管理内容建立各自独立的考核体系，但是考核的内容不同。项目管理主要以项目责任书为基础，关注质量、安全、进度的同时，更追求经济效益；现场管理考核内容更全面，涉及全部的管理过程，更关注过程实施的结果，强调效率和效能的提升。

第四节　建筑业开展现场管理的意义

现场管理水平直接关系到产品质量好坏、经济效益的高低以及企业在市场中的竞争能力。因此，优化现场管理是企业整体优化的重要组成部分，是提高企业品牌和知名度的重要保障。

1. 提高企业管理水平

现场管理与企业管理是相辅相成、相互促进的，两者是“局部与整体”的关系。现场管理要服从企业管理整体优化的要求，保证企业整体管理质量的提升。同时，企业管理也要以现场管理优化为基础，把管理的重点放在现场，各职能科室要主动地为工程建设现场服务。

2. 促进企业技术进步

现场管理的复杂性和现场环境的不断变化推动了新产品的开发与研制、老企业的技术改造及设备更新，促进企业新技术、新材料、新工艺的应用，提高企业的技术与管理创新能力。

3. 提高企业经济效益

在现场管理中，通过不断精心策划、优化流程、合理组织、科学管理，提高现场管理效率和效能，最大限度地发挥资源利用效率，确保企业效益最大化。

4. 增强相关方满意度

现场管理状况能反映企业的精神面貌和管理水平，高水平的现场管理能够赢得业主和社会相关方认可，提升品牌知名度，树立良好的社会形象。

第三章　企业现场管理准则

第一节　框架及核心理念

一、企业现场管理准则框架

现场管理准则由现场管理推进要素、现场管理过程和现场管理结果三部分组成，如图 3-1 所示。

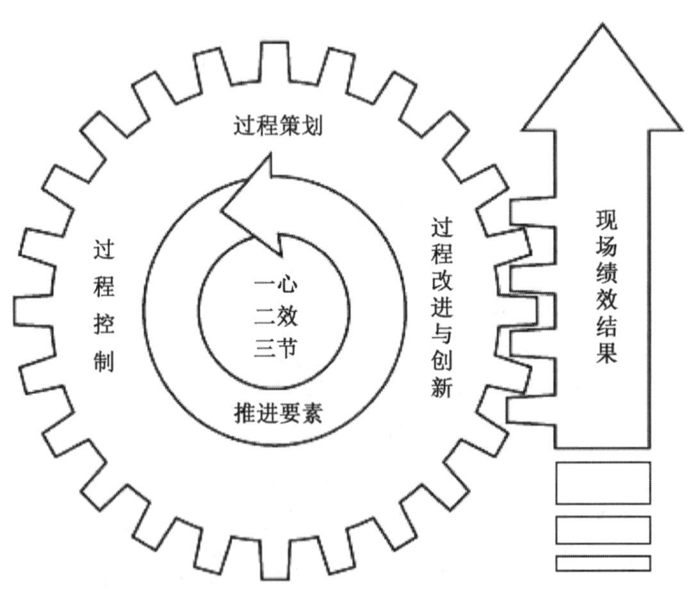

图 3-1　企业现场管理准则框架图

推进要素部分包括领导作用、战略秉承、组织保证和员工素质四部分的内容，这四部分内容构成了组织现场管理工作驱动的最为重要的因素。

过程部分包括过程策划、过程控制以及过程改进与创新三部分，这三部分按照 P—D—C—A 循环的思想，确保现场管理工作的系统性。

结果部分包括质量、效率与效能、履约、员工素质、成本、安全以及环保与资源利用七方面的内容，反映出了现场管理的全面性。

企业现场管理准则的框架图以齿轮的形式表示。企业在开展现场管理过程中，始终围绕着现场管理的核心，通过推进要素，驱使现场管理过程中的各项工作系统展开，从而促使现场管理的绩效不断提升。

二、企业现场管理准则核心理念

现场管理准则的核心是用全面质量管理的思想和方法提升现场管理活动的整体运行质量和效率，实现“一心”“二效”“三节”（“一心”——以顾客为中心，“二效”——提升效率和效能，“三节”——节省时间、节约资源和优化节拍）。

1. 以顾客为中心（“一心”）

现场管理的目的是通过高效的管理活动和流程，不断增强为顾客创造价值的能力，从而不断增强企业的核心竞争力。因此，现场管理的首要任务是以顾客为中心，根据现场提供产品或服务的特点，准确分析外部顾客和内部顾客的需求。

建筑现场的外部顾客通常会对建筑工程的功能、质量、交付周期、成本、环保等方面提出具体要求，企业需要根据这些具体要求，整体规划施工组织设计和施工方案，系统组织建筑工程的设计、施工等作业。在这一过程中，企业还需要密切关注顾客及相关方需求的变更，特别是某些个性化需求的变化，这就需要建立系统的机制，将顾客的反馈信息及时传递给设计和施工部门，以便及时调整和优化施工过程，从而更好地满足外部顾客的要求。

内部顾客通常会对各分部分项工程或中间产品的质量、交付，以及相应的管理资源配置等方面提出要求。一方面，现场要建立系统的流程，并匹配相应的管理资源，便于施工现场及时了解下道工序对施工质量、交付时间等方面的要求，从而保证施工作业的顺畅运作；另一方面，在设计管理流程和配置管理资源时，应该深入分析现场管理的实际需求，减少不必要的管理环节，提升管理的效率，方便现场管理工作的开展。

2. 提升效率和效能（“二效”）

效率是指得到的结果与使用的资源之间的关系，是单位时间内产出投入比；效能是指实现目标所显示的能力和所获得的效果及效益的综合反映。在保证工程质量的前提下，企业要思考如何提升建筑现场的作业效率。通过各项现场管理活动和流程效率的提升，有效发挥出现场管理资源使用的整体效能。效率提升的目的是为了以更快的速度和更低的成本满足顾客需求。在施工过程中，可以通过减少作业过程中不必要的工作环节，不断优化流程，缩短作业周期，提升产品交付的能力。

为了更好地发挥出管理效能，需要对现场管理流程进行系统策划，确保各项管理活动具有一致性的管理目标。一方面，通过各项管理活动和流程效率的提升，挖掘现场管理资源的潜力；另一方面，通过对内部管理流程和资源的整合，发挥出管理资源的协同效应。

3. 节省时间、节约资源和优化节拍（“三节”）

“三节”是实现提升效率和效能的途径。通过对作业流程和作业方法的优化，有效缩短施工周期或提高产品交付速度，更快地响应顾客的需求；为了提升施工过程的效率，缩短交付周期，在开展现场管理改进时，需要系统识别流程中的瓶颈环节，通过对瓶颈环节的优化，实现作业周期（节拍）的改善，不断提升现场管理的整体效率；在对现场管理活动和流程优化过程中，可以通过对现场人员、空间布局、设备等方面的优化配置，不断提升现场管理资源的利用能力，实现资源节约的目的。

三、企业现场管理准则基本理念

现场管理工作需要以顾客需求为导向，系统地策划现场管理的各项活动和管理流程，通过营造和谐的现场氛围，提升现场员工的改善意识和改进技能，不断优化作业方法和管理流程，提升现场管理过程的整体效率。《准则》也提出了现场管理的基本理念，便于现场开展相关工作。

1. 顾客导向

在开展现场管理工作过程中，现场应该以顾客为中心，充分识别各类顾客的需求和期望，关注顾客需求和期望的变化，提升现场满足顾客需求和期望的能力。

现场需要对内外部顾客进行深入分析。根据不同类别顾客的特点，确定分析顾客需求的方法，识别满足顾客需求的主导因素。在管理过程中，将顾客的需求准确地转化为现场与之相对应的管理活动和流程。

在日常管理中，要特别关注内部顾客的需求。例如：在设计内部流程和标准时，是否考虑到流程和标准的使用者是谁，使用者的知识结构和工作经验是否满足了相应的条件。

2. 系统协调

企业的领导者应促进现场实现系统化的管理，确保现场管理过程与组织整体战略运行协调一致。

在现场管理过程中，各项管理活动和流程要围绕内外部顾客需求展开。对于企业而言，产品的制造或服务的提供是通过一系列衔接的工序或流程完成的，企业在策划管理架构和职能时，需要保证各管理活动和管理职能具备一致性的目标，从而避免产生职能目标与顾客需求相冲突的现象，消除不同部门、不同岗位之间的矛盾，实现现场管理过程职能之间、工作岗位之间、流程之间的协调一致。

3. 员工素质

现场员工的素质是实现现场管理目标的重要保证。企业需要结合现场和员工特点，通过系统的激励机制和培训体系，增强员工质量意识，提高员工现场管理技能和创新能力，激发员工参与现场管理的热情。

在现场管理过程中，需要向现场员工明确内外部顾客的具体需求，增强现场员工对自身工作价值的认知，提升工作的成就感。根据岗位和员工自身的需求，设立系统的现场员工职业发展通道，激发员工自主学习、自主提升的热情。

4. 效率提升

在现场管理过程中，要始终秉承提升效率、减少浪费的基本理念，不断提升为顾客创造价值的能力。通过对现场管理活动和流程的深入分析，识别作业过程中的各种不必要的浪费，并运用质量改进方法，不断优化作业和流程，减少不必要的工作环节，提升管理资源在现场的使用效率。

在生产现场中，会出现作业流程设计不合理所导致的瓶颈环节能力低下、设备整体利用效率不高、在制品库存过多等效率低下的现象。这时，生产现场需要通过对生产组织的整体优化，消除瓶颈环节，优化生产节拍，提高人员、设备的工作效率，缩短产品加工制造周期，更好地发挥出管理资源的效能。

在服务现场中，会出现服务流程不畅或服务资源不足所导致的顾客等候时间过长、业务办理速度较慢等效率低下的现象。这时，服务现场需要对服务流程进行系统梳理，发现导致服务不畅的环节，优化并匹配充足的管理资源。

5. **持续改善**

为了满足顾客持续提升的多样化需求，现场管理过程中，需要通过系统的改进机制，对产品制造和服务提供能力，进行持续提升。现场改进机制应该包括明确改进的目标、识别改进机会的来源、建立系统的现场改进方法，以及确定现场员工所需具备的改进技能。

在现场管理改善过程中，需要充分发挥现场员工的作用，提高现场员工素养，激发员工参与改进的热情，最终，形成持续改善的现场管理文化。

6. **现场和谐**

企业需要营造诚信和谐、相互协作、安全健康、资源节约和环境保护的现场管理氛围，从而促进企业的可持续发展。

企业的可持续发展需要良好的文化和环境作为支撑，企业的管理理念需要落实于具体的现场管理工作中。在开展现场管理工作过程中，企业需要通过各种形式的活动和沟通方式，让员工了解企业的核心文化，企业的管理人员在日常的工作中要求身体力行地践行企业管理理念。通过长时间的积累，真正在现场形成促进企业可持续发展的和谐文化。

第二节　与工程项目管理相关标准应用的关系

《准则》是实施有效和持续的现场管理的推荐性国家标准，是建立优质、高效、安全、规范的现场管理系统的框架性指导文件，自推行以来得到广泛应用。在《准则》发布前，现场也应用了多个与建筑业工程项目管理及质量管理体系相关的标准，这些标准对现场管理提出了相应要求。由于每一个标准的管理范围和目的不同，因此，这些标准之间具有一定的区别和联系。准确理解标准之间的异同点、有机融合、确保建立整合的现场管理系统具有重要意义。

下面将《准则》与其他相关管理标准加以比较。

一、与 GB/T 50326《建设工程项目管理规范》（以下简称《规范》）比较

1. 相同点

（1）目的相同。二者都是为了促进建设工程项目及现场管理的科学化、规范化、制度化和国际化，规范管理组织行为，激励管理人员，调动积极性，推进自主创新，总结经验教训，提高总体管理水平。

（2）系统性思维。二者都要求建立现场或项目管理体系，明确管理组织、各层次和人员的职责与工作关系，对现场或项目进行计划、组织、指挥、协调、控制和改进活动，以达到预期的管

理目标。

2. 差异点

（1）应用范围不同。《准则》应用范围更加广泛，适用于所有现场（提供服务和工作的场所），而《规范》针对具体明确的新建、扩建、改建等建设工程有关各方的工程项目管理。

（2）标准性质不同。《准则》是成熟度标准，可用于现场管理等级评价，《规范》是对项目管理要求的符合性进行判定。

（3）管理要求不同。《准则》承接了企业战略，强调过程管理，包括过程策划、过程控制及过程改进与创新管理。由于现场表现形式千差万别，因此《准则》鼓励不同现场结合实际，策划符合现场实际的管理过程，更具操作性，同时更加强调过程网络的整合、过程能力的均衡一致、现场整体管理的最优。《规范》对项目运行要素进行控制，包括项目范围、进度、质量等16个运行要素。

3. 侧重点

（1）《准则》更加注重改进和创新。两个标准虽然都鼓励改进和创新。但《准则》各个部分均要求运用系统和与现场管理实际相协调的工具和方法，以达到“一心”“二效”“三节”的目标。对现场运用的工具和方法提出明确、更高要求，通过管理及技术方法应用上的创新，达到提升管理水平的目的。

（2）《准则》更加注重结果导向。两个标准都关注结果，但《准则》明确提出应描述现场输出的质量满足过程要求的结果。

（3）《准则》更加注重文化建设。《准则》明确提出高层领导发挥首要作用，现场文化应与企业使命、愿景、发展战略以及价值观一致，并确保战略在现场落地。《规范》要求领导确保体系建设、组织管理评审和内审等，未明确提出文化秉承和战略落地的要求。

由于两个标准具有相同点，又各有侧重，因此，无论是项目还是现场管理，应将两个标准融合使用。

二、与其他相关标准的差异

在工程建设企业普遍应用的相关标准包括《工程建设施工企业质量管理规范》(GB/T 50430)、《工程建设设计企业质量管理规范》(GB/T 50380)、《工程建设勘察企业质量管理规范》(GB/T 50379)、《建设工程监理规范》(GB 50319) 等。《准则》与这些规范相比，有共性特点，又有差异，了解它们之间的差异，便于更好地应用这些标准。

《准则》与以上这些标准之间的差异性，主要体现在应用范围、标准性质、管理要求和侧重点几个方面，详见表 3-1。

了解各标准的差异后，在实施现场管理时应将相关标准融合使用。在运用《准则》实施现场过程策划时，要充分考虑所在行业相应质量管理规范中运行要素（专业管理过程）的划分和具体要求，以准确识别过程及确定过程要求，开展过程设计；在运用本行业质量管理规范建立并实施质量管理体系时，要充分关注过程方法、强调先进工具方法应用、关注过程能力的均衡和异常波动、强化风险控制以达到过程整体的最优化。企业应推行以结果为导向的管理，不断提升管理成熟度。

表 3-1 《准则》与工程建设企业常用相关标准之间的差异

对比内容	标准				
	《企业现场管理准则》（GB/T 29590）	《工程建设施工企业质量管理规范》（GB/T 50430）	《工程建设设计企业质量管理规范》（GB/T 50380）	《工程建设勘察企业质量管理规范》（GB/T 50379）	《建设工程监理规范》（GB 50319）
应用范围	工程咨询、勘察与设计、施工、监理、工程检测、工程装备制造等各类企业现场管理	施工企业质量管理体系的建立、实施与保持，是 GB/T 19001 的“行业化”和“本土化”	设计企业质量管理体系的建立、实施与保持	勘察企业质量管理体系的建立、实施与保持	工程监理企业质量管理活动的开展
标准性质	成熟度标准，可用于现场管理自我评价及作为第三方星级现场评价依据	推荐性使用的符合性判定标准，施工企业建立、实施、申请质量管理体系认证的依据	推荐性使用的符合性判定标准，建立、实施质量管理体系时自主应用的标准	推荐性使用的符合性判定标准，建立、实施质量管理体系时自主应用的标准	强制性国家标准，质量管理要求的符合性判定依据
管理要求	承接企业发展战略，关注与产品质量相关的控制，也考虑到财务、成本、经营、进度、风险等全面的经营控制。强调过程管理，鼓励结合现场实际，策划管理过程，操作性更强，更强调现场整体管理最优	明确质量管理体系要求，以实现质量目标为前提，对人力资源、施工机具、投标与合同、建筑材料、构配件和设备管理、分包管理等要素提出控制要求。融入过程管理，但是还以施工要素控制要求为主要表现形式	以质量管理体系要求为主，以实现质量目标为前提，对资源管理、文件管理、设计基本过程、分包管理、质量改进等要素提出控制要求。强化对设计基本过程识别、控制及作业规定等要求	以质量管理体系要求为主，以实现质量目标为前提，对资源管理、工程勘察基本过程及过程控制、分包管理、不合格品控制等要素提出控制要求。强化对岩土工程勘察、设计与治理等基本过程识别、控制及作业程序要求	明确监理质量管理要求，对监理设施、人员、监理实施细则、施工阶段监理要求、施工合同、设备采购监理与设备监造等监理要素提出控制要求

续表 3-1

对比内容		标准				
		《企业现场管理准则》(GB/T 29590)	《工程建设施工企业质量管理规范》(GB/T 50430)	《工程建设设计企业质量管理规范》(GB/T 50380)	《工程建设勘察企业质量管理规范》(GB/T 50379)	《建设工程监理规范》(GB 50319)
侧重点	文化建设	明确提出现场要建立文化体系，与企业使命、愿景、发展战略以及价值观一致	未系统提出文化秉承和建设的要求			
	工具方法应用	各个部分均要求运用与现场管理实际相协调的工具和方法	未强调工具方法应用的要求			
	结果导向	明确提出质量、效率与效能、履约等七个方面结果的要求	未明确提出对结果的要求			

第二篇 《企业现场管理准则》条款理解与案例

第四章 推进要素

第一节 领导作用

【准则要求】

高层领导应在提高企业的现场管理水平中发挥首要作用。为现场管理配置所需资源，对于现场减少浪费、提高效率、降低成本等目标提出要求，并承诺在现场管理中遵循以顾客为中心，提升效率和效能，节省时间、节约资源和优化节拍（“一心”“二效”“三节”），为企业营造良好的开展现场管理工作的环境。

【指南要求】

C.1.1.1 总则

高层领导在提高企业现场管理水平过程中发挥首要作用，贯彻“一心”“二效”“三节”，明确目标、配置资源、营造氛围。

C.1.1.2 明确目标

高层领导根据企业的经营方针和战略规划，明确施工项目现场管理的目标，这些目标包括提升质量、保证安全、减少浪费、提高效率、降低成本、四节一保（节材、节水、节能、节地、环境保护）等方面的内容；针对确立的现场管理的目标，制定明确、具体的现场管理要求并承诺实现。

项目经理结合项目实际和相关规范要求，组织团队建立健全项目管理制度，制定措施并严格组织实施。

C.1.1.3　配置资源

为保证现场管理有效开展，高层领导为现场管理活动提供相适应的人力、物资、技术以及资金等各种资源的支持。

C.1.1.4　营造氛围

高层领导在营造现场管理氛围中发挥主要作用。营造授权、主动参与、创新、快速反应、学习、诚信守法、重视安全等良好的内部环境，健全工程项目施工管理制度和项目管理责任制。通过学习、会议、网络、刊物等多种形式向员工传达现场管理的重要性。通过企业文化建设和绩效激励机制，鼓励员工积极参与现场管理活动。主动深入现场，针对现场管理的问题，与员工共同提出改进建议。

【理解与实施要点】

建筑业企业现场管理，是受人员、设备、材料、场地、环境等诸多因素影响的综合性项目管理活动。基于建筑产品的固定性和建筑业生产场所的流动性特点，建筑业企业现场管理往往是服务于特定的顾客群体，要全面考量顾客多方面利益需求，所面临的经营环境复杂、多变，建设周期长且协作关系复杂，施工作业所涉及相关方涵盖较广、沟通形式多种多样。同时，基于建筑业产品的建设周期长和单体造价高的特性，施工项目现场管理的成败，往往会影响到建筑业企业总体经营绩效结果。

在这样的行业背景下，高层领导在建筑业企业现场管理中扮演着重要的角色，他们对施工现场管理的深入认知和直接推动，对现场管理水平的提升和最终结果起着至关重要的作用。项目团队是建筑业企业现场管理的直接组织者，受到企业高层领导的委托，基于项目收益实施过程的全面管控，与业主等相关方直接对接，是提高建筑业企业现场管理水平的执行者和落实者。而高层领导作为企业现场管理的委托方，对企业现场管理的关注与支持既是基于项目收益，更是基于企业总体战略发展需要而高于项目个体收益。因此，在提高建筑业企业现场管理水平过程中，高层领导所发挥的作用是首要的、不可替代的。

在现场管理过程中，高层领导应关注与支持项目管理工作，深入理解并承诺遵循以顾客为中心，提升效率和效能，节省时间、节约资源和优化节拍（“一心”“二效”“三节”）。以战略为导向，层层分解战略目标，制定明确的施工项目管理目标。协调团结项目团队，围绕着如何赢得客户的满意、以现场管理绩效赢得新市场的核心理念，满足施工需求，全面配置资源，有的放矢地投入施工生产，提高生产效率和效能。结合企业文化特点，不断改善施工现场工作环境，营造良好的企业现场管理氛围。

1. 明确目标

建筑业施工现场管理是企业经营的管理重点和利润重心，是企业市场开发和战略实施的重要支撑。施工现场管理能否实现良好绩效，首要在于其目标制定是否满足顾客需求、符合企业发展方向、能够为现场员工全面领会并认真落实。简而言之，就是要从企业和项目的实际出发，制定正确、全面的施工项目现场管理目标，并以此目标体系为基准，激励和规范现场管理各项生产活动有序、协调开展。因此，在现场管理过程中，高层领导应根据企业的整体发展要求，对施工现场管理提出明确、具体的要求，为现场管理工作的开展指明清晰的路径。

建筑施工企业现场管理的要求通常涵盖项目策划、生产进度控制、工程质量控制、经营成本控制、安全文明施工、环境保护等方面的内容。高层领导应根据企业发展需要和建筑施工产品的特点，对施工现场管理提出明确要求，确定目标指标。在进行项目策划时，应全面考虑工程合同、国家法律法规、行业标准规范、企业经营方针和战略规划等要求，结合工程现场特点，明确现场管理目标，包括以下方面。

(1) 质量管理方面。不仅从业主合同出发，更要从企业发展大局出发，对具体的工程单体做好全盘规划，秉承高屋建瓴的企业战略思路、协调企业总体和工程项目局部利益、制定明确适宜的工程质量标准要求，并结合工程设计、材料、施工工艺特点，策划如何提升工程质量管理的具体要求。

(2) 安全管理方面。以“安全第一、预防为主、综合治理”的安全方针为指导，塑造“文明工地”、培育安全生产氛围，以健康持续发展的企业大局观为引领，重安全管理体系建设、抓现场安全要素控制，策划如何保证现场安全生产的管理措施和目标指标。

(3) 经营管理方面。要以工程合同管理为基础、工艺流程实施为主线，围绕施工技术、生产协调、物资供应和工期管理等方面，策划如何精确控制工期、实现精益生产、减少物料浪费、提高施工效率、降低工程成本等具体要求。

（4）环保管理方面。要从企业承担的社会责任大局出发，提高环境保护的自主性，不断培育“绿色施工”氛围、提高全员“节能减排”意识，明确管理责任，策划如何实现“四节一保”（节材、节水、节能、节地和环境保护）的具体要求。

针对建筑业施工现场管理明确的目标与实施要求，高层领导要确保其在现场管理中得到有效贯彻和实施。一般而言，可通过签订《项目目标管理经营责任书》或《项目承包合同》等形式，将管理目标纳入项目考核奖惩兑现中，制定明确、具体的现场管理要求，项目管理班子应对实现各项目标指标和管理要求做出承诺。

项目负责人要根据策划的现场管理目标和具体要求，针对工程项目管理特点，组建项目管理团队。项目管理团队根据工程规模大小和施工组织形式确定，各职能科室配置及职责分配明确，岗位人员配备既要做到精干高效，又要满足项目业务系统管理和相关法规的要求。

建筑业现场要依据国家有关法律法规及企业各项规章制度，建立健全项目管理制度，强化项目执行力，实现系统化、规范化的质量管理体系、职业健康安全管理体系和环境管理体系的有效运行，完善从项目信息跟踪、招投标管理、项目经理选派、项目准备、项目组织实施及保修服务等全过程管理，不断规范项目体系建设。

2. 配置资源

高层领导通常根据企业的发展要求和战略规划重点，认真权衡施工项目现场管理的实际，有效分配人员、物资、技术以及资金等管理资源。高层领导在分配管理资源时，需要考虑施工现场对于相关资源的需求情况。

(1) 项目人员配置方面。为了满足施工项目岗位需求和员工素质技能的不断提升，需要在施工现场的人力资源方面进行必要的投入，包括具备相应技术职称、注册执业资格及岗位资格证书的管理技术人员，具备操作技能和岗位证书的特种作业人员以及劳务作业人员等。尽量实现项目管理人员配备上的“老中青”均衡，通过开展现场员工教育培训、师带徒、员工激励等多种方式，使施工项目既成为人才的使用平台，更成为企业人才发展的培养平台，为企业发展积蓄人才后劲。

(2) 资金方面。根据项目承接模式和工程建设需求，进行资金的合理配给，特别是 BT、BOT、PPP 模式承接的工程项目，更需要提供充足的资金支持，以保证施工生产的顺利进行。

(3) 技术资源方面。高层领导应带领企业有关部门为施工项目提供技术支持，配备项目所需的技术人员、技术标准规范等相关资料，开展技术咨询、技术服务、新技术知识培训等活动。

(4) 设备设施方面。应根据施工需要，合理配置施工设备设施和关键设备。建筑施工企业一般采取自有设备和社会租赁相结合的方式，满足项目对施工设备的需求。企业应加强现场施工设备设施的监督管理。

(5) 信息和知识资源方面。现场应充分利用企业的信息和知识积累，结合现场实际，自觉运用企业的项目管理综合信息系统及相关专业信息系统，提高管理效率。在现场策划时，运用企业知识库相关内容，优化及深化施工工艺设计，降低管理成本。

(6) 相关方资源方面。现场应以企业相关方资源为依托，重点关注分包商、供应商、租赁方等资源管理。现场应结合工程实际，选择专业及劳务分包单位作为合作伙伴，整合相关方资源，提升工程专业保证能力；现场关注物资管理，提升运行效率。如：现场以企业搭建的物资采购和供应商管理平台为依托，实施阳光采购、集中采购、招标采购等机制，提升物资供应质量和降低物资采购成本，确保现场物资的优质供应。

总之，在现场管理中要充分配置和协调人员、资金、设备设施、技术、信息和知识、相关方等各类资源，为现场高效运行奠定基础。

3. 营造氛围

为了实现现场管理的目标，发挥现场管理资源的效能，高层领导需要结合企业的文化特征，通过适当的形式，突出发挥高层领导主导作用，积极营造现场管理的良好氛围。

全方位、多渠道传播和沟通现场管理的核心理念，通过学习、会议、网络、刊物等多种形式，在施工项目中宣贯现场管理的重要性，实现企业总体发展与施工现场管理的整体协调。

（1）营造内部授权的管理环境。高层领导应在企业内部建立授权机制，将职责权限层层分解落实到施工项目，使责任部门或人员在授权范围内自主开展工作。如高层领导与经营层、分公司、项目部通过层层签订《项目目标管理经营责任书》进行授权，包括紧急情况下授权决策等。

（2）营造员工主动参与管理的良好氛围。高层领导应鼓励员工积极参与施工项目管理与创新，通过职工代表大会制度、民主生活会制度、QC 小组活动、合理化建议、员工座谈以及网络论坛等诸多形式，搭建企业员工参与的平台，为员工广泛参与企业和项目经营管理提供保障，增强员工主动参与现场管理的兴趣和热情。

（3）营造持续改进与创新的氛围。高层领导应在企业内部建立激励机制，推动质量、科技、经营管理等方面的改进与创新。如设立科研开发基金、专款专用、激励技术研发、科研创新工作的开展。

（4）营造企业快速反应的管理氛围。高层领导要本着“精干高效，快速反应”的原则，优化组织结构，减少管理层次，简化审批程序，加快信息的搜集和传递，构筑快速反应的组织基础，建立企业快速反应机制。

（5）营造全员学习的氛围。高层领导应率先垂范，努力创建学习型组织。制定各项学习制度，如《岗前培训制度》等，积极为员工搭建学习平台，树典型，立标杆，营造互相学习、积极向上的良好氛围。

（6）营造遵章守纪、诚信经营的良好氛围。高层领导要强化企业信用体系建设，树立遵章守纪、诚信经营理念。采取多种方式，营造学法、懂法、守法、用法的氛围，为企业创造良好的发展环境。

（7）营造重视安全的管理氛围。高层领导要以身作则，认真落实安全生产责任制，健全安全生产制度体系，如《领导现场带班制度》等规章制度，严格控制施工现场重大危险源，加强现场安全培训，增强全员安全意识。

（8）健全工程项目施工管理制度和项目管理责任制。高层领导要结合企业管理现状和建筑业行业发展特点，规范项目经营管理，建立健全项目现场施工管理制度体系。结合工程施工管理需求，以《项目目标管理经营责任书》或《项目承包合同》等形式明晰项目管理权责，推行项目经营管理责任制。结合现代化建筑业企业发展需求，明确以项目经理为核心、项目经营班子为主体的施工项目目标责任要求，落实各项责任目标和考核兑现，有效推动项目现场管理体制的运行。

（9）高层领导应推动富有活力的项目文化建设，建立融合企业文化特征的项目文化，培育员工积极参与现场管理的良好氛围。高层领导要建立全面有效的现场管理绩效激励机制，如建立施工项目绩效考核指标体系，以及建立质量、安全、效益、效率等方面的考核奖励机制，开展优质工程奖励、安全文明工地奖励、项目目标责任兑现奖、工期奖等。通过正确引导，鼓励员工积极参与现场管理活动，确保现场管理目标的实现。

（10）高层领导要减少企业内部的沟通壁垒，充分调动项目员工的工作积极性，听取员工的建议，与员工共同提出改进措施，要主动深入项目现场管理的第一线，及时高效地解决现场问题，营造良好的项目现场管理氛围。

【常见工具方法】

目标管理、绩效考核、项目承包责任制、流程优化、合理化建议、QC 小组活动等。

【案例 1】上海某轨道交通工程项目，高层领导深入施工现场，充分发挥领导作用的案例。

（1）高层领导对现场管理提出了明确的责任和指标要求，制定了企业完善的施工管理制度，主要领导能够经常深入工程项目现场。

公司管理层通过与项目经理签订“项目责任书”，明确公司对项目现场管理的目标、指标要求、考核要求以及公司对项目现场的期望要求。对项目各岗位进行授权，将各项管理目标分解落实到各个部门及部门负责人，落实各级责任到人。由此，项目管理责任清晰，落实到位。管理授权，有效地提高了员工主动参与项目管理的积极性。

施工项目现场根据企业制定的一系列施工管理制度，如《工序验收制度》《资料报验制度》《整改回复制度》《内页资料管理制度》《材料设备管理制度》等开展项目管理工作。每月由企业副总经理带领相关专业负责人对项目管理制度的执行情况进行抽查，对施工现场进行检查，深入一线帮助解决问题。

(2) 公司领导非常注重对项目管理资源的合理配置。针对项目特点：①在人员配置上，配置适合本工程顶管施工的骨干力量到项目现场，委派工作能力很强的高级工程师担任项目经理；②技术上，安排分公司总工驻守现场担任项目技术负责人，解决工程中重大疑难问题；③优先配置施工设备和测量仪器，如盾构及大型起重设备等；④在资金支持方面，项目成立独立账户，资金专款专用，保证现场使用。

(3) 公司领导指导项目现场针对项目特点及业主单位的要求编制《管理大纲》，由公司各部门对其会审，《管理大纲》中要体现出公司要求的持续现场管理改进和管理创新的相关内容。《管理大纲》还明确了项目现场各部门的管理制度、管理职责、管理目标，使其能更好地实施项目管理，圆满完成施工任务，满足业主和上级领导有关项目管理的各项要求，同时做到项目管理有计划、有目的、有预案、有措施。

建立技术课题小组，项目现场人员的组成较为年轻化，在公司领导的支持下，项目现场创建学习型的技术课题小组，大家一起开展学习、研讨技术方案图纸，自行成立 QC 小组，用科学方法指导施工，向管理要效益。公司领导还要求项目管理部经常性地组织各种类型、各种层次的技术学习和管理活动，有力保障项目管理的正常开展。

项目施工现场每周召开生产例会，对本周的质量、安全、进度以及现场管理等管理问题进行分析讨论，发现问题，采取措施整改，同时领导落实专人负责跟踪检查，直到问题解决，将好的管理经验保持下去。

（4）在高层领导的推动下，减少浪费、提高效率、降低成本已经成为企业文化的重要组成部分。

【案例分析】

亮点：企业与项目现场签订“经营责任书”，明确了对项目现场管理的目标、指标和考核要求，并充分授权，明确责任，建立了一整套项目管理制度。高层领导履行承诺，配置人员、设备、资金等资源，保证了工程项目的有序进行。高层领导鼓励创新，激励员工积极参与现场质量管理活动，安排专业人员深入现场，检查指导工作并解决实际问题，为项目现场创造了良好的发展空间。

【案例 2】某施工项目现场在高层领导推动下，强化现场质量控制的案例。

大连某港商投资的房地产项目，高层领导在质量技术方面提出了“以科学管理、树企业品牌形象为原则，在现场施工管理过程中严把质量关，遵照业主工料规范精心组织施工生产，力求创精品工程”的要求，项目通过以下措施有效实施现场管理。

（1）方案先行。各专项施工方案在每个分项工程开工 30 天前上报，经过监理、设计院、顾问公司、大连地区工程部、香港总部进行审批合格后方可进行施工。

(2) 图纸深化。即项目上除了地基基础和主体结构工程不需要进行图纸的二次深化设计，其他工程均需要对图纸进行二次深化，经过审批合格后方可进行施工。特别是在机电安装方面，结合原设计图纸各管线的规格和走向，对每张施工图纸进行可行、合理的深化，缓解了各种专业管线安装标高重叠、位置冲突的问题，减少了返工和材料浪费，节约了成本。

(3) 物料报审。根据施工计划在分项工程开始前，上报施工所需材料厂家的营业执照、资质证书、税务登记证、组织机构代码、材料的检测报告、备案证及合格证等。并且对材料样板进行封样（见图 4-1），选购的材料经过审批合格后方可进场。

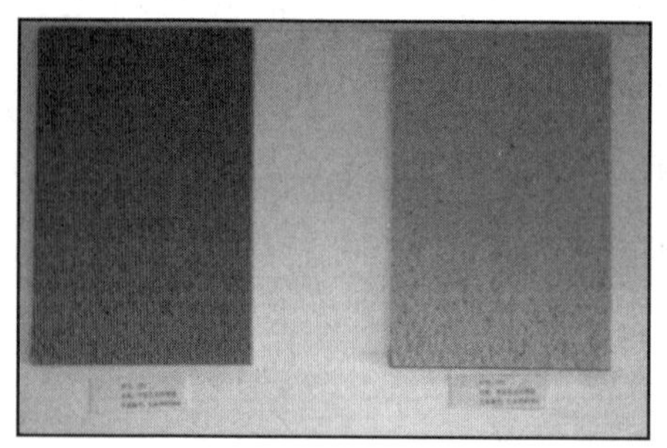

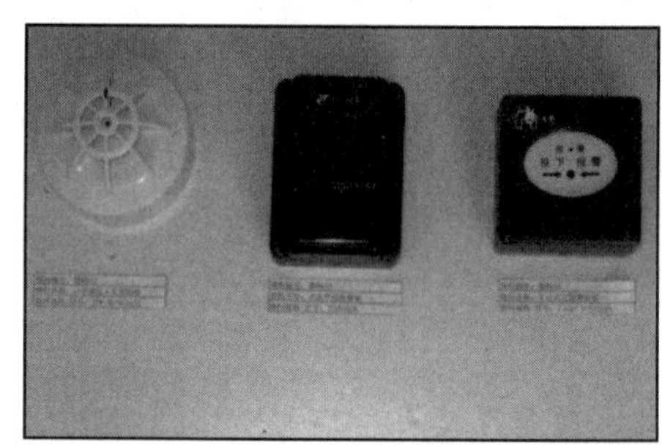

图 4-1 物料样板示例

(4) 样板引路。当方案、材料、深化图纸都审批合格后，根据计划在每项工程开工前在现场做工艺样板（见图 4-2）。工艺样板根据图纸及方案要求施工完毕后，经过监理及业主验收合格方可进行施工。

项目通过精细化的管理过程，保证了工程质量，达到了“合格”标准，并争创当地省级优质工程奖“星海杯”。

图 4-2 工艺样板示例

【案例分析】

亮点：高层领导根据企业发展需求，落实管理措施，实施“精细化”管理，特别是样板引路方面，项目现场对各种物料和施工工艺按要求制作样板，实现了较好的管理绩效。

【常见问题及应对措施】

1. 高层领导现场管理认识不足

高层领导对现场管理准则理解不够，对现场管理的重要性和全面性认识不足，往往较为重视现场管理的生产进度和成本经营性指标，而对质量、安全及环保等方面指标重视程度不够，给资源配置、管理方案落实、目标实现等方面带来一定的难度。

应对措施：高层领导要认真学习和研究现场管理准则，从企业发展大局出发、从总体战略规划出发，全面加强对工程项目现场管理的指导和关注。在进行项目策划时，应全面结合工程现场特点，明确项目平面布置、质量、进度、采购、施工、技术、成本、安全、环保各项目标指标，落实指标目标过程中要兼顾关键指标，关注项目全面绩效。

2. 现场管理人员配置不足，不能完全满足项目管理的需要

应对措施：加强企业内部管理人员执业资格和操作人员岗位技能培训，根据企业发展需求，做好人员培训计划，加大培训投入，储备专业和技术人才，引进成熟人才，通过新技术、新工艺的应用等节约人力投入，不断满足项目对管理人员资格、操作人员岗位以及能力的要求。

第二节　战略秉承

【准则要求】

企业的现场管理应与企业的使命、愿景、发展战略以及价值观相一致，采用系统和与企业管理实际相协调的管理方法，将战略和战略实施计划相关要求展开。

【指南要求】

企业现场管理的目标、规划和要求与其使命、愿景、发展战略及价值观协调一致。采用目标管理或平衡计分卡等系统方法，将战略目标层层分解到现场管理相关的业务流程中。确定现场关键绩效指标，并确保指标能够涵盖现场管理的各个方面，包括：质量、成本、工期、安全、环保等。

项目部采取灵活多样的方式，向相关方传递、沟通企业文化，营造和谐氛围。通过项目部文化的建设，促进企业品牌价值持续提升。

【理解与实施要点】

建筑现场一般具有地域流动性强、项目差异性大和施工组织复杂程度高等固有特性，而建筑业的现场管理往往也具有独立性强和个体差异性大等特征。

1. 现场规划和管理定位

基于建筑业现场管理自身特点，在组织现场生产前，应结合企业和顾客对现场管理的要求进行全面策划，明确项目管理规划和目标。

现场管理是建筑业企业的价值观窗口。不同的建筑项目现场组建不同的现场管理团队，展现的应该是企业同一组织价值观和员工价值观，体现企业所共同崇尚的文化核心以及组织行为的基本准则。项目规划要体现企业使命，即组织存在的价值和应承担并努力实现的责任。企业发展愿景通过现场管理的目标实现，引领员工团队围绕企业实现整体发展愿景而努力。

现场管理是建筑业企业的战略支点。贯彻企业总体发展战略，结合具体现场管理特点，明确现场管理定位，是做好项目规划的前提和必要条件。如根据企业战略规划的不同要求，具体的现场管理可以定位为品牌建设型、市场开拓型或利润实现型等。在明确了现场定位的前提下，企业现场管理的目标策划和各项要求，必须与企业战略协调一致，树立价值先行、战略致胜的观念，围绕企业愿景、使命，以企业战略指导现场管理的实施和目标落实，强化施工过程管控、提升现场管理水平。

总之，建筑业企业的现场管理是其对接市场、服务用户、创造效益、展示形象的第一线，现场管理的每一位员工都是企业使命、愿景、价值观的最基层实践者，是落实企业战略、践行战略执行力的实际执行者。项目现场要把贯彻落实企业价值观及发展战略，作为现场管理的依据和准则，明确现场管理定位，将战略规划要求切实落实到现场管理的具体实践中去。

2. 运用科学的管理方法，确立现场目标

项目负责人在项目开工前，组织技术、质量、安全、经营等相关人员对现场管理活动和过程进行策划，策划的内容主要包括：现场管理目标、主要经济技术指标、现场组织机构设置、资源配置、施工总体部署、工程特点、施工难点、施工准备、主要施工方法、主要施工管理措施、成本控制措施、施工平面布置等。并根据策划结果编制相应的现场管理规划，明确现场管理要求和目标。

施工现场应确定满足或高于合同要求及标准规范要求的目标，管理目标要全面系统，确保能够涵盖现场管理的各个方面，充分考虑项目所涉及的各项因素，包括：质量、技术、成本、工期、安全、环保等主要内容。施工现场应采取科学系统并与企业管理水平相适应的管理工具和方法，将管理目标在相关职能和层次中进行展开和分解，以确保现场管理目标和企业战略目标的实现。

在目标制定和分解过程中，通常采用目标管理或平衡计分卡两种方法。

（1）目标管理方法。依据企业发展规划，实行全企业、全员、全过程目标管理。结合上年度战略目标完成情况，制定年度经营目标和指标，并分解到现场。现场结合自身施工及管理特点，设立现场的关键绩效指标，并落实到部门或岗位，建立企业目标与现场目标联动机制，通过现场管理目标的完成，推动企业战略目标的实现。

（2）平衡计分卡方法。从财务、顾客与市场、内部运营流程和学习与成长四个维度绘制企业战略地图，可以有效地将企业发展战略逐级分解和落实到具体的业务流程、组织层级、现场管理中，实现现场目标与企业战略的协调一致（见图 4-3）。通过把企业的使命和战略转变为平衡的、可操作的目标和测量指标，逐层分解到现场管理相关的各个业务流程和岗位，实现战略目标和绩效指标的有机结合，有效地调动和整合各种管理要素，保障企业战略有效实施。

3. 管理目标的展开

管理目标要在整个现场内部得到沟通和广泛的认同，实现战略实施计划相关要求的全面展开。现场管理目标要具体分解到现场管理的全部业务流程中，明确责任部门和责任人，科学合理、系统全面地设立可量化的关键绩效指标体系。应包括以下方面。

（1）原材料管理方面。强化供应商准入和考核，提高优质供应商占比；严控原材料入场关，确保检验合格率；运用科学有效的管理工具和手段，提高材料使用降本率；加强标识和可追溯管理，服务施工过程。

（2）质量控制方面。坚持“打造建筑精品”的质量价值观，制定质量检查计划，实施产品质量全方位管理；识别特殊过程和关键工序，明确质量通病治理，实施重点方案和作业指导书管理；严格质量检查流程，样板引路和“三检制”相结合，实现交验合格；深化二次设计应用，严格变更设计管理，制定 QC 创新目标，推进质量创优目标实现。

（3）施工计划管理方面。实现科学、合理、有序的生产组织和工期管理，通过运用网络图、甘特图等工具，识别关键线路、明确节点工期，实现工期控制的系统优化。

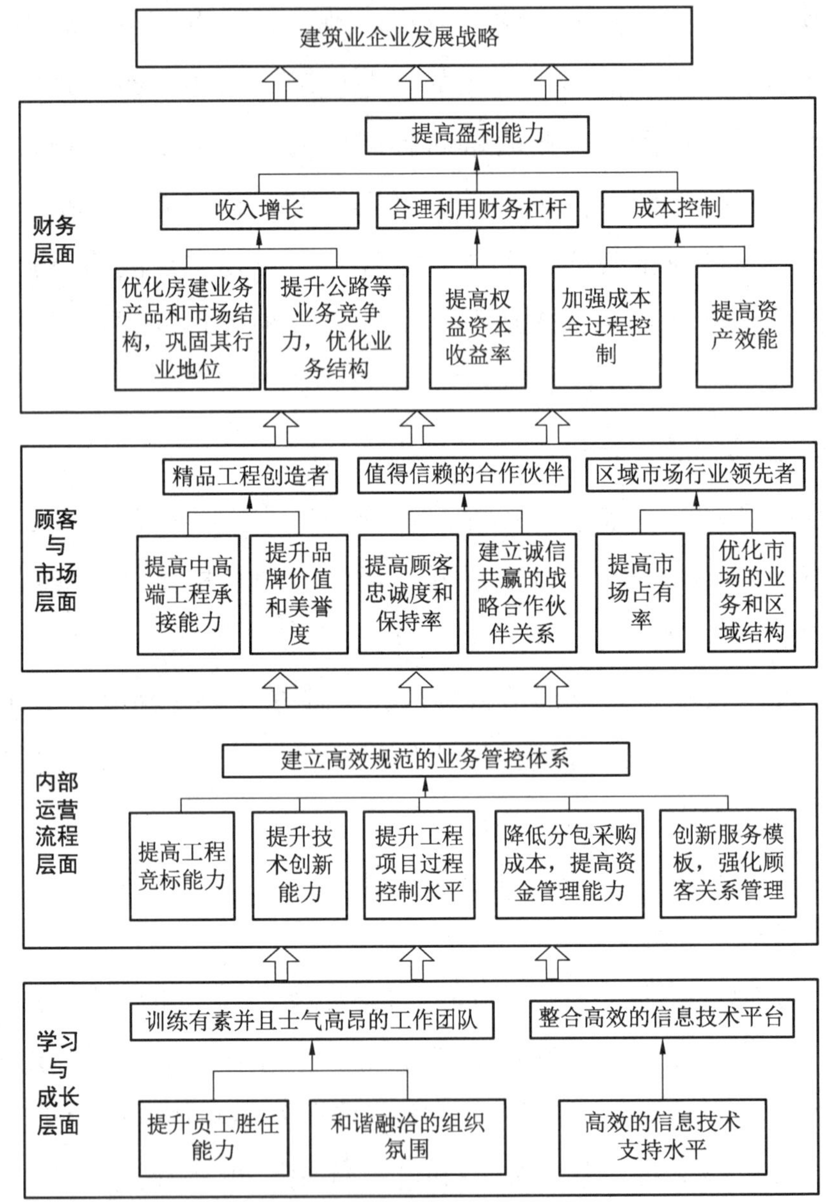

图 4-3　建筑业企业平衡计分卡应用示例

(4) 安全环境管理方面。遵守法律法规和当地政府的有关要求，识别现场安全、环境以及绿色施工的需求，制定安全施工、文明施工、绿色施工、安全防护和“四节一环保”等方面绩效指标，促进施工现场管理的持续、稳定、健康、协调发展。

（5）文件管理方面。确定文件化的现场管理流程，规范法规、图纸、文件和记录管理。

（6）人力资源管理方面。人员选拔、考核和培训相结合，确保关键岗位的执证上岗；制定全面适宜的培训计划，采用多种方式加强现场管理和操作人员培养，提高整体素质；加强管理和考核，确保劳务队伍施工能力稳定。

（7）技术管理方面。实施严格的施工组织设计和施工方案审批和交底制，明确重点方案的审批流程和及时报备；开展技术创新，加强技术经验交流和总结，确定现场技术研发、科技创新和工法总结规划目标。

（8）设备、施工机具管理方面。全面监管供应商准入采购，建立健全设备机具台账管理，完善使用和日常保养流程，提高使用率和完好率；严格法规要求，规范监视测量设备的检定校准计划的管理。

（9）财务管理方面。严格落实国家法律法规，实现企业财务审计制度监控，确保现场资金使用计划落实。

（10）经营成本管理方面。以合同管理为基本、以成本管理为中心，通过优化施工技术方案、施工工艺、生产组织流程、采购流程等方面指标实现，降低施工成本，提高现场利润率。

4. 营造项目文化氛围，提升企业形象与品牌价值

现场应建立与相关方之间多渠道、多层次沟通方式，通过展板、LED屏、会议、培训、文件、报纸、企业宣传册、OA平台、网站等灵活多样的形式，传递、沟通企业文化，营造积极向上、和谐共处的现场文化氛围。通过现场文化建设，激发项目活力，推动项目自身发展和现场管理水平，不断创造优秀业绩，实现企业形象和品牌价值的持续提升。如在现场管理中贯彻“现场就是市场”理念，推行基地建设、施工过程精品控制和企业管理的标准化等，打造质量过硬的建筑产品，塑造形象过硬的企业品牌。

【常见工具方法】

目标管理、平衡计分卡、定量分析法、排序法、水平对比法、PEST 分析、SWOT 分析等。

【案例 1】北京市某建筑施工项目管理目标

该项目现场位于北京市亦庄开发区，工程为梁式筏板基础、框架结构，由 A 段、B 段、C 段三栋楼组成（A 段、B 段为科研办公楼，C 段为试验厂房），总建筑面积 40328m^2。计划开竣工日期为 2013 年 11 月 1 日至 2015 年 6 月 28 日。

企业将该项目确定为北京亦庄开发区的标杆项目，对质量和文明施工等方面提出了较高的要求，项目现场根据公司战略目标、施工合同及项目责任书，确定各项管理目标，并在过程中精心策划，每个环节根据总控计划，进行工作任务细化分解，保证战略目标的实现。该项目确定如下管理目标（见表 4-1）。

表 4-1 某建筑施工项目管理目标

序号	项目	管理目标	主责部门
1	成本目标	产值收入：1.98 亿元	经营部门
		利润率：7%	
2	质量目标	一次交验合格率 100%	质量部门
		工程质量确保“结构长城杯金杯”	
		建筑（竣工）“长城杯”	

续表 4-1

序号	项目	管理目标	主责部门
3	工期目标	2013 年 11 月 1 日至 2015 年 6 月 28 日 ● 2014 年 4 月 18 日 基础施工±0 ● 2014 年 7 月 28 日 结构主体封顶 ● 2015 年 1 月 15 日 幕墙验收 ● 2015 年 4 月 30 日 达到竣工条件	生产部门
4	科技目标	科技计划一项、论文一篇	技术部门
5	安全绿色施工管理目标	杜绝重伤及死亡事故，年负伤事故频率为零	安全部门
		不发生火灾、交通、重大设备损坏事故	
		确保市级安全文明工地	
		噪声、污水排放达标，现场无扬尘、无遗洒 废弃物分类管理、提高回收利用率	
		“四节一环保”	

【案例分析】

亮点：该项目在满足施工合同要求的前提下，根据企业创建区域标杆项目的更高要求，确定了项目在成本、质量、工期、科技、绿色施工等方面的目标，明确节点工期，强化过程控制，确保项目总体目标的实现。

改进：通常施工现场均存在指标分解和量化细化程度不够的问题，在本案例中现场应参照住建部发布的《建筑工程绿色施工评价标准》，对绿色施工管理目标进行量化，所设立的管理目标“四节一环保”内容应细化。

【案例 2】某省某高速改扩建工程第 N 合同段全线 12.45km，由原高速双向四车道扩建为双向八车道，工程总价 4.86 亿元。

鉴于某省交通系统对该高速改扩建工程的高度重视，以及其工程本身具有较大的社会效益及经济效益，该工程被公司定位为

“一把手”工程，公司组织项目团队根据企业战略规划、业主要求等开展现场策划，确定现场各项目标要求，并采用平衡计分卡工具按照财务、市场、过程和学习成长四个维度分解关键绩效指标，在现场管理过程中确保目标管理开展切实有效，最终实现了较好的管理绩效。

项目绩效指标确定及完成情况见表 4-2。

表 4-2 项目绩效指标确定及完成情况

<table>
<tr><th>项目</th><th>指标名称</th><th>单位</th><th>数值</th><th>完成情况</th><th>主责部门</th></tr>
<tr><td rowspan="2">经营与财务</td><td>产值</td><td>亿元</td><td>4.86</td><td>4.33</td><td rowspan="2">项目经理部</td></tr>
<tr><td>利润率</td><td>%</td><td>5</td><td>5</td></tr>
<tr><td>顾客和市场</td><td>顾客满意度</td><td>%</td><td>95</td><td>95</td><td rowspan="4">生产部门</td></tr>
<tr><td rowspan="9">内部运营流程</td><td>一次交验合格率</td><td>%</td><td>100</td><td>100</td></tr>
<tr><td>工期目标</td><td>—</td><td>合同工期
2015 年 6 月 30 日</td><td>2014 年 12 月
18 日完工</td></tr>
<tr><td>总体评分</td><td>分</td><td>≥95</td><td>≥95</td></tr>
<tr><td>原材料入场检验合格率</td><td>%</td><td>100</td><td>100</td><td rowspan="2">材料部门</td></tr>
<tr><td>采购降本率</td><td>%</td><td>≥2</td><td>≥2</td></tr>
<tr><td>年负伤频率</td><td>%</td><td>0</td><td>0</td><td rowspan="4">安全部门</td></tr>
<tr><td>四级以上伤亡事故率</td><td>%</td><td>0</td><td>0</td></tr>
<tr><td>安全质量标准化达标率</td><td>%</td><td>80</td><td>90</td></tr>
<tr><td>安全达标合格率</td><td>%</td><td>100</td><td>100</td></tr>
<tr><td rowspan="3">学习与成长</td><td>员工满意度</td><td>%</td><td>95</td><td>95</td><td rowspan="3">项目经理部办公室</td></tr>
<tr><td>培训覆盖率</td><td>%</td><td>100</td><td>100</td></tr>
<tr><td>绩效管理覆盖率</td><td>%</td><td>100</td><td>100</td></tr>
</table>

【案例分析】

亮点：该项目在针对合同认真分析的基础上，结合公司战略确定了现场管理的质量、经营、进度、健康安全、文明施工和环境管理目标，在现场管理中从财务、顾客市场、过程管理和学习成长四个维度出发，有效落实各项目标指标，实现了较好的管理绩效。

改进：目标细分中过程监控性指标数量不足，如节点工期、进度计划完成率等。

【常见问题及应对措施】

1. 现场管理目标与企业战略脱节

制定现场管理目标没有与企业战略保持协调一致，导致战略不落地，现场管理绩效指标的实现与企业发展方向不一致。如在某些新兴的市场领域，企业战略要求以树品牌、拓市场为重，但在现场管理中，过分强调成本目标，忽略了品牌建设。

应对措施：一方面，要加强全体员工对企业战略、特别是中短期战略规划的宣贯学习，使各级员工充分理解和领会企业战略意图，以价值观统一员工的行为；另一方面，公司主要领导要关注现场策划实施，按照企业发展战略实施的具体要求结合现场特点、顾客需求，来规划现场管理目标。

2. 缺少对数据的分析与研究对策

现场对数据结果关注较多，对过程数据进行统计分析、研究对策较少，特别是经济指标结果，往往到工程完工后，再整理结算资料，给过程中的资料签认带来一定的难度。

应对措施：现场应定期召开成本分析会，分析工程盈亏状况，加强指标数据形成过程的监测和统计分析，对不良数据和趋势及时采取应对措施；另一方面，施工过程中的变更、洽商和签证等，应及时报监理和甲方签字，避免工程完工后签字难的现象，为现场效益的最大化奠定基础。

第三节　组织保证

【准则要求】

企业应该建立系统的管理机制，确保组织职能与现场管理需求相匹配，实现作业现场与企业整体组织结构协调一致。

【指南要求】

C.1.3.1　总则

企业为保证其职能与现场管理需求相匹配，以及实现施工现场与企业整体的运行协调一致，应建立系统的管理机制并确保其有效运行。系统的现场管理机制内容包括：设立现场管理组织机构，构建现场管理运行机制，建立现场管理授权和激励机制。

C.1.3.2　设立现场管理组织机构

根据企业整体结构，考虑适宜的管理幅度和管理层次，以及现场作业特点设立现场管理组织结构，并赋予现场管理的职权、目标和任务，明确组织机构中各岗位人员的职责，确保组织职能与现场管理需求相匹配。

C.1.3.3　构建现场管理运行机制

在确定的现场管理组织机构中，通过建立系统的现场管理制度，明确组织机构的功能以及各岗位的相互关系，以及规定现场管理中与人、财、物相关各项活动的基本准则和运行方式。同时，应确定现场管理过程的范围、权责、顺序和相互作用。

C.1.3.4 建立现场管理授权和激励机制

企业在现场管理中充分应用授权管理，建立激励机制，包括：精神激励、薪酬激励、晋升激励，构建良好的员工关系和沟通渠道，激发企业中全体员工参与现场管理的积极性和主动性。

【理解与实施要点】

现场管理是企业经营管理的落脚点，是企业各项管理职能的延伸，现场管理活动包含可独立开展的施工管理活动，但更多的是与相关方或职能部门紧密联系的活动，如现场与企业质量、安全、财务、经营等职能部门间的企业管理活动，项目总包与分包、土建施工与专业施工、现场与监理单位等方面的协调管理。为了使企业管理制度体系和业务流程能够在现场中有效运转，确保现场管理的组织安排与企业管理职能相衔接一致，企业应结合自身的管理水平、工程产品特点及现场管理模式，建立以工程产品为对象的系统管理机制，为现场提供机构设置、资源配置、管理制度等组织保证。系统的管理机制包括：设立现场管理组织机构、构建现场管理运行机制、建立现场管理授权与激励机制。

1. 设立现场管理组织机构

现场应根据工程规模和管理的需要，确立现场组织机构，设置相应的部门和岗位，并明确现场管理职能，规定其职责和仅限。部门和岗位设置应与企业管理制度的要求相一致。

现场管理职能的确定、部门与岗位设置，应考虑项目规模、专业特点与复杂程度，人员配置应满足现场管理的需要，现场负责人、技术负责人、质量负责人、安全负责人等应满足住建部有关工程项目管理的要求，履行岗位职责。

现场组织机构的设置应以扁平化、高效率为原则，力求精干高效，既要保证企业对现场的纵向管控效果，又要确保现场管理目标的实现，保持各职能和岗位之间的相互协调和统一。现场组织机构一般分为职能型、线型、直线职能型和矩阵型组织机构。现场应规定各岗位人员职责权限，落实质量责任制和安全生产责任制。制定部门和岗位职责权限时，应与相关部门和岗位人员进行有效沟通，必要时召开专题会议，确保职责权限明确，横向和纵向部门间接口清晰。

2. 构建现场管理运行机制

现场应落实企业各项规章制度，依据GB/T 50430《工程建设施工企业质量管理规范》、GB/T 19001《质量管理体系　要求》、GB/T 24001《环境管理体系　要求及使用指南》、GB/T 28001《职业健康安全管理体系　要求》等标准，建立并有效运行质量、环境与职业健康安全管理体系，严格按制度、流程、程序、标准规范开展各项管理工作，制定符合施工项目特点的现场管理制度，包括施工现场管理制度、专项管理规定、作业指导书等相关作业文件，内容应涵盖项目文化、管理目标、人力资源配置、财务资金管理、技术质量管理、进度管理、成本管理、分包管理、设备设施管理、信息管理、安全生产、绿色施工、绩效监测等方面。通过现场管理制度的制定，明确规定各项活动的基本准则和运行方式。充分识别现场管理的关键过程，明确过程间的顺序和相互作用、规定过程管理的职责、权限和时间表。确保各职能机构、各岗位之间的协同配合。现场制定的管理制度或作业文件，是企业各项规章制度在施工现场的分解和细化，应与企业规章制度协调一致，必要时，报企业主管部门批准或备案。如：某现场管理制度一览表（见表4-3）。

表 4-3 某现场管理制度一览表

序号	制度类别	制度名称	发布日期
1	岗位职责	项目岗位职责	
2	质量管理	质量责任制	
3		质量检查制度	
4		质量例会制度	
5		样板引路（首件工程）制度	
6	技术管理	技术交底制度	
7		技术资料管理制度	
8	材料管理	原材料管理制度	
9		仓库管理制度	
10	经营管理	预结算管理制度	
11		经济活动分析制度	
12	进度管理	进度管理制度	
13	安全与文明施工管理	安全生产文明施工管理制度	

3. 建立现场管理授权与激励机制

现场管理要建立充分的授权与激励机制。施工企业应依据发包方合同约定和企业有关规定，与项目经理部签订《项目目标管理经营责任书》或《项目承包合同》，明确企业与项目的责、权、利，保证现场管理职责及权限的有效发挥。现场出现紧急、临时情况时，应按相关规定进行授权，确保现场管理活动合理有序。

现场要建立绩效考核与激励机制。通常情况下，施工企业依据项目目标管理经营责任书，对现场进行绩效考核或内部审计，按照考核结果或审计结论进行兑现奖励。由于施工周期长，现场可按照基础工程、主体工程、竣工验收、工程结算等不同阶段进行兑现奖励。如某施工企业实行“风险抵押、利润分成、节点审计、考核兑现”的方式，在《项目目标管理经营责任书》中约定风险抵押方式和数额、利润分成比例、考核或审计的时间点或施工节点、兑现程序等。项目激励机制一般包括物质激励、精神激励和晋升激励等方式，施工企业可以实施多种形式的激励措施（如表 4-4 所示），充分调动施工现场员工的工作热情和积极性，不断提高现场管理水平和盈利能力。

表 4-4　某项目现场激励措施列举

序号	类别	项目激励形式	频次	主管部门
1	物质激励	项目责任考核兑现	工程节点、项目完工	
2		质量安全优质奖励	年度	
3		提高薪酬福利待遇	提薪同期	
4		优秀成果奖励	年度	
5		百日竞赛活动奖励	定期	
6		岗位练兵比武奖励	活动结束	
7	精神激励	项目人员评优评先	年度	
8		岗位能手、标兵评选	年度	
9		“信得过”班组评选	年度	
10		职务晋升	随机	
11		选入企业后备人才库	随机	
12		分包方考核评比	年度、不定期	

现场应不断改善工作环境，维护员工权益，提高员工及劳务作业人员的待遇，建立良好的员工关系和沟通渠道，激发全体员工参与现场管理的积极性和主动性。

【常见工具方法】

Visio 绘图软件、WBS 工作分解、项目责任目标考核、项目综合管理信息系统等。

【案例】某建筑施工企业实施项目责任指标考核体系。

公司建立完善的考核体系，明确逐级考核机制，细化考核责任指标的设计，完善指标考核系统，设立了公司和项目现场两级考核体系。

（1）公司对项目现场考核。公司内部严格推进目标管理体系，落实绩效目标逐级负责制，公司建立目标绩效激励方案和管理考核细则，对项目现场进行管理考核和经营指标考核。并以年初与企业法人签署的目标责任书为考核依据。公司对项目现场实施“月份系统考核、季度讲评和年度效益兑现”考核方式。年末企管部组织对经济指标完成的结果和管理目标实现程度分别进行排序，根据年度排序结果核发效益工资。当发生重大安全、环保、质量责任事故，按照质量责任追究制度执行。

（2）项目现场内部考核。项目完善内部考核制度，对质量、安全、成本控制结果与设定目标进行比较，实施月考核和即时考核扣罚制度。

【案例分析】

亮点：企业建立了公司和项目现场两级考核体系，明确项目责任目标，实施“月份系统考核、季度讲评和年度效益兑现”考核方式，年末评价并排序与效益工资挂钩，项目现场实施内部即时考核制度。该项目现场的绩效考核工作落到了实处，并能起到奖优罚劣的作用。

改进：项目考核过程中实行年度效益兑现，能够调动项目现场的积极性，但由于项目结算工程款回收时间周期较长，最终效益有待工程结算完成后确定，所以，项目效益兑现还应与项目结算和工程款回收相联系，以防项目最终的经营风险。

【常见问题及应对措施】

1. 现场组织机构的设置不合理

有的现场机构臃肿，人岗匹配程度有待提高。

应对措施： 现场管理人员应在开工前进行项目策划，按照企业相关制度的要求，定岗定编，进行现场组织机构的设置和人员的配备。关键点是人员素质与人员数量的配备标准的合理性，既要体现效率原则，又要满足适宜性要求。

2. 现场管理制度体系不完善

难以将企业各项规章制度落实到现场。

应对措施： 现场人员应学习企业各项规章制度，根据现场特点，严格执行企业各项制度，在企业制度框架下，建立现场制度体系，编制有针对性的作业指导书、施工组织设计、施工方案等技术和管理文件，使国家或行业标准以及企业各项规章制度落实到施工的每一个环节。

第四节　员工素质

【准则要求】

企业应采用与管理实际相协调的管理方法和形式，增强现场员工的质量意识，激励员工主动参与现场管理工作，实现现场管理的持续改进与创新。

企业应根据现场管理的要求，识别现场员工的能力需求，通过与企业管理实际相协调的方法，提升现场员工的技能。

【指南要求】

C.1.4.1 员工意识

企业采用适当的方法和形式，激发员工主动参与现场管理活动的热情，如合理化建议、QC 小组、管理创新等。通过展板、成果发布会等途径，充分展示和分享员工参与现场管理和持续改进与创新的成果，增强质量意识和改进意识，提升员工发现问题、分析问题和解决问题的能力。

C.1.4.2 员工技能

企业根据现场管理的要求，识别对于现场员工的能力需求。采用系统的方法，有目的地提升现场员工的技能和素质，确保现场管理目标的实现。

a）明确现场管理对不同层次、岗位人员能力的要求和各层次人员需要具备的现场管理知识，包括进度管理、技术管理、材料管理、设备管理、安全与绿色施工管理、质量控制与改进等。对现场各操作岗位明确具体的岗位技能、资格要求。

b）根据现场岗位技能要求，配备必要的培训资源。对员工的技能进行系统的评估，建立员工技能档案，制定员工培训计划；建立企业内部所需的师资队伍；结合实际案例，编写各类、各级的现场管理培训教材。

c）采用多种培训方式，有计划地开展现场员工的培训工作。建立培训记录、培训效果跟踪制度以及培训评价系统。结合培训评价结果和员工业绩提升的需求，不断完善教育培训体系。

d）设立员工职业发展通道，为现场员工的发展提供机会，鼓励并帮助员工制定和实现个人职业生涯发展规划。

【理解与实施要点】

员工素质主要包括员工意识和员工技能两个方面，是确保实现现场管理目标的关键因素，是思想意识和专业技能的综合体现。现场管理工作要求员工既要有良好的质量意识，又要具备必要的工作技能。二者是相辅相成的关系，提高员工的素质，是推动现场管理工作有效运行的根本保证。

1. 员工意识

员工意识决定了员工的态度和行为。员工是否有良好的工作态度，是否有工作热情，是否能积极主动地参与现场管理工作，是否具备足够的质量意识，是否具备改进和创新意识等，从根本上决定了员工的工作质量，也就直接关系到现场管理工作的质量。

（1）员工意识包括现场管理的质量意识、主动参与意识、持续改进与创新意识等。

质量意识是员工对工程质量和质量工作的认识和理解，它对员工现场的质量行为有重要的影响和起着制约作用。

主动参与意识是员工积极进取的工作态度和责任心的体现，也是员工热爱本职工作的体现。主动参与的意识越高，员工越能最大限度地发挥主观能动性作用，有助于提高工作效率、减少工作失误。

持续改进与创新意识是推动现场管理工作取得“量的改善”，甚至是“质的提升”的关键因素。持续改进与创新能够促使现场管理工作质量不断提高，是现场管理工作不断取得突破的核心。

（2）现场的各项管理工作是实现现场管理目标的基础，因此需要通过适当的方法和形式，如现场可通过合理化建议、QC小组、管理创新、展板、成果发布会等途径（见图4-4），提高员工的质量意识，增强员工参与现场管理活动的热情，激发员工创新能力。

图 4-4 企业创新氛围示例——员工大道

2. 员工技能

员工技能是指员工掌握的技术和能力，包括诸如作业技能和管理技能等。这种技术和能力能够保证员工胜任其所在的岗位，如测量技术、施工技术、机械设备操作技术、领导能力、策划能力、组织协调能力、学习创新能力等。现场管理应建立一套系统的方法来评估现场员工的能力，制定培训计划并有效实施。

（1）根据现场管理要求，识别现场员工的能力需求。根据现场实际管理需要确立组织机构，设置相应岗位，如现场通常会设置：项目经理、项目总工、生产经理、商务经理、质检员、安全员、施工员、技术员、资料员、测量员、试验员、造价员、材料员、财会员、劳务管理员、机械管理员、行政管理员、钢筋工、木工、混凝土工、架子工及特种作业人员等岗位。

现场可以通过编制员工岗位说明书等方式明确不同层次、不同岗位人员应具备的现场管理知识和能力，包括进度管理、技术管理、材料管理、机械设备管理、安全与绿色施工管理、质量控制与改进、合同管理、成本管理、结算管理等。对现场各操作岗位明确具体的岗位技能和任职资格。

如：某现场主要管理岗位任职资格（见表 4-5）。

表 4-5　某现场主要管理岗位任职资格

序号	岗位或职务	任职条件或基本资格	满足规定最少人数	能否兼职
1	项目经理	① 一级注册建造师（房屋建筑类）；② 8 年以上相似工程施工管理工作经历及业绩；③ 近 5 年内所负责的同类项目荣获过市（师）级以上优质工程或安全生产文明工地	1 人	否
2	项目副经理或执行经理	① 二级以上注册建造师（房屋建筑类）；② 5 年以上相似工程施工管理工作经历及业绩；③ 近 5 年内所负责或参建的同类项目荣获过市（师）级以上优质工程或安全生产文明工地	2 人	否
3	技术负责人或主任工程师	① 工民建或相关专业本科以上学历；② 工民建或相关专业高级以上技术职称；③ 8 年以上相似工程施工技术管理工作经历及业绩；④ 近 5 年内所负责或参建的同类项目荣获过省（部）级以上优质工程和安全生产文明工地	1 人	否

续表 4-5

序号	岗位或职务	任职条件或基本资格	满足规定最少人数	能否兼职
4	质量员或质检员	① 工民建或相关专业大专以上学历；② 工民建或相关专业工程师以上技术职称；③ 取得质量员或质检员岗位资格证或上岗证；④ 8 年以上相似工程质量管理工作经历及业绩；⑤ 近 5 年内所负责或参建的同类项目荣获过市（师）级以上优质工程	3 人	否
5	安全员	① 安全工程或相关专业大专以上学历；② 安全或相关专业中级以上技术职称；③ 取得安全员岗位资格证或上岗证；④ 5 年以上相似工程安全管理工作经历及业绩；⑤ 近 5 年内所负责或参建的同类项目荣获过市（师）级以上安全生产文明工地	3 人	否
6	土建技术员或施工员	① 工民建或相关专业大专以上学历；② 4 年以上相似工程施工技术管理工作经历及业绩，或者 6 年以上相似工程施工技术管理工作经历及业绩；③ 工民建或相关专业工程师以上技术职称	4 人	否

(2) 员工培训。建立现场员工培训体系，完善现场员工培训信息登记备案制度，健全技能鉴定制度，建立与岗位工资挂钩的工人技能分级管理机制，提高现场员工参加培训的主动性和积极性。

①培训需求识别。现场管理要根据所确定的现场各层次、各岗位员工的能力要求，通过员工绩效考核、业务考核等，识别和评价现场管理人员现有的能力水平、知识储备、岗位技能水平和资格能否满足现场管理要求，并建立员工技能档案。

一方面要识别出现场员工有哪些技能需要通过培训进一步提升，以更好地满足现场管理需求；另一方面，要考虑现场员工的个人发展，为现场员工的发展提供机会。

②培训计划制定。依据所识别的培训需求，制定现场员工培训计划，培训计划应明确培训范围、培训层次、培训方式、培训内容、时间进度以及教师和教材等。培训计划要结合现场管理工作内容和特点，要有针对性。

③培训实施。现场管理应将增强员工的质量意识、专业技术知识和技能作为培训的核心内容，包括管理类培训、技术类培训、上岗培训、岗位技能培训、升职或转岗培训等。如针对管理人员进行合同学习、标准规范学习、施工组织设计和施工方案的学习、冬雨季施工措施培训、现场管理制度培训等；针对操作工人进行安全入场教育、岗前培训、技术交底、安全交底、危险源公示牌、操作规程展板等。

配备必要的培训资源，建立培训师资队伍，也可以引进外部优秀的讲师，提升员工技能；同时可以结合实际案例，编写各专业、各级别的现场管理培训教材。

如：某现场结合管理实际，编写了《安全文明施工标准化图集》(见图 4-5)。

④培训效果评价及改进。现场管理应建立员工培训记录、培训效果跟踪制度以及培训评价体系。结合培训评价结果和员工业绩提升的需求，不断完善教育培训体系。同时要丰富培训形式，有计划地展开现场员工培训工作。

如某现场根据管理人员的实际需求，定期展开农民工业余学校、“一对一传帮带”、“师带徒”、入场三级安全教育、“技能比武”、“一小时阅览室”等活动，既丰富了培训形式和内容，也带动了现场员工参与培训的主动性，取得了良好效果。

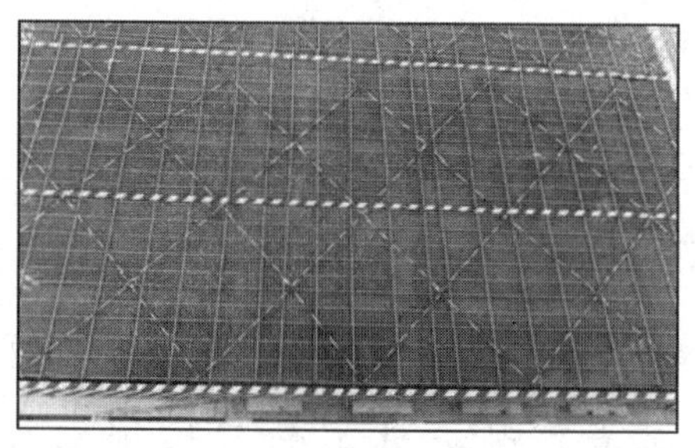

a）剪刀撑做法实例图

b）楼层临边防护定型化做法实例图

c）木工防噪声棚实例图

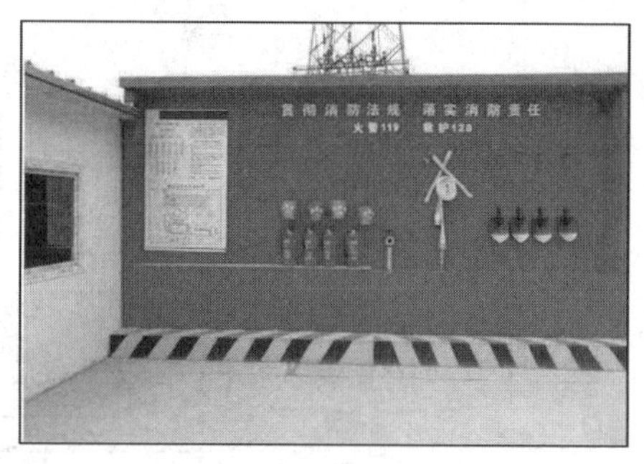

d）消防台实例图

图 4-5 安全文明施工标准化图集

（3）员工职业发展通道。建立员工职业生涯发展规划，为现场员工的发展提供机会，结合现场员工自身特点，为其搭建平台，提供比武、培训、能力展示等机会，充分发挥各自特长，通过相应的激励，鼓励并帮助员工制定和实现个人职业生涯发展规划。企业可以建立相应的管理制度和业务流程，提升现场员工的技能和素质。

【常见工具方法】

柯氏四级培训评估模型、能力素质模型、访谈法、观察法、关键事件法、职位排列法、海氏工作评价系统等。

【案例】某现场建立的员工教育培训体系。

某现场建立科学的员工教育培训体系，努力打造学习型组织、学习型员工，运用多种形式组织员工培训，推动员工职业发展。该现场按“识别需求、细分需求、制定计划、确保实施、效果评估”五个环节实施培训，最大限度地满足现场员工学习培训需求（见图 4-6）。

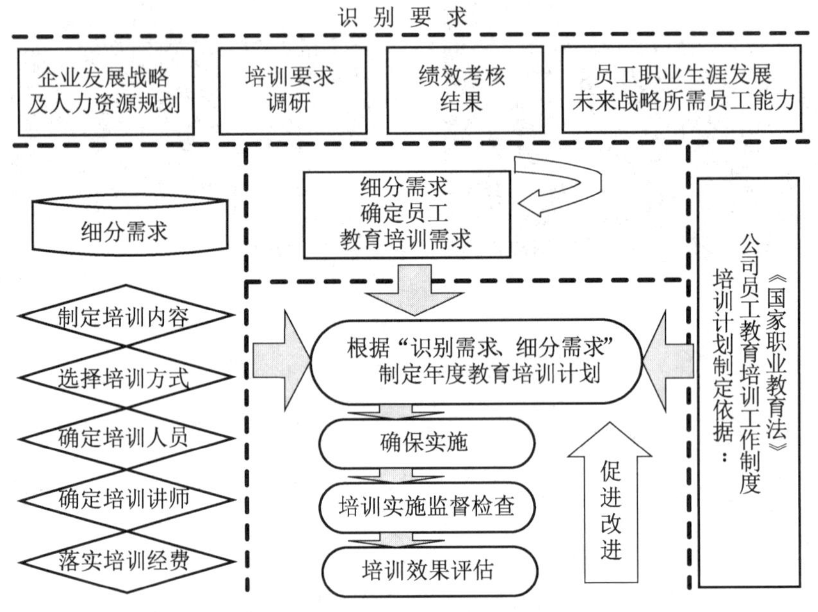

图 4-6　现场员工教育培训体系

（1）识别培训需求。建立动态的培训需求收集系统。每年度通过调查问卷、员工访谈等渠道及时掌握培训需求，并有效细分（见表 4-6）。

表 4-6 培训需求识别一览表

培训需求源	识别依据	培训关注领域
公司战略目标	人力资源规划	关注主业、辅业和延伸产业。提前制定人才培育计划，包括内部培养、外部招聘、岗位轮换、交叉培训和技能培训等
员工个人发展	员工职业发展规划	根据发展目标，结合绩效考核结果，分析总结绩效目标与现实水平的差距及原因，有针对性地设计培训重点
专业管理技术发展水平	行业调研学术交流	关注行业新技术，并把企业自身总结的新技术、新科技成果列入培训重点
员工能力测评	测评结果	关注员工技能、素质

（2）制定培训计划，实施分类分层培训。根据教育培训制度和培训需求分析结果，分类分层确定培训重点，制定《现场员工教育培训计划》，有针对性地开展培训工作（见表 4-7）。

表 4-7 员工分类分层培训重点一览表

分类标准	员工分类	培训重点及方式
按专业系统	管理人员	自学进修、短训班、研讨会、传帮带、轮岗制等
	技术人员	自学进修、课题研讨、大项目挂职锻炼、外来专家传授、案例分析
	行政政工	自学进修、科学发展观理论培训、挂职锻炼、岗位技能培训等
新入职员工		企业文化、战略规划、规章制度、安全教育、“一对一传帮带”等
农民工		农民工业余学校

通过“一对一传帮带”、农民工培训、行业特色培训以及选派内部讲师参加系统学习等方式，充分开发内部培训资源，保证各项培训活动的顺利展开。

①“一对一传帮带”——培养新员工。新员工入职后，确定指导老师，“一对一传帮带”，为新员工职业生涯发展奠定了基础。

②农民工培训。成立农民工业余学校，每个项目建立农民工课堂，提高农民工队伍的整体素质（见图 4-7）。

③专业特色培训。针对现场员工岗位特点，实施多种方式的教育培训。如：企校联合办学、企业特色办学等，既包括请进来、

送出去的培训，也包括鼓励自学和参加执（职）业资格考试等。

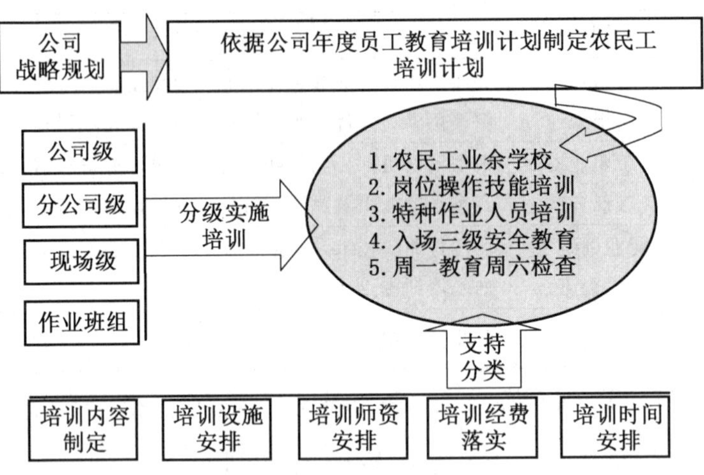

图 4-7　农民工培训体系

(3) 培训效果评估。对培训效果的评估采用“柯氏四级培训评估模型”，并结合行业特点，形成了自有培训评估体系，编制了培训效果评估表（见表 4-8）。

表 4-8　培训效果评估表

方式	阶段效果	评估内容	评估方式	时间
反应评估	培训结束向学员发放满意度调查表，征求学员对培训的感受	1. 员工对培训课程的认可程度	调查问卷、访谈	培训中
		2. 对员工业务提高是否起推动作用		
		3. 对授课讲师及培训设施的意见		
		4. 课堂反应是否积极主动		
学习评估	在培训结束时，是否在知识、技能等方面得到提高	1. 员工在培训过程收获如何	调查问卷、笔试、现场操作演示等	培训后
		2. 受训者知识及技能方面提高程度		
行为评估	培训者在多大程度上通过培训而发生行为上的改进	1. 员工培训后有何改变	由班组、下道工序进行绩效考核测试	培训结束半年后
		2. 员工是否把所学知识运用到工作中		
结果评估	了解因培训而带来现场改进效果	培训为现场质量和效率带来何种影响	考察现场质量效率提升情况	一年后

【案例分析】

亮点：该现场结合建筑行业的特点，建立了制度化、流程化的员工教育培训体系，实施分类分层培训，开展“一对一传帮带”、农民工培训、专业特色培训等有针对性的培训工作，有利于员工素质能力的提升和职业生涯发展。

改进：案例中采用“柯氏四级培训评估模型”对培训效果进行评估，反映评估和学习评估方法实施效果较好，但行为评估和结果评估方面，往往流于形式，容易被忽略，应根据现场特点把行为评估和结果评估融入到对现场员工的考核中去。

【常见问题及应对措施】

1. 培训缺乏针对性

培训需求缺少必要的层次细分，培训不进行需求分析，不区别管理层、劳务层、技术层的要求，也缺乏对各个岗位不同的职业要求分析，往往为了培训而培训，缺乏针对性。

应对措施：建筑施工企业员工培训可按管理层、劳务层、技术层进行细分，也可按管理级别、技术等级进行细分。不同层次、不同级别的员工培训应有不同的侧重点和难易程度。例如，现场关键岗位人员基本都受过严格的学历教育和专业教育，有较高的综合素质、较强的理解与接受能力，对这部分员工的培训应注重积极开发潜力、提高胜任力，激发员工将其良好的教育素质转化为现实的生产力，促进员工岗位能力的进一步提升及全面发展。初级技术人员的培训更多地侧重行业基础知识的掌握、理论知识与工作实践的结合。

2. 缺乏科学、系统的培训效果评估

应对措施： 现场员工参加内部和外部培训后，首先按规定取得培训合格证书，对其是否掌握应知应会的相关知识和技能，施工现场需通过质量安全意识的提高、工作表现、现场操作、下道工序评价、质量和效率跟踪检查、考评等方式进行系统的评价，以提高培训的有效性。

第五章 过 程

第一节 概 述

过程概念是现代组织管理最基本的概念之一，在 ISO 9000《质量管理体系　基础和术语》中，将过程定义为“一组将输入转化为输出的相互关联或相互作用的活动”。过程的任务在于将输入转化为输出，转化的条件是投入资源，通常包括人力、财务、基础设施、技术、信息、相关方等资源。增值是对过程的总体期望，为了获得稳定和最大的增值，需要对过程进行管理。每个企业过程都不是单一和独立的，而是处在一个复杂的过程网络中。因此，识别和分析过程网络及过程接口，确定每个过程的要求，设计或优化过程，建立过程绩效指标监控过程能力，持续改进和创新是对过程管理的要求。系统地识别并管理所采用的过程以及过程的相互作用，称之为“过程方法”。

运用过程方法就是把企业管理看作一个由产品研发、生产、采购等诸多业务过程按一定方式组成的过程网络系统，根据企业经营目标，优化设计业务过程，确定业务过程之间的接口方式或组合方式，以业务过程为中心，制定资源配置方案和组织机构设计方案，解决信息流、物流、资金流和工作流管理问题。综合应用诸如信息技术、网络技术、计划与控制技术、智能技术等管理工具和方法提升管理效率。

建筑产品是一种特殊的产品生产过程，不同于连续过程、流水生产等生产过程。它的主要特征在于期限的限定以及加工过程中的不可移动性，人员、材料与设备都在输出处调动并被安置在现场备用，在实施过程中，资源被集中起来，有些被消耗掉，有些可在项目结束后调作他用。因此，通过有效配置资源、合理安排关键过程（任务）进度以确定关键线路、标识里程碑点和提高过程运行效率就尤为重要。

为了提高现场管理效率、降低安全风险及满足环境保护要求，建筑业现场管理过程中，推行工艺过程的集成和模块化施工，并且不断提升模块化的集成度，模块化生产运用的程度也成为建筑业企业现场管理技术的重要反映。模块化施工也称为“单元化”生产过程，它结合了逐件加工与流水生产的特点，既有逐件加工方式中多品种的好处，又有流水生产的低成本和快速响应的优势。这种模块化施工（也称工厂化预制）通过挖掘工程结构部件中内在相似性来寻求提高效率，如钢结构工厂化预制、工艺管道工厂化预制等。相似工艺过程集成，实施工厂化预制，从根本上解决了安全、场地、工期及施工质量等问题。

总之，现场管理就是运用过程方法对这些过程及过程网络进行策划、实施、监控和改进，以确保过程的有效性，提升过程的效能和效率，从而实现“一心”“二效”“三节”的目标。

《准则》要求的过程管理包括三个方面：

——过程策划（过程要求确定、过程设计）；

——过程控制（过程实施、过程测量与监控）；

——过程改进与创新。

具体要求如下。

(1) 强调过程方法的应用。过程方法是实施过程管理的重要手段，在现场策划阶段，定义所有现场工作任务，界定项目范围，做好工作分解结构（WBS），运用计划评审技术（PERT）和关键路径法（CPM）等明确活动界面和接口，确定关键线路，这是现场管理的基础和保证。以工作任务链为主线，对全部过程进行识别，应用适用的技术、实践工具，策划、实施、监控及改进过程的有效性、效率及过程敏捷性。

(2) 突出过程的有效性。过程有效性指完成策划规定活动的程度及效果，即输出满足输入要求的程度。提高过程的有效性，要注重三个要素：一是从过程涉及的各个相关方逐一分析过程的要求，运用适宜的方法确定主要要求；二是充分的资源保证，为过程实施提供必需的各类资源；三是科学合理安排过程活动，确定活动顺序和接口及关键控制点及测量指标。通过监控这些过程能力，确保达到过程输出。

(3) 评价过程效能。管理学大师彼得·德鲁克曾在《有效的主管》一书中指出："效率"是"以正确的方式做事"，而"效能"则是"做正确的事"。首先着眼于过程效能，然后再设法提高效率。提升过程效能重点关注过程识别的准确性、过程要求确定的充分性、过程活动程序及接口的合理性、过程能力是否达到设计要求、评价过程正确与否。过程策划是过程效能的基础，过程测量与改进是使过程偏离目标最小的关键。

(4) 确保过程的效率。过程效率是最有效地使用资源以满足过程运行要求，即以最小的资源投入取得最大的过程输出结果。在过程管理中不断优化过程设计，提升过程增值能力。

(5) 保持过程的敏捷性和灵活性。企业处于复杂多变的市场环境中，顾客个性化需求不断提升，因此，在过程设计中，对需求变化快速反应，保持过程敏捷性和灵活性更为重要，如采用生产系统柔性化设计、快速换型等。

(6) 持续实施过程改进与创新。过程改进与创新的基础是准确评价过程效能和效率。通过监控过程绩效指标、评价过程能力指数等方法，定期评价过程，利用渐进性改进或重大技术创新、流程再造等方法实施过程优化，并不断分享成果。

《准则》的附录C《企业现场管理准则建筑业实施指南》(以下简称“指南”)，用于指导企业依据《准则》要求开展施工项目现场管理工作。

第二节 过程策划

过程策划从过程类别出发，识别现场管理过程中的关键过程，这些过程一般包括主要管理过程和施工工艺过程。首先确定来自顾客和其他相关方的要求，然后建立可测量的过程绩效目标。基于过程要求，融合新技术和所获得的信息，实施过程设计或再设计。过程策划包括过程要求确定、过程设计。

一、过程要求确定

【准则要求】

企业应运用系统和与企业管理实际相协调的管理方法，识别、分析并确定现场管理的要求，这些要求源于顾客、供应商、员工、股东、社会等各相关方，包括产品设计输出，以及相关法律法规和标准，保证与现场管理过程的有效衔接。

应将过程的要求转化为明确的现场管理指标，包括质量、效率、履约、成本、员工素质、安全、环保和资源利用等方面的内容。

【指南要求】

C.2.1.1 施工要求的确定

a）系统运用适宜的方法，充分识别顾客和各相关方对施工项目管理的要求，这些要求包括但不限于：

——顾客及合同的要求；

——国家法律、法规、标准中获取的有关要求；

——企业战略目标对项目管理的要求；

——质量、环境、安全、职业健康等各项管理体系对施工项目的要求；

——设计图纸及相关技术、规范的要求；

——同行业竞争对手及标杆可借鉴的最佳实践要求；

——来自员工、供应商、社会等各相关方的要求。

b）分析各类要求与施工现场各项管理活动之间的关系。将相应要求转化为与施工现场管理过程相对应的要求和指标，明确各现场管理指标的监控流程，形成系统化的现场管理指标体系。

c）现场管理的指标体系要涵盖施工现场各项管理活动，包括但不限于质量管理、进度管理、设备管理、安全与绿色施工管理、作业人员管理、原材料管理、成本管理、劳务及分包管理等管理活动。

【理解与实施要点】

1. 识别现场全过程

运用过程方法，梳理、确定现场管理实施的关键过程。这些过程能够为顾客及相关方创造价值，是实现现场管理的重要保证。一般包括现场管理过程和产品实现的工艺过程两类。建筑业现场管理过程一般包括但不限于：范围管理、合同管理、采购管理、进度管理、质量管理、职业健康安全管理、环境管理、成本管理、人力资源管理、设备机具管理、技术管理、财务管理、信息管理、供应链管理、物资管理、风险管理、沟通管理、收尾及竣工验收管理等管理过程；产品实现工艺过程根据产品或服务不同，具体确定施工工艺流程及流程网络，如：房建工程包括基础、模板、钢筋、混凝土、砌体、抹灰、饰件工程及工艺流程组合等。

2. 充分确定过程要求

确定过程要求是过程策划的重要环节，也是过程设计的依据，过程要求主要来自于各相关方，一般可采用调查表、头脑风暴法、亲和图等方式。

（1）顾客要求。首先要明确顾客是谁，把顾客理解为输出产品的接受者，顾客包括内部顾客和外部顾客。内部顾客指现场内部，下道工序为上道工序的顾客；外部顾客主要包括业主、总包方、监理方等。外部顾客的要求主要体现于双方的合同中，包括明确工程质量标准、验收要求、工期及服务等要求，这些要求通常是明示的，也是必须满足的要求。但是，过程中内部顾客的要求也很重要，即下道工序对上道工序提出的要求。

（2）国家法律、法规、标准要求。这些要求是规范现场管理行为、实施现场过程必须遵守的要求，也是检验产品和服务合格与否的最低要求，特别是涉及质量、安全与环保的要求，是现场管理持续的基础。

（3）企业战略目标要求。确保战略在现场管理落地的需要，一般由企业绩效主管部门以考核指标的形式下发，也是对现场的指令性要求，如创省部级文明工地、优质工程、五星级现场等。

（4）管理体系要求。这些要求体现在企业的体系文件中，由于企业内部项目众多，现场管理水平也参差不齐，这些要求一般是现场管理最基本的符合性要求，现场应该综合考虑这些要求，并结合现场实际，设定高于体系文件的要求，为过程设计奠定基础。

（5）设计图纸及相关技术、规范要求。一般针对施工工艺过程及验收结果提出，往往涉及功能、性能等产品特性值的指标，与质量验收密切相关。如果达不到，可能会构成不合格品或形成质量缺陷。

（6）竞争对手及标杆可借鉴的最佳实践要求。这是企业不断追求过程能力的提高，瞄准竞争对手和标杆，对过程管理提出的更具竞争力的要求，往往能够促进现场管理达到更高水平。

（7）各相关方的要求。来自员工、供应商、社会等不同的相关方对同一过程提出不同的要求，而且有时会有较大差异性。因此，要综合考虑对现场管理过程效率和效能提升方面的影响，确定关键要求。如果涉及安全、环保等强制性要求，则必须满足，如在施工过程中，会产生噪声扰民，即使需要调整作业时间，造成现场实施过程效率降低与运行成本升高，也必须满足要求。

3. 需求转化

现场管理是达到产品特性值的重要实施手段。当每一个项目确定之后，该工程产品特性目标值，即工程产品应达到的功能条件就是明确的，但是，通过哪些现场管理过程完成尚未确定。因此，在策划阶段就应利用工具方法将产品特性要求转化为现场施工工艺过程及管理过程的要求，明确与之相适应的活动和目标。需求转化可以使用质量功能展开（QFD)、头脑风暴法、调查问卷等方法。

4. 建立过程监控指标

识别过程要求是重要的过程输入，也是衡量和监控过程能力的重要数据，这些要求应清晰可测量。因此，对每一项确定要求，都应有一个或多个指标来衡量，且应建立确定的目标值。

（1）目标指标的类别。现场可以从结果和过程监控两类指标设计。过程监控类指标还可以与展开的子流程或下一层级流程的要求及监控指标相联系，应该建立逐层分解、相互支撑的指标体系。

（2）目标指标值的确定。要对建立的目标指标确定标准或控制限值，目标指标值要与现场过程能力、资源配备条件、成本控制要求、顾客要求等相匹配，总体适宜为最佳。

【常见工具方法】

调查表、头脑风暴法、亲和图、质量功能展开、对比分析等。下面重点介绍质量功能展开的应用。

质量功能展开（Quality Function Deployment，QFD）由赤尾洋二定义为：将顾客的需求转换成代用质量特性，进而确定产品的设计质量（标准），再将这些设计质量系统地（关联地）展开到各个功能部件的质量、零件的质量或服务项目的质量上，以及制造工序各要素或服务过程各要素的相互关系上，使产品或服务事前就完成质量保证，符合顾客要求。它是一种系统化的技术方法。

QFD的主要作用是将需求转换为功能性或技术性要求。因此，可以作为需求与要求之间的一个优化或选择连接工具，用于工程设计和施工等。QFD方法可能的应用如下：

（1）规划：业主和使用者对工程和设计目标的要求；

（2）设计：设计目标和施工图纸；

（3）施工计划：施工图纸和施工计划；

（4）施工：施工计划和施工阶段。

近年来，QFD的工具方法在工程设计中逐步得到应用，并取得较好效果，下面就QFD方法在桥梁初步设计中的应用进行说明。

某桥在初步方案设计时拟采用QFD方法对业主和使用者需求进行分析，并把业主和使用者的需求转变成桥梁的功能性和技术性要求。其分析步骤如下。

（1）确定关键需求及相互关系。设计人员在对区域规划、交通运输体系的规划进行分析的基础上，根据业主与使用者的实际要求，并结合专家意见，确定了需要在设计中控制实现的主要需求指标为财务成本、功能性、环境成本、安全和美学要求等五个关键需求，并确定相互间关系和其优先级别（如表5-1所示）。

表5-1 主要功能属性与主要需求相互关系及优先级别

主要需求	主要功能属性						需求优先级别P
	寿命周期财务成本	寿命周期功能性	寿命周期养护	寿命周期环境成本	安全	美学及舒适	
	主要功能属性与主要需求之间的相关性C						
财务成本	1.0	0.5	0.2	0.0	0.1	0.2	9
功能性	0.5	1.0	0.3	0.1	0.2	0.0	10
环境成本	0.0	0.1	0.1	1.0	0.0	0.1	6

续表 5-1

主要需求	主要功能属性						需求优先级别 P
	寿命周期财务成本	寿命周期功能性	寿命周期养护	寿命周期环境成本	安全	美学及舒适	
	主要功能属性与主要需求之间的相关性 C						
安全	0.1	0.2	1.0	0.0	1.0	0.0	8
美学要求	0.2	0.0	0.0	0.1	0.0	1.0	8
∑(C×P)	16.4	16.7	13.4	7.8	10.9	10.4	∑∑(C×P)=75.6
主要功能属性优先级别=∑(C×P)/∑∑(C×P)	0.22	0.22	0.18	0.10	0.14	0.14	—

(2)确定桥梁主要功能属性及其相关性。对桥梁建成后需要具备的功能属性进行分析，根据专家调查意见和业主、使用者的要求确定了寿命周期财务成本、寿命周期功能性、寿命周期养护、寿命周期环境成本、安全、美学及舒适等六个主要功能属性，并确定相互间关系(如表 5-1 所示)。

(3)计算确定功能属性优先级别。采用简单加权法、主成分分析法、欧氏距离法计算功能类属性的相互间关系和优先级别(如表 5-1 所示)。

(4)确定桥梁主要技术指标属性和功能属性及相关性。对实现桥梁功能属性所需的主要技术指标进行分析，根据专家调查意见和业主、使用者要求确定了使用中或未来变化时的灵活性指标，使用寿命指标，结构体系和构件的功能指标，耐久性指标，环境指标，可养护性及可维修性，安全指标，噪声、防火、防撞等八个指标，并确定相互关系(如表 5-2 所示)。

表 5-2 主要技术指标与功能类属性相互关系及优先级别

<table>
<tr><th rowspan="3">主要功能属性</th><th colspan="8">主要技术指标</th><th rowspan="3">功能属性优先级别 P</th></tr>
<tr><th>使用中或未来变化时的灵活性指标</th><th>使用寿命指标</th><th>结构体系和构件的功能指标</th><th>耐久性指标</th><th>环境指标</th><th>可养护性及可维修性</th><th>安全指标</th><th>噪声、防火、防撞等指标</th></tr>
<tr><th colspan="8">主要技术指标与主要功能属性之间的相关性 C</th></tr>
<tr><td>寿命周期财务成本</td><td>0.3</td><td>0.2</td><td>0.5</td><td>0.2</td><td>0.0</td><td>0.2</td><td>0.0</td><td>0.0</td><td>10</td></tr>
<tr><td>寿命周期功能性</td><td>0.5</td><td>0.3</td><td>1.0</td><td>0.3</td><td>0.0</td><td>0.3</td><td>0.3</td><td>0.1</td><td>10</td></tr>
<tr><td>寿命周期养护</td><td>0.0</td><td>0.5</td><td>0.5</td><td>0.5</td><td>0.1</td><td>1.0</td><td>0.3</td><td>0.1</td><td>8</td></tr>
<tr><td>寿命周期环境成本</td><td>0.0</td><td>0.1</td><td>0.1</td><td>0.2</td><td>1.0</td><td>0.0</td><td>0.0</td><td>0.1</td><td>5</td></tr>
<tr><td>安全</td><td>0.0</td><td>0.0</td><td>0.3</td><td>0.2</td><td>0.0</td><td>0.2</td><td>1.0</td><td>0.2</td><td>7</td></tr>
<tr><td>美学及舒适</td><td>0.2</td><td>0.1</td><td>0.0</td><td>0.1</td><td>0.2</td><td>0.2</td><td>0.0</td><td>0.2</td><td>6</td></tr>
<tr><td>$\sum(C\times P)$</td><td>9.2</td><td>10.1</td><td>21.6</td><td>12.0</td><td>7.0</td><td>15.6</td><td>12.4</td><td>4.9</td><td>$\sum\sum(C\times P)=92.8$</td></tr>
<tr><td>主要技术指标优先级别 $=\sum(C\times P)/\sum\sum(C\times P)$</td><td>0.10</td><td>0.11</td><td>0.23</td><td>0.13</td><td>0.07</td><td>0.17</td><td>0.13</td><td>0.05</td><td>—</td></tr>
</table>

（5）计算确定主要技术指标属性优先级别。采用简单加权法、主成分分析法、欧氏距离法计算功能属性的相互关系和优先级别（如表 5-2 所示）。

（6）确定关键的技术指标。确定桥梁设计中最关键技术指标为结构体系和构件的功能指标，同时也要优先考虑结构的可养护性及可维修性、安全指标。

根据业主和使用者的需求，桥梁设计方案的财务成本和功能性是两个最重要的指标。通过 QFD 分析可知，在桥梁结构的设计主要功能属性中，寿命周期财务成本和寿命周期功能性是最重要的指标，同时还要考虑寿命周期养护问题。进一步计算得到桥梁主要技术指标间的优先级别，其中结构体系和构件的功能指标是最重要的指标，必须在设计时首先满足其要求，可养护性及可维修性、安全指标也很重要，在满足功能性指标要求后优先考虑。

此外，计算得到技术要求的优先级别可以再次作为加权因素，用来在不同的设计方案之间根据业主和使用者的要求进行比较。

总之，QFD 方法可以用于桥梁的规划、设计、施工和施工的分析和决策，使产品更好地满足业主和使用者的要求。但是由于主要需求、主要功能属性与主要技术指标之间的关联性需根据专家确定，人为因素很大，需要在以后的研究中寻求适当方法进一步改进。

【案例 1】某现场管理过程的识别（见图 5-1）

【案例分析】

亮点：设计了现场管理的总体流程，能够按照 PDCA 循环方法，从现场策划、现场需要控制的诸如合同、采购等管理过程、绩效系统的建立、现场管理评价及现场经验与企业知识库管理关系描述出来，能够对现场管理过程有全面了解。

改进：这种流程描述方式，对于流程活动及接口表述不清楚，在具体诸如合同及采购等专业管理流程中，应采用下面案例 2 的方式，明确流程的起始点及完成工作的顺序。

【案例 2】工艺管道安装施工流程（见图 5-2）

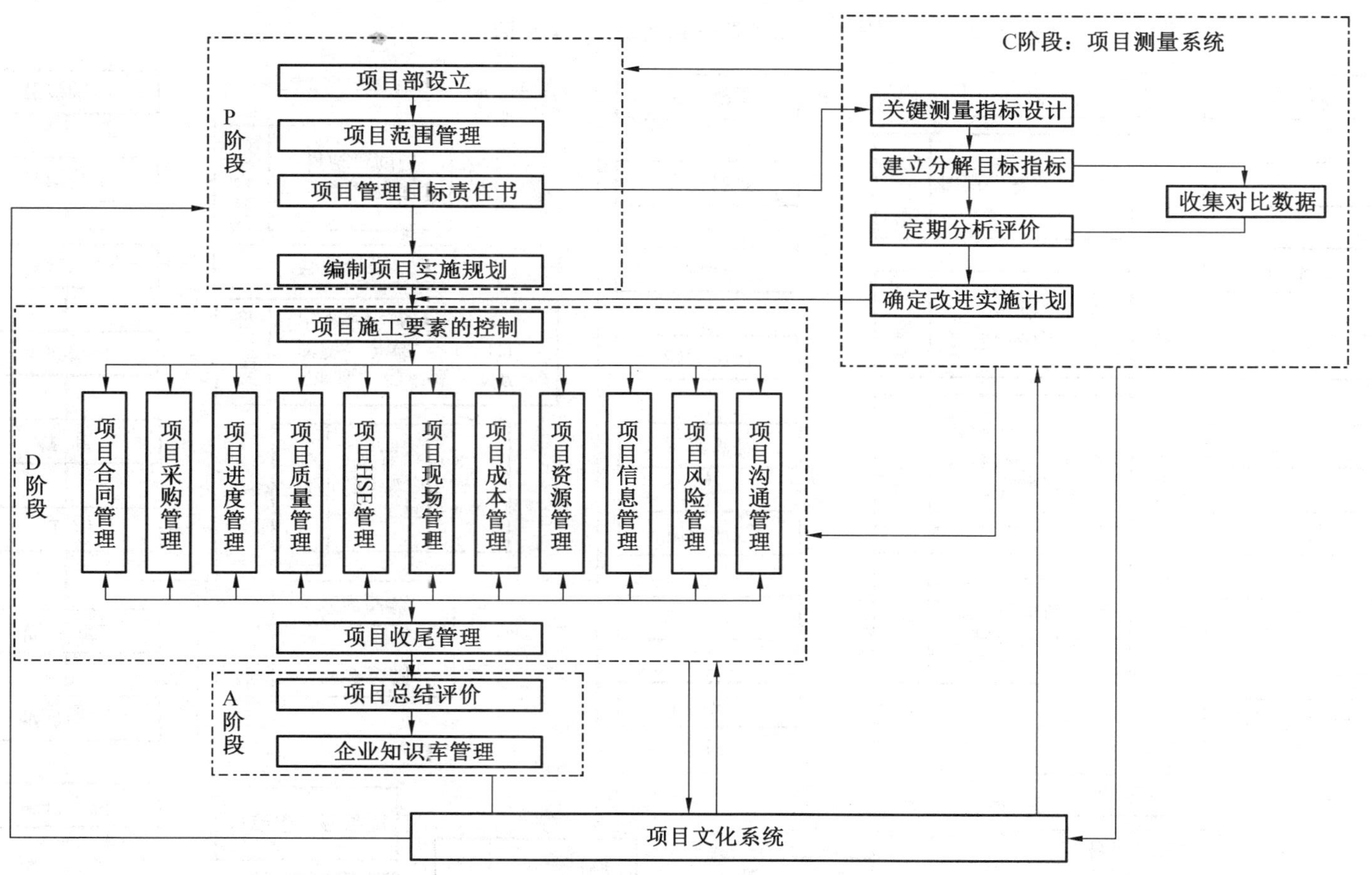

图 5-1 现场管理过程示意图

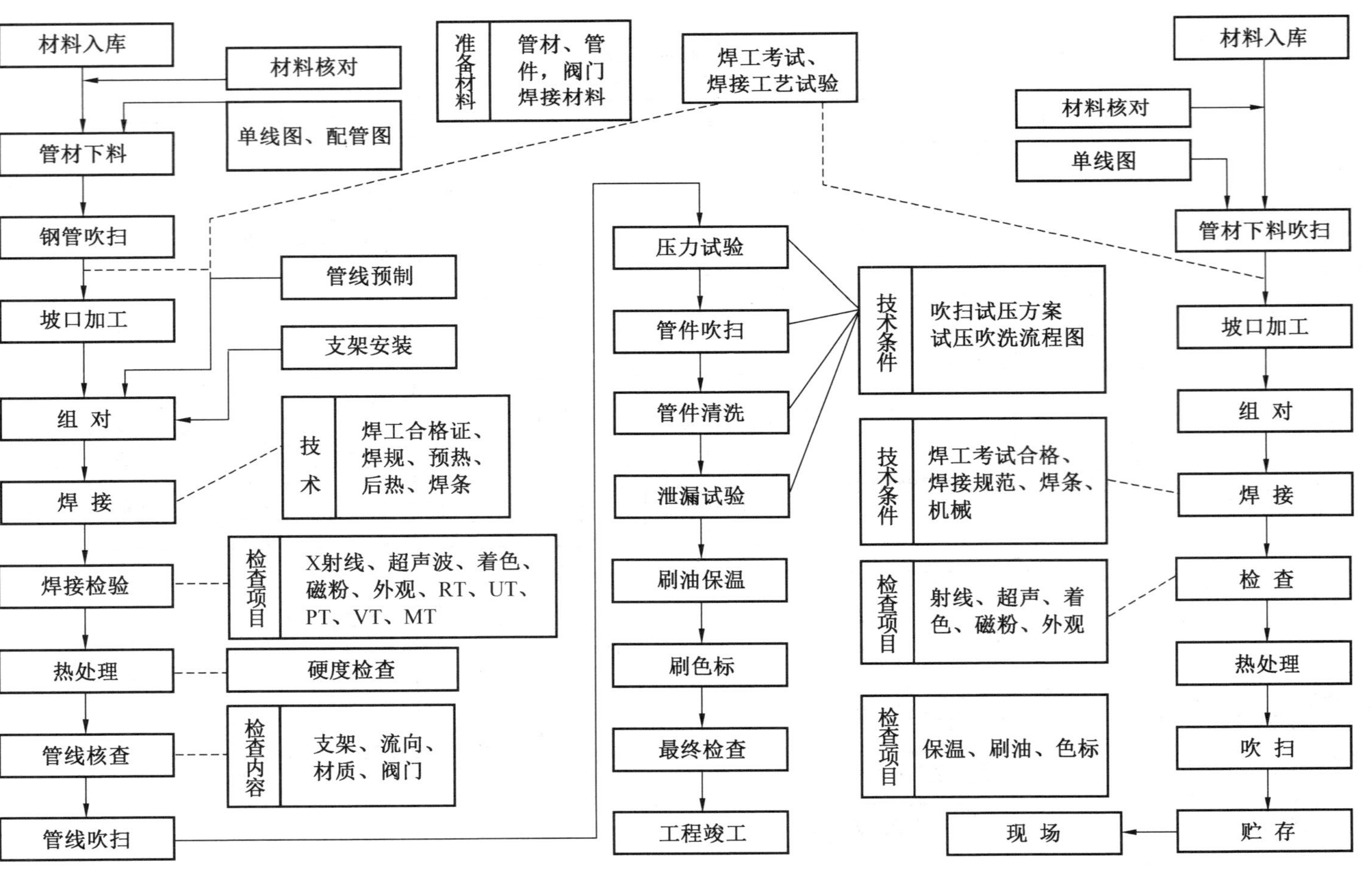

图 5-2 工艺管道安装施工流程图

【案例分析】

亮点：反应管道施工工艺的全过程，能较好地指导工艺管道施工。

改进：流程的起点未明确与上道工序的接口，或者起始点应从工艺准备开始更加合理；如果能用矩阵方式明确每个步骤的责任人，或将检查项目、核查内容等以质量记录方式规定更加清晰；流程图描述不规范，如：缺少起始点框，缺少对焊接检验后合格与否的判定；（图右侧）工艺管道预制厂流程与（图左侧）工艺管道安装主流程没有关连线。

【案例 3】现场管理主要要求（见表 5-3）

表 5-3 施工项目现场管理要求汇总表

序号	项目名称	实施过程的主要要求
1	范围管理	界定清晰、内容无遗漏、动态监控、及时处置
2	组织管理	组织机构健全、职责明确
3	合同管理	文本规范、合同有效、依约履行、变更及时
4	分包管理	规范选商、择优使用、过程控制、动态管理
5	人力资源	组织结构合理、配置适宜、有效完成培训计划、考核公正、有激励性、完成职业生涯培养计划、员工满意度持续提升
6	设备机具管理	资源策划充分、科学；实施控制得当、有效；过程检查与考核及时、规范；总结与改进持续、高效
7	技术管理	技术先进、安全高效、科学经济
8	采购管理	材料质量合格、交付周期准时、采购成本降低
9	（环境）职业健康安全管理	风险识别全面、控制措施到位、隐患整改及时、杜绝各类事故
10	质量管理	质量策划充分；质量控制有效，产品质量合格，达到部优工程；过程检查规范；质量改进成效显著

续表 5-3

序号	项目名称	实施过程的主要要求
11	进度管理	进度安排合理、关键线路明确、工期保证
12	现场管理	文明施工、安全有序、整洁卫生、不扰民、不损害公众利益，争创省文明工地
13	材料管理	材料管理达标、剩余材料处置受控
14	资金管理	资金需求保障、资金使用高效、资金风险控制
15	成本管理	计划合理、控制有效、核算准确、分析到位、纠偏及时、评价客观、效益最大化
16	信息管理	项目信息管理策划充分；收集全面、准确、及时、可靠；处理时效性、针对性；对项目管理具有指导性；评价客观、真实
17	风险管理	风险识别充分、评估准确、响应快速、控制措施合理
18	沟通管理	沟通策划充分，信息传递及时、准确，重要问题处置及时、有效
19	结算与决算管理	资料及时、完整；预结算及时；工程费用计算准确；实现效益最大化
20	竣工管理（竣工收尾、验收及保修管理）	交工计划全面，竣工准备充分；竣工资料完整；竣工验收规范、及时；保修回访及时
21	监视测量管理	过程监测指标可测量且能够证实活动、产品或服务的符合性；指标监视与测量的频次应适宜；指标监测结果应及时对比分析应用与改进管理

【案例分析】

亮点：能够对所涉及的全部管理过程进行分析并明确管理要求。

改进：过程要求及主要要求确定方法不明确，如果能够运用头脑风暴法、调查表等方法，针对每个过程从各利益相关方角度分析，然后根据对最终产品的影响程度确定主要要求更好。

【案例 4】施工现场的管理指标（见表 5-4）

表 5-4 项目主要目标统计表

序号	目标名称	目标值	检查频次	检查方法	见证资料
一	质量管理				
1	质量事故数	0	月	统计表	月份技术质量报表
2	工程一次交验合格率	100%	不定期	工程验收	验收报告
3	分项工程一次验收合格率	100%	月	统计表	月份分项工程统计表
4	分部工程合格率	100%	月	统计表	月份分部工程统计表
5	质量损失率	0.07%	月	统计表	月份质量损失率统计表
二	安全管理				
6	安全措施费占工程造价的比重	2.5%	季度	统计表	成本分析报告
7	死亡事故数	0	月	统计表	安全生产事故月报表
8	千人负伤率	0	月	统计表	安全生产事故月报表
9	特殊工种持证上岗率	100%	月	统计表	月份特种作业人员统计表
10	紧急应变计划演习参与率	100%	月	统计表	应急预案演练记录
三	进度管理				
11	里程碑节点完成率	100%	月	统计表	计划总结报告
12	工期完工率	100%	月	统计表	计划总结报告
四	环保管理				
13	重要环境因素监测率	100%	全年监测	统计表	监测报告
14	节能减排措施落实率	100%	月	统计表	检查报告
五	文明工地等级				
15	施工现场七牌、一图设置率	省级	年	统计表	文明工地奖牌
六	人力管理				
16	培训计划完成率	100%	季度	统计表	季度培训计划完成统计表
17	考核合格率	100%	季度	统计表	季度培训合格率统计表
18	员工持证上岗率	90%	季度	统计表	季度员工持证上岗率统计表

续表 5-4

序号	目标名称	目标值	检查频次	检查方法	见证资料
七	财务、成本管理				
19	劳动生产率	35万元/人	年	统计表	施工进度报表
20	项目税金	—	月	统计表	月份财务报表
21	项目成本降低率	3%	月	统计表	月份项目成本控制评价表
22	工程款回收率	80%	月	统计表	月份财务报表
八	设备管理				
23	机械设备完好率	96%	月	统计表	月份设备完好率、利用率统计报表
24	机械设备利用率	75%	月	统计表	月份设备完好率、利用率统计报表
25	机械设备维修计划完成率	100%	月	统计表	月份机械设备检维修计划完成情况统计表
26	测量设备校验按时完成率	100%	月	统计表	月份测量设备校验按时完成情况统计表
九	合约、预结算管理				
27	合同评审率	100%	月	统计表	合同评审
28	专业队伍和劳务队伍招标率	100%	季度	统计表	季度分包招标率统计表
29	分包合同履约率	100%	季度	统计表	季度履约率统计表
30	分项工程预算及时率	—	—	统计表	(本工程为概算包干)
31	劳务工资按时支付率	100%	月	统计表	月份劳务工资发放签收单
32	项目预算执行结果	—	—	统计表	(本工程为概算包干)
十	顾客关系管理				
33	保修回访及时率	100%	一次性	统计表	质量回访调查表
十一	文化管理				
34	CI(企业形象规范)应用正确率	100%	月统计	统计表	月检查记录
十二	技术管理				
35	质量计划、方案编制完成率	100%	月统计	统计表	项目质量计划施工技术方案编制完成率考核表

【案例分析】

亮点：能够针对识别的管理过程及要求设定监控指标；指标设定基本具有可测量性。

改进：

（1）不能将过程要求转化为可衡量指标。如：技术管理过程要求技术先进、安全高效、科学经济，指标仅有质量计划、方案编制完成率，对于科技进步、技术革新、工法立项数量及完成结果、方案优化效果、创新贡献、技术领先结果等均未设置相应指标。

（2）不能对关键过程节点设置相应衡量指标。如：技术管理过程中，对技术交底及时、交底到操作人等均未设置考核指标；指标设置还处于较低水平，技术管理仅设置质量计划、方案编制完成率，对于方案的优选、经济性的比较等方面均没有设定相应指标。

（3）设定的指标不合理。如：质量管理中分别设置了工程一次交验合格率、分项工程一次验收合格率、分部工程合格率这三个指标，若考核分项工程一次验收合格率，再考核分部工程合格率就没有实际意义。

【常见问题及应对措施】

1. 过程识别不充分

现场策划时，不能准确将现场管理的各个过程识别清楚，管理者不清楚各个过程对现场管理最终结果的可能影响，也不明确各过程的接口关系及每个过程起始点。如某现场在采购管理过程识别中，仅将材料采购纳入其中，对设备租赁、分包商选择、检测服务等管理未纳入其中，因此，在分包服务的供应商选择、评价及再评价管理方面不够清晰。

应对措施：

（1）按照现场管理类别，明确过程分类的维度，并逐级展开。如可以从现场管理和施工工艺两个维度划分，现场管理流程遵循PDCA循环，为实现现场管理总目标对管理要素进行控制，以此为主流程展开，展开为各施工要素控制分流程，根据管理深度和难易程度决定过程展开等级。

（2）施工工艺流程，可以按照施工阶段、施工专业、分项工程等展开工艺过程。

（3）在现场策划阶段，尽量以流程图的方式将各个管理过程展示出来，现场人员对各个过程之间的接口关系一目了然，如果有重叠或交叉，可及时调整。

（4）在实施过程中对流程的可实施性进行动态跟踪和调整。

2. 过程要求分析不够全面

大部分现场过程还只是保持传统做法，不能真正分析来自各个相关方对过程的要求及确定主要要求。要求不明确，过程管理目的性不强，难以形成高效的过程设计及实现过程优化。

应对措施：逐一对关键过程进行要求确定。组织相关技术和管理专家，运用调查表和头脑风暴法等方法对来自各相关方的要求进行分析（见表5-5），通过定量和定性相结合的方式，确定适宜的关键要求，如采购管理过程的主要要求为降低采购成本、保证采购质量、及时供应和节能环保。

表 5-5　过程要求分析一览表

过程名称	相关方				
	公司（项目部）	顾客（监理等）	政府或周边社区	员工	供方
采购管理过程	降低采购成本★ 保证采购质量★ 及时供应★	优质 技术领先 安全环保	达到相关法律法规要求 节能环保★	降低成本	资金保障 协调配合
安全环保管理过程	无安全环保事故、事件★ 安全教育有效 安全检查及时 安全资金控制得当 应急处理得当 隐患整改及时、有效	不发生安全环保事故、事件 安全环保设施保障 安措经费到位	环保满足法律法规要求★ 不扰民、无污染	无职业伤害★ 身心健康 安全设施及劳保配备齐全、完好 隐患整改及时、有效★	现场安全
注：带有★项目为主要要求。					

3. 主要过程要求指标不能转化为可衡量的指标

很多现场不能将确定的过程要求用可量化或可衡量的指标来表示。大部分现场管理过程没有建立对关键过程点的监控指标，不便于衡量过程能力。

应对措施：过程要求与监控指标要逐一对应，并层层展开。根据过程的不同，将识别的要求设定为可衡量指标，并逐级展开，见表 5-6。

表 5-6　质量指标展开示意

管理过程	主要要求	主要指标	分解一层过程指标	展开二层过程指标
质量管理	优质	工程一次交验合格率	分部、分项工程合格率	检验批验收合格率
				焊接一次合格率
				焊口组对一次合格率
				……

续表 5-6

管理过程	主要要求	主要指标	分解一层过程指标	展开二层过程指标
质量管理	控制质量损失	质量成本损失率	内部损失成本	报废损失费
				返修（工）损失费
				停工损失费
				产品质量事故处理费
				其他
			外部损失成本	索赔损失费
				退、换货损失费
				保修损失费
				折价损失费
				诉讼损失费
				其他

二、过程设计

【准则要求】

企业应根据确定的现场管理过程要求，识别现场管理要素及资源，采用系统的技术和管理方法，对现场管理过程进行设计，形成管理规范。

【指南要求】

根据确定的施工要求，应用单元设计、计算机模拟、甘特图、网络图、过程决策程序图（PDPC）等方法，对施工过程进行设计。结合施工作业现场的实际状况，不断对施工方案进行深化和优化设计。

a）针对施工现场涉及的各项管理活动，对实现各项现场管理目标所涉及的管理流程进行设计，并对所需资源进行配置。

——施工现场平面布置。根据施工现场的自然条件和施工过程不同阶段的特点，包括设备特点、施工工艺特点、施工人员特点、自然气候特点等，设计合理的现场布局。现场需要对施工作业面、半成品加工区、材料堆放区、生活区等进行系统的规划。施工现场布局有利于现场原材料运送的顺畅，施工机械器具使用的便利，现场作业人员的安全，充分利用现场的空间。保证施工现场水、电、气、通讯等临时设施的稳定性。

——施工现场人员结构。根据施工的要求，建立完善的项目管理构架，并配置具有相应资质的项目管理人员。项目管理人员的配置需要满足质量、安全、技术、设备、成本、原材料、环保、资料等方面工作的要求。根据施工过程不同阶段的要求，对现场作业人员需求进行系统的规划，结合施工人员的技能、素质等方面的特点，建立适宜的现场作业人员管理机制。

——专项活动实施计划。针对现场涉及的各项管理活动，分析各分部、分项工程和专项施工阶段的特点和难点，制定明确的各阶段专项活动实施计划。专项实施计划明确各项管理活动的目标、程序、工作方法及异常的识别和纠偏方法，并配备需要的资源。例如：进度控制、质量控制、成本控制、安全控制、技术控制、专项施工等实施计划。

——施工现场作业标准。为施工过程的各项作业制定明确的标准，包括施工工艺、图纸、样板、交叉作业、施工工法、设备操作、安全环保、质量控制、文明施工等方面的内容，并建立系统的交底流程。

——信息管理系统。系统识别施工现场各类信息来源及信息使用需求，设计完善的现场信息管理系统，实现对现场信息及时准确的采集、传递、统计、分析，为决策提供有效依据。

b）在施工过程的设计中，采用适当的方法，识别并预测施工过程中可能形成的各种浪费，并建立相应的控制方案。

c)在施工过程的设计中，采用适当的方法，识别存在于合同、成本、资金、结算、进度、质量、安全、设备等方面的潜在风险，进行风险评估，制定风险防范措施，建立风险预警机制，实施应急响应预案，实现施工全过程风险因素监测与预防性管理，包括但不限于使用系统分解法、流程图法、头脑风暴法、德尔菲法、防差错方法、失效模式分析等方法。

d)施工过程设计的结果形成文件，并在实施前批准。施工过程设计的结果按规定得到发包方或监理方的认可。

【理解与实施要点】

本条文要求对现场管理的过程进行设计，设计过程中主要考虑确定的过程要求、现场资源状况等。在设计过程中要有效利用新技术对过程优化。过程设计主要输出：流程图、现场平面布置图、操作规范及作业指导文件、各类资源计划及专项计划等。过程设计结果是过程策划的重要体现。

1. 依据过程要求设计

在现场管理的过程网络中，确定每个过程之间的接口和管理界面。在设计过程中，要考虑质量、安全、周期、生产率、节能降耗、环境保护、成本和其他有可能影响有效性和效率的因素，尽量减少非增值步骤及过程变异，提高过程能力。

2. 深化和优化设计

过程设计时，不断跟踪以往过程实施情况，充分利用新技术和方法（新工艺、新材料、新方法和信息技术、专利、同行业先进经验的借鉴等），对施工过程及管理过程进行深化和优化设计，确保设计的过程在同行业中的先进性及系统整体最优化。

3. 关注设计过程的敏捷性和灵活性

现场管理中有很多不确定因素，对过程运行有很大影响，因此，在设计过程中充分关注可能产生的变化要求，提出预案或预留接口，使过程能够保持对内外部环境变化的敏捷性。

4. 识别并预测现场实施过程中的浪费

明确各个过程控制对利润的贡献，清晰了解成本的构成，在过程设计的同时识别过程中主要的浪费类别及形式，并根据现场管理资源状况，确定控制浪费的项目及目标，如采购成本降低率、综合能耗、质量成本损失率等指标。根据设立不同的目标情况，建立控制各种浪费的方案，如绿色施工方案、清洁生产方案等，确保现场管理综合能耗和成本最低。

5. 识别、确定风险并采取适宜控制措施

各现场都面临来自内外部的影响目标实现的诸多不确定性因素，这些因素对现场管理目标的影响就是“风险”。一个项目现场管理，可划分为技术的、经济的、环境的及政治的、行政的、国际的和社会的不确定因素。

风险管理包括但不限于下列程序：收集信息、识别风险，分析、评价风险，策划风险控制措施。下面就程序内容进行介绍。

（1）收集信息、识别风险。收集信息是指调查、收集与各类风险有关的信息。对工程、工程环境、其他各类微观和宏观环境、已建类似工程等，通过调查、研究、座谈、查阅资料等手段进行分析，列出风险因素一览表。收集的方法包括头脑风暴法、德尔菲法、访谈法、SWOT 分析法等。

（2）分析、评价风险。在识别风险基础上，通过甄别、选择、确认，把重要的风险因素筛选出来加以确认。在风险管理中，风

险分析、评价是关键。风险分析分为定性和定量分析方法，这两种方法可以单独或一同采用。

定性分析依据包括风险管理计划、已识别的风险、项目状态、项目类型、数据精确性、概率及影响的范围、假设。定性分析结果的输出一般包括：项目总体风险等级排序、风险的优先次序清单、需加以进一步分析和管理控制的风险清单。定性分析方法包括但不限于头脑风暴法、德尔菲法、访谈法、SWOT 分析法、检查表法、假设分析法、防差错方法、失效模式分析等，对假设分析法的介绍见表 5-7。

表 5-7　假设检验的风险影响分类表

主要项目目标的风险影响评价					
项目的目标	很低 0.05	低 0.1	中等 0.2	高 0.4	很高 0.8
费用	费用增加不显著	费用增加小于 5%	费用增加 5%～10%	费用增加 10%～20%	费用增加大于 20%
进度	进度偏移量不显著	进度偏移小于 5%	总体项目偏移量 5%～10%	总体项目偏移量 10%～20%	总体项目偏移量大于 20%
范围	范围偏差不明显	范围偏差小	范围的偏差大	用户不可接受的范围偏差	项目的最终产品无效
质量	质量降级不明显	仅仅影响非常需要应用的部分	质量降低需请求用户批准	质量降低用户不接受	项目的最终产品无效

定量风险分析一般随定性风险分析之后进行，用定量分析方法进一步确认风险等级。定量风险分析的结果一般包括：经量化的风险优先次序清单、项目概率分析、达到费用和进度目标的概率、定量分析结果所反映的“趋势”。定量分析方法包括但不限于访谈、敏感度分析、决策树分析、项目模拟等。

决策分析通常结构化为决策树形式。它反映了在两个待选方案中选择一个较优方案的方法（如图 5-3）。决策树将风险概率、事件的每一条合理路径的费用或报酬，以及未来的决策综合在一起。决策树直观显示哪些决策可以对决策者产生最大的期望价值。

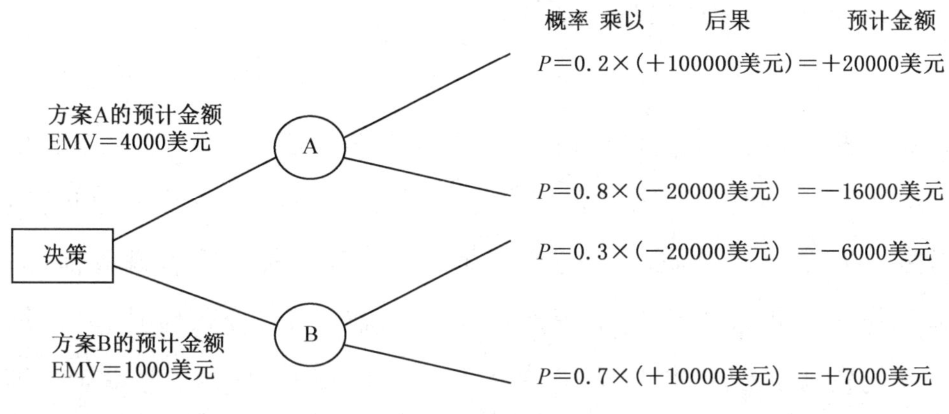

图 5-3 决策树分析图

决策树分析图的解释：

结果的金额（EMV）=后果×该后果的概率

决策的预计金额=该决策产生的所有后果的 EMV 总和

方案 A 的预计金额为 4000 美元，方案 B 的预计金额为 1000 美元，两者对比，前者为应选择的决策路径。

（3）策划风险控制措施。应对评价、确认的风险建立控制措施，措施一般有以下四种方法：规避、转移、缓解（减轻、隔离、分散）、接受。风险对策应形成风险管理报告或风险管理计划，其内容有：风险管理目标，风险管理范围，可使用的风险管理方法、工具以及数据来源，风险分类和风险排序要求，风险管理的职责与权限，风险跟踪的要求，相应的资源预算等内容。

现场风险根据实施阶段各有差异。项目决策阶段主要包括产品方案及产品结构决策、合资或其他合作方式不同带来利益分歧实施风险、外部环境风险、市场风险、技术风险、环保与安全风险等；招投标阶段主要包括招标决策失误、招标方式选择不当引起的风险、招标程序组织风险、招标文件缺陷、评标、决策失误造成的风险等；实施阶段主要包括设计、采购、施工（安全、质量、环保等项目运行要素控制）、考核验收等风险；竣工阶段主要包括工程费用结算风险、索赔、交竣工资料交接等风险。

6. 过程设计结果的主要输出

（1）流程图。过程设计的主要输出——流程图。流程图就是运用一些标准符号直观描述工作过程的具体步骤。按照专业类别划分为：现场管理流程和施工作业流程。现场管理流程一般包括：进度、安全环保、质量、技术、合同、财务、预结算管理等流程；施工作业流程根据现场工程产品不同，施工工艺不尽相同，应结合现场资源状况、产品特点等合理设计，一般可包括地基基础施工、钢结构施工、设备安装等工艺流程。按照流程的层级划分，一般划分为主流程、子流程或者称为一级、二级或展开更多层级流程。通过过程设计，应形成覆盖现场全部管理及施工工艺的流程网络。

（2）现场平面布置图。是在拟建工程的建筑平面上（包括周围环境），布置为施工服务的各种临时建筑、临时设施及材料、施工机械等，是施工方案在现场的空间体现。它反映已有建筑与拟建工程间、临时建筑与临时设施间的相互空间关系。布置得恰当与否，执行的好坏，对现场的施工组织、文明施工、施工进度、工程成本、工程质量和安全都将产生直接的影响。

设计原则：应严格控制在建筑红线之内；平面布置要紧凑合理，尽量减少施工用地；尽量利用原有建筑物或构筑物；合理组织运输，保证现场运输道路畅通，尽量减少二次搬运；各项施工设施布置都要满足方便施工、安全防火、环境保护和劳动保护的要求。

主要编制依据：设计资料、调查收集到的地区资料、施工部署和主要工程施工方案、施工总进度计划、资源需要量表、工地业务量计算参考资料。

（3）现场劳动力动员计划。劳动力是工程施工的直接操作者，也是工程质量、进度、安全和文明施工的直接保证者。因此，劳动力配备是整个工程实施的关键因素。劳动力优化配置与项目的WBS分解结构相关，同时，工程的进度计划也是劳动力优化配置的重要依据。编制劳动力优化配置计划应尽可能具体化，并且劳动力动员计划应是动态的；工种组合、技术工种和一般工种比例应适当、配套；劳动力均匀配置，应以劳动力优化组合和充分调动劳动者积极性为目的，达到劳动力成本最小。

（4）专项活动实施计划。计划是实施该项管理的重要依据，一般可形成：范围管理计划、进度管理计划、费用管理计划、质量管理计划、人员管理计划、沟通管理计划、风险应对计划、采购管理计划等，这些计划可以是单独的，也可以汇成项目管理实施计划，详细程度根据每个具体现场管理要求而定。

（5）施工现场作业标准。作业标准是整个现场管理的规范文件，既包含了整个施工生产工艺过程控制，也包括对各个现场管理过程控制的要求，是规范现场管理的重要保证。一般包括所在企业的管理体系文件；业主方或监理方的管理要求；针对现场制定的各项管理制度，如5S、目视化的管理标准等；指导施工作业的文件，如施工工法、作业指导书、操作规程等；施工工艺文件，如施工组织设计、施工方案、技术交底等文件。现场应对这些应用标准文件组织学习和宣贯，确保能够准确应用。

（6）信息系统。现场管理信息系统是以计算机、网络通信、数据库作为支撑，对项目生命周期中所产生的各种数据，及时、正确、高效地进行管理，现场信息化应用程度是现场管理效率的重要体现。一般现场管理信息系统可以是完整的项目管理系统，包含质量、安全、进度、合同、预结算、成本等管理模块，也可以是材料、进度、合同等单独的管理系统。现场信息系统的应用，能够为现场和企业的准确决策提供依据。

7. 过程设计结果要形成文件

过程设计要文件化，并进行审核与批准后方可实施应用。在现场管理实施过程中要进行动态调整，并逐步总结固化，形成企业的无形资产。

【常见工具方法】

流程图、并行工程、计算机模拟、甘特图、网络图、过程决策程序图（PDPC）、单元设计、系统分解法、头脑风暴法、德尔菲法、防差错法、失效模式与影响分析（FMEA）等。下面重点介绍几种现场工具方法应用情况。

1. 并行工程在工程设计中的应用

并行工程是对产品及其相关过程（包括制造过程和支持过程）进行并行、集成化处理的系统方法和综合技术。并行工程的研究范围一般包括：并行工程管理与过程控制技术、并行设计技术、快速制造技术。并行工程与串行工程在面向对象及工作要求方面有明显区别，见表5-8。

表5-8　并行工程与串行工程的主要区别

工具	面向对象	工作要求
并行工程	面向整个过程或产品对象，强调设计人员不仅考虑设计，还要考虑工艺性、可制造性、可生产性、可维修性等，工艺等部门也同样总体考虑，着眼于整个过程和产品目标	强调系统集成和整体优化
串行工程	把产品开发全过程分为很多步骤，每个部门和个人相对独立作为其中一部分，工作结果交下一部门	对工作的评价，看工作是否出色

传统的企业分工模式下，设计、采购和施工阶段工作被强制分割开来，分别由设计院、供应单位和施工单位承担，其在各自的分工范围内直接对业主负责，长期各自为政的管理模式使其在项目运行过程中需要业主进行大量的协调工作。由于业主往往不具备专业的项目管理能力，设计和施工等参与各方目标不统一，很难实现项目最初的既定指标。工程总承包的最大特点就是业主把项目的设计、采购和施工工作全过程委托给一家工程总承包商承担，由总承包商对工程的安全、质量、进度和成本全面负责。

某工程公司承接某石化单位技术改造工程，该工程投资约10亿元，主要建设项目包括150万吨/年常压蒸馏、120万吨/年延迟焦化、15万吨/年催化重整、100万吨/年汽柴油加氢精制等26个单元，项目工期只有短短13.5个月，如果按照原来分工模式根本不能完成工期控制目标。该公司运用并行工程原理，做好设计、采购、施工深度交叉，确保工程质量和进度。在2003年1月完成可行性研究，2003年3月完成总体设计方案后，一方面提交论证和方案审查，另一方面开展基础设计，启动长周期设备采购招投标，富气压缩机、加氢反应器等设备订货周期均在1年左右，及时确定订货条件，完成长周期设备供货合同的签订。2003年5月提供场地平整图，8月提供第一张施工用图纸，满足项目采购和施工需要。有效实施并行工程，确保设计、采购、施工深度交叉，为项目按期中交奠定基础。

2. 德尔菲法和头脑风暴法在过程设计中的应用

德尔菲法又称专家意见法或专家函询调查法，是依据系统程序（见图5-4），采用匿名发表意见的方式，征询专家小组成员的预测意见，反复填写问卷，以集结问卷填写人的共识及搜集各方意见，使专家组成员的意见趋于集中，最后获得具有很高准确率的集体判断结果。它是一种应对复杂任务难题的管理技术。

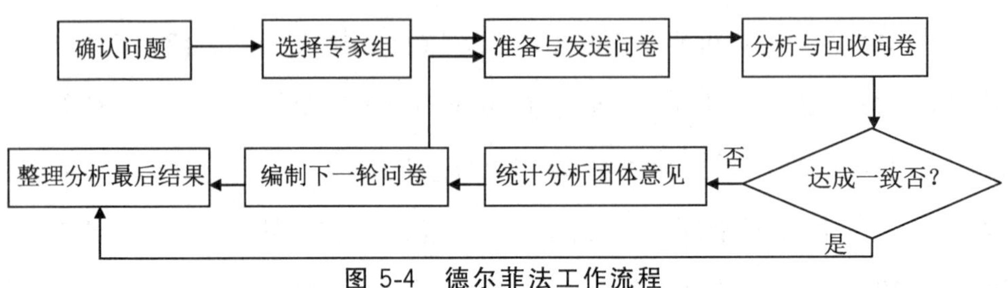

图 5-4　德尔菲法工作流程

头脑风暴法也称智力激励法，让与会者敞开思想，使各种设想在相互碰撞中激起脑海的创造性风暴，可分为直接头脑风暴法和质疑头脑风暴法。

以上两种工具和方法都被广泛应用在过程设计中，但是，两种工具在应用范围、参与人员、获取工具等方面存在着不同之处，其主要区别见表 5-9。

表 5-9　德尔菲法与头脑风暴法的主要区别

方法	应用范围	参与人员	获取工具	问题回答严谨性	所用时间
德尔菲法	用于技术预测、政策制定、经营管理、方案评估	选择相对广泛，一般在 15～50 人	编制调查表，分发给专家，专家不受干扰就调查表发表意见	充分的时间，充分的论证、详细的说明或提出充足的依据	用时通常比较长
头脑风暴法	战略性问题	专家选择缺乏代表性，易受权威、会议气氛和潮流等因素影响，一般为 5～15 人	采用圆桌会议，即兴发言	即兴发言逻辑不严密、意见不全面、论证不充分，易受表达能力的限制	一般每次会议在 20～60 分钟

例如：德尔菲法在千吨级反应器吊装方案编制过程中的应用。

某公司承建的 L 项目是国家发展能源战略的重点项目，两台大型反应器的吊装工作是施工难点。项目首先确定向 20 位行业内知名专家进行调查。第一轮调查问卷设计主要明确吊装条件，论证吊装方案优选。调查问卷以 E-mail 的形式发出并很快得到了反馈。其中 15 名专家提出采用双机抬吊法，3 名专家建议使用单机搬转法，2 名专家提议使用液压顶升法。项目组最终确定采用双机抬吊法进行施工。

根据第一轮调查结果，就吊车选择、调查起吊位置及吊耳等设计第二轮调查问卷，在充分考虑安全性、经济性以及附近地区的大型吊装设备情况下，根据专家反馈建议，综合考虑判断，最终确定使用 LIEBHERR LR11350 与 DEMAG CC2800 两种吊车（见图 5-5）。采用 PRO/E 建模、ANSYS 有限元分析、LIEBHERR LR11350 与 DEMAG CC2800 车载软件模拟分析（见图 5-6）等先进技术，对方案进行优化，最终形成切实可行的吊装方案。

图 5-5 反应器吊车布置图

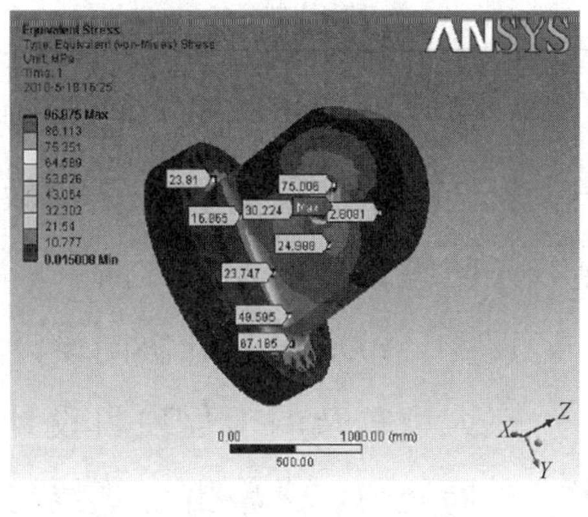

图 5-6 反应器吊盖有限元分析

根据该方案实施，两台反应器在现场吊装一次成功，刷新了该公司设备吊装单重纪录，创造了西南三省设备吊装单重纪录。赢得了各方领导的一致好评。

3. 防差错法在过程设计中的应用

防差错法（日文称 PKKA-YOKE）即在过程失误发生之前即加以防止，是一种在作业过程中采用自动作用、报警、标识、分类等手段，使作业人员不特别注意下也不会失误的方法，防差错法的防错思路、目标、方法等见表 5-10。

表 5-10　防差错法基本方法一览表

序号	防错思路	目标	方法	评价
1	消除	消除可能的失误	对产品及过程进行重新设计，加入防错	最好
2	替代	用更可靠的过程替代目前的过程，以降低失误	运用自动化生产技术	较好
3	简化	使作业容易完成	合并生产步骤，实施工业工程改善	较好
4	检测	缺陷流入下一工序前对其进行检测并剔除	使用电脑软件，在操作失误时予以警告	较好
5	减少	将失误影响降至最低	采用过载保护等	好

从设计角度考虑到可能出现的作业失误，并消除可能出现的错误机会。从源头防止失误和缺陷的方法，符合质量的经济性原则，是防差错法的发展方向。

例如：PDMS 三维协同设计的应用

在大型复杂的工程项目设计中，设备管线的布置由于系统繁多、布局复杂，常常出现管线之间或管线与结构构件之间发生碰撞的情况。PDMS 模型将所有专业放在同一模型中，对专业协调的结果进行全面检验，专业之间的冲突、碰撞是布置配合的重点。

PDMS 软件可全面检测管线之间、管线与结构构件之间的所有碰撞问题，并反馈给各专业设计人员进行调整，理论上可消除所有管线碰撞问题。典型的多专业联合三维布置设计施工图如图 5-7 所示。

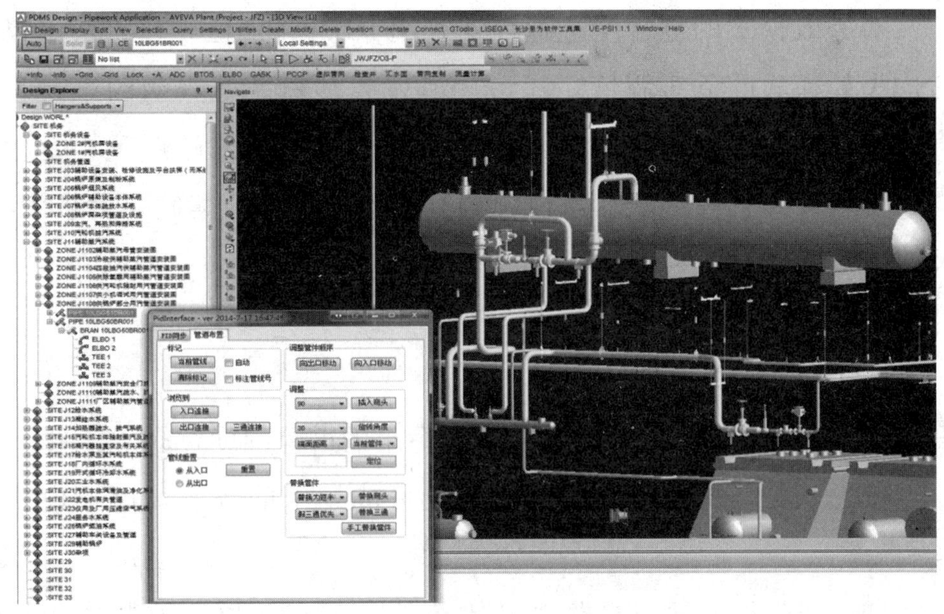

图 5-7 典型的多专业联合三维布置设计施工图

4. 失效模式与影响分析在工程设计中的应用

失效模式与影响分析（Failure Mode and Effects Analysis，FMEA）是分析系统中每一产品所有可能产生的失效模式及其对系统造成的所有可能影响，并按每一个失效模式的严重程度、检测难易程度以及发生频度予以分类的一种归纳分析方法。其主要作用在于：

（1）指出设计上可靠性的弱点，提出对策；

（2）针对要求规格、环境条件等，利用实验设计或模拟分析，对不适当的设计，实时加以改善，节省无谓的损失；

（3）有效地实施 FMEA，可缩短开发时间及开发费用；

（4）FMEA 发展之初期，以设计技术为考虑，但后来的发展，除设计时间使用外，制造工程及检查工程也可适用；

（5）改进产品的质量、可靠性与安全性。

对失效模式的危害度进行评估采用 RPN 排序法，该方法不仅考虑失效模式的危害程度，还考虑其发生的概率及查明的难易程度，并给出适当的评定系数。如果故障造成的后果越严重、发生的概率越高，且发生之前难以检测到的系数越高，其危险就越大。反之，危险就较小。RPN 计算公式如下：

$$RPN = S \times O \times D$$

式中：

S——危害度，即失效模式发生后果的严重程度，取值1～10；

O——发生概率评价值，即失效可能发生的频率，评定值取1～10；

D——查明难度，即发生失效部件在现有的检测控制中未被发现，被误认为无故障的可能性，取值 1～10。

企业标准的 RPN 值一般是根据多年来这一领域分析人员的经验所确定，其界限值可根据自身的生产特点和经验拟定。按照 S、O、D 的取值，则 1＜RPN＜1000。

S、O、D 的取值是 FMEA 的关键。通常的做法是将风险限定在一个合理的、可接受水平上，根据具体的失效模式，结合企业实际情况，得出最佳方案，并制定出符合自身情况的风险数接受准则。

例如：FMEA 在丙烯腈装置设计中的应用，具体见表 5-11 丙烯腈装置 FMEA 报告。

表 5-11 丙烯腈装置 FMEA 报告

序号	过程功能	潜在失效模式	潜在失效起因/机理	潜在失效后果	现行工艺控制	建议采取措施	实际采取措施	严重度数（S）	频度数（O）	不易探测度数（D）	RPN
1	碱洗塔	碱浓度过低	碱洗塔输送泵故障	原料气不能有效去除酸性气体	DCS 监测	配备备泵	配备 IHF 氟塑料离心泵 IHF80-65-125	8	4	1	32
2	丙烯腈成品缓冲罐	罐壁腐蚀	设计材质不符合产品要求	丙烯腈产品纯度低	仪表监检	设计丙烯腈纯度检测仪	设置固定式丙烯腈检测仪 PN-2000-C_3H_3N，设备材质符合设计规范	8	4	1	32
3	丙烯储罐	吸收塔顶放空阀故障	丙烯存量大、压力高	可燃气浓度高、爆炸伤亡	自检监检	设计丙烯储罐压力安全阀	安装弹簧全启式安全阀 A42Y-64/100C/P/R	10	4	1	40
4	氨蒸发器	联锁停机	氨的流量过大、回收塔分层器氰化氢含量高	中毒事故	自检监检	设计氨气报警器	安装弹簧全启蒸气式安全阀 A48Y-64/100、安装氰化氢检测仪 MOT500-HCN	10	4	1	40

【案例 1】某独栋别墅基础二次优化设计案例

某独栋别墅基础原设计坐落在大地下室四周的边坡上。条形基础需要每 500mm 一步成阶梯形，经过 4.7m 高后一直升到底板的高度（见图 5-8）。

优化设计：将基础下方用毛石混凝土代替，将基础坐落在顶面水平的毛石混凝土上方，满足结构受力要求，得到了业主的采用（见图 5-9）。按二次优化后的做法，解决了施工难度大、工序复杂的问题，减少了抗渗混凝土、钢筋和柔性防水的用量，该现场 33 栋多层公寓节省成本 35.3 万元。

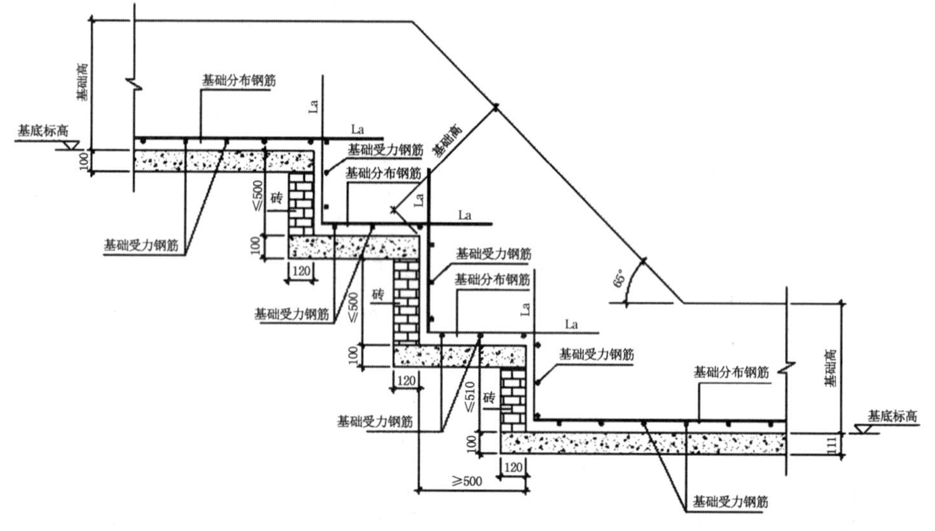

图 5-8 优化设计前图纸

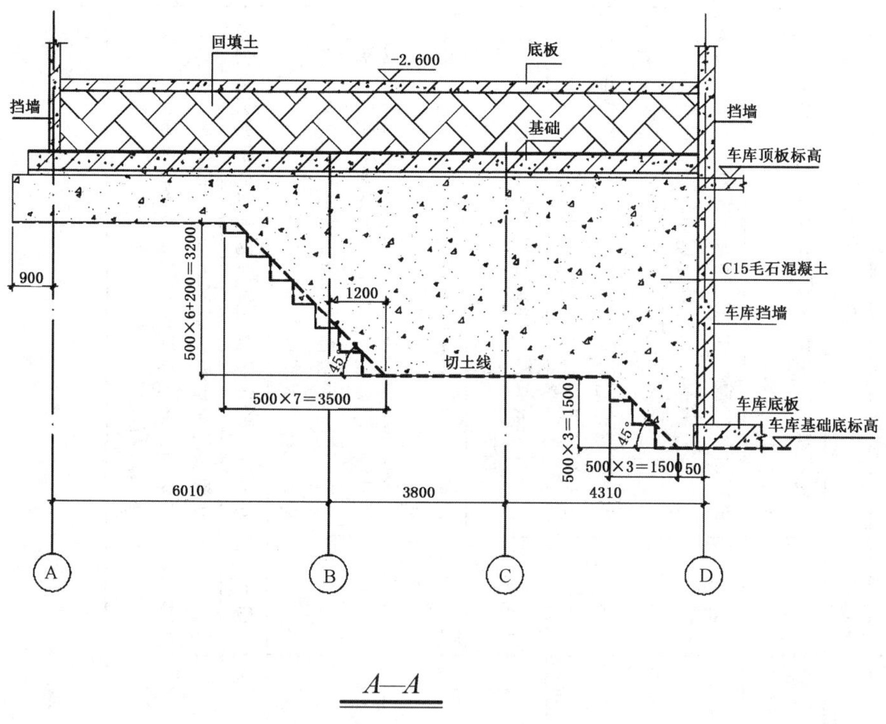

图 5-9 优化设计后图纸

【案例分析】

亮点：该二次优化设计能够及时发现施工过程中可能优化的方面，并开展方案实施；该优化方案既解决了施工中的问题，也取得了较为客观的经济效益。

【案例 2】现场风险控制（见表 5-12）

表 5-12 项目风险分析与控制措施

序号	管理过程	风险因素	风险危害	风险评价	风险控制措施
1	物资供应	政策法规发生变化	造成预先订货的规格不符合要求	重要	及时跟踪法律法规的修订情况；施工现场进行调剂；进行材料代用
2		天气及道路阻塞	造成供应不及时	重要	进行材料代用；施工现场及时调剂；修改进度计划，调整劳动力；材料计划留出预留时间
3		供货厂家因资金临时短缺、生产能力暂时不足	造成供应链中断	重要	采购时采用多家招标，实行供货替补制度；对预中标供应商进行资金和实地考察；采用战略供应商，保证供应顺畅
4		订货价格超出预算价格	造成成本增大	重要	采购时多方比对、保证质优价廉；与甲方协商，增补预算
5	成本控制	现场作业单位较多	成本控制超标	重要	制定了材料统一采购、施工机械统一调配等防范措施
6		人工成本风险	人工成本超出预算	重要	每月合理制定施工计划，尽量避免人员窝工和出现不合理的人员高峰，利用调度会合理调配内部作业单位的人力资源
7		资金风险	造成资金短缺	重要	在合同中约定了预付款及进度款支付方式及比例
8		材料成本风险	材料费用超出预算	重要	从源头控制，严把材料采购计划的审批，杜绝超量采购，降低实际库存；对消耗材料进行二级限额领料管理

【案例分析】

亮点：能够按照管理过程分析相应的风险分析识别；能够对可能产生的风险因素及产生的风险危害予以明确；能够对产生风险的等级进行确定；对每种风险因素分别建立了控制措施。

改进：风险评价没有体现评价的过程，只是给出了评价的结果等级，如果能将风险评价过程体现出来，更能清晰确定评价的准确性。

【案例 3】某现场项目综合信息系统

某公司从 2010 年起开始建设项目综合信息系统，对企业各个项目的管理、控制、监督及决策进行集中管控，该信息平台通过协同门户实现了从项目到企业的审批流程、数据汇总、信息传递、数据精确传递的功能，实现集成化的项目职能管理，包括：招投标管理、合同管理、成本管理、进度管理、质量管理、安全管理、竣工管理、物资管理、设备管理、风险管理等。

该信息系统的应用提升了项目各个专业系统的运行效率，实现对各个项目现场的监控及管理。如：进度管理方面，实现项目总体进度计划、阶段性进度计划编制、项目实时进度动态跟踪、进度对照与偏差分析、进度滞后预警等多项功能；物资管理方面，建立了企业材料标准体系（见图 5-10），实现物资从采购计划、采购合同、入库、出库、月末盘存相互校验和对接，确保采购合同在线审批以及合同支付情况动态跟踪，完成了发料单直接作为财务记账依据与财务部门进行挂接；设备管理方面，实现了从采购计划、采购合同、验收、使用、调拨、修保、折旧、报废的全生命周期的管理（见图 5-11），能够对设备履历及设备的在用、闲置、维修等设备状态实现动态监控，便于设备所属单位统筹调配资源。实现各类设备台账管理、统计分析、设备状态动态管理、设备技术档案（见图 5-12）等各类统计信息动态管控。

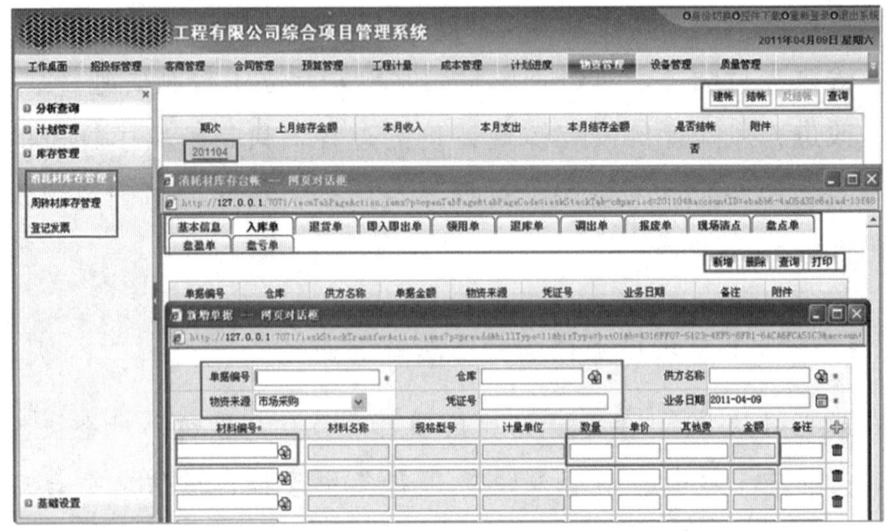

图 5-10　物资管理模块

图 5-11　设备管理模块

列表 卡片 过滤 4/10

制单日期	分类代码	设备档案分类	设备类型	设备来源	资产类别	资产使用部门	资金来源	设备管理号码	设备名称	规格	型号	计量单位	币种	原值(元)	净值
2009-12-01	312003	轻型越野车	公务用车	购置	固定资产		自有资金	2300312003018	轻型越野车	8座	丰田SCT6490E4	台	RMB	514095.00	
2009-12-01	312003	轻型越野车	公务用车	购置	固定资产		自有资金	2300312003019	轻型越野车	8座	丰田TRJ120L-GKMEKV4	台	RMB	461769.00	
2009-12-01	312003	轻型越野车	公务用车	购置	固定资产		自有资金	2300312003020	轻型越野车	8座	丰田SCT6491E4	台	RMB	606117.00	
2009-12-01	315003	轻型客车	公务用车	购置	固定资产		自有资金	2300315003005	轻型客车	7座	别克SGM6527AT	台	RMB	318517.00	
2009-12-01	312003	轻型越野车	公务用车	购置	固定资产		自有资金	2300312003022	轻型越野车	7座	猎豹CFA6470L3	台	RMB	193521.00	
2009-12-01	312003	轻型越野车	公务用车	购置	固定资产		自有资金	2300312003023	轻型越野车	8座	丰田SCT6491	台	RMB	627120.00	627119.
2009-12-01	312003	轻型越野车	公务用车	购置	固定资产		自有资金	2300312003024	轻型越野车	8座	丰田SCT6491	台	RMB	675966.00	675966.
2009-12-01	315002	中型客车	公务用车	购置	固定资产		自有资金	2300315002002	中型客车	20座	柯斯达SCT6702TRB53LEX	台	RMB	624330.00	
2009-12-01	312003	轻型越野车	公务用车	购置	固定资产		自有资金	2300312003025	轻型越野车	5座	尼桑ZN6453WAG3	台	RMB	223806.00	
2009-12-01	312003	轻型越野车	公务用车	购置	固定资产		自有资金	2300312003026	轻型越野车	5座	尼桑ZN6453WAG3	台	RMB	224006.00	

图 5-12 设备技术档案

【案例分析】

亮点：应用该项目信息系统，能够实现对现场诸如质量、安全、成本等各项专业管理情况的及时监控；促进各现场及时收集相应数据，发现问题；应用先进工具方法，提高运行的效率；实现将各专业系统有机统一，为有效决策提供依据。

改进：由于项目分散，诸多项目受到信息网络等限制，不能及时进行数据传递，大量数据是后期整理录入，降低了工作效率；信息系统本身还不能实现各专业模块间、项目管理系统与ERP、财务、合同等软件系统的集成，很多数据二次录入，降低了工作效率。

【常见问题及应对措施】

1. 关键输出——流程图不够清晰完整

诸多现场不能系统建立过程网络，每个过程流程起始点不明确，过程与过程接口不够清晰；流程图不够规范。

应对措施：规范流程及梳理流程接口。按照现场管理的范围及工作分解结构（WBS）分解，对策划完成的各个工作任务建立流程，并对过程接口予以明确。加强对流程图的工具方法应用培训。

2. 优化和深化设计开展不够系统

现场很多关键过程只是延续原来的做法，不能结合现场情况及相关各方要求变化进行优化和深化设计，提升过程的效率和效能。

应对措施：建立优化和深化设计过程目标。利用对比分析等方法对以往过程效果进行评估分析，根据资源状况进行优化和深化设计。

3. 过程浪费，不能建立有效控制方案

现场管理还存在诸多浪费，不能得到有效控制，在策划时，对于现场管理过程中的浪费不明确、分析不彻底，也没有明确考量指标。

应对措施：

（1）熟知现场常见的各种浪费。按照各个过程，分析能够引起浪费的事项，现场管理常见的浪费包括但不限于：

①人力浪费。主要原因为劳动力动员计划安排不当；员工技能素质不够，不能胜任相应岗位，需要多配置人员。

②材料浪费。主要原因为进场材料布置不当，造成多次倒运；图纸不清，提料过多、过大；下料不科学；材料错用；周转材料防护不当，周转次数过低；可再用材料被作为废料处理；应退库材料未回收。

③设备机具浪费。主要原因为设备机具入场计划安排不当，

设备机具等待时间过长；设备非计划停机；备品备件库存量过大；小工作用大机械；维护保养不当，运行费用过高；设备评估鉴定不当，应用报废设备机具增加维修费用。

④工时（时间）浪费。主要原因为工序安排不当，造成窝工；工作效率不高，造成工时损失；技术方案优化不足、进度计划安排不当等造成等待时间过长。

⑤不合格品浪费。原材料、工序产品出现不合格品，由于返工返修造成浪费；发生质量事故；顾客投诉造成的浪费。

⑥能源浪费。现场管理不当，水、电、汽资源浪费过大；用电方案配置不合理。

（2）建立绿色施工方案。按照《建筑工程绿色施工评价标准》(GB/T 50640)，建立绿色施工方案，结合常见的各种浪费，针对现场的情况，逐一建立控制措施，并明确控制目标，定期检查，与员工岗位绩效挂钩。

4. 不能系统识别现场管理过程中的风险

现场管理中对质量、安全等各类风险不能进行识别及评价，也不能设定风险预警的标准，对风险管控措施针对性不强，不能及时实施风险预警和防范。

应对措施：增强风险意识，有效实施风险管控。系统实施风险管理的培训，增强员工风险意识。组织管理人员，根据过程活动识别存在风险，并开展评价，确立控制措施。要将全部风险控制落实到各个岗位之中，在岗位说明书中明确，控制结果与岗位绩效挂钩。

第三节 过程控制

准则要求的“过程控制”包含过程实施和过程测量与监控两个方面的要求。过程实施主要依据设计的过程有效实施，实现对过程的质量、安全、环保、成本及工期要求。对过程的监控需要建立过程绩效的测量系统，明确对每个过程关键控制点监控检查的指标要求，收集过程运行的数据和信息，监控过程输出满足输入能力，为过程改进和创新奠定基础。

一、过程实施

【准则要求】

企业应根据过程设计的输出结果，配置资源，选择与企业管理实际相协调的管理方法，对现场管理过程中涉及的各要素进行系统管理。运用质量管理方法工具，持续提升产品和服务质量，降低成本，提升效率。确保现场管理过程的质量、效率、成本、安全、环保等方面能够协调一致，实现均衡、灵活、高效的现场管理过程。

【指南要求】

项目部结合施工过程的特点，制定具体实施计划。按规定向监理方或发包方进行报审、报验，灵活、科学地选择和使用相应的管理工具方法对过程进行控制。

【理解与实施要点】

1. 过程运行因素控制

影响过程运行的因素都可以归结为“人、机、料、法、环、测”这几个方面，因此，控制管理这些过程就是对这些因素进行合理计划、组织与协调，确保最大限度实现预期的效果。

2. 工具方法的应用

在实施过程中要识别适用的管理工具方法，包括5S、目视化、标准化、精益管理等先进工具方法的有效应用，提升过程有效性和效率。

3. 现场关键过程管理协调一致

现场管理由过程网络组成，可能涉及的主要过程包括：现场原材料（现场材料、构配件、工程设备）管理、过程质量控制、施工计划管理、安全环境、文件管理、现场作业人员、技术、财务、分包、合约与预结算、采购等专业管理。现场管理就是按照设定目标，对这些过程进行合理组织，确保协调一致。

4. 运行控制的均衡一致

在达到过程结果方面强调均衡、灵活、高效。

（1）均衡。主要体现在以下三个方面：资源与过程的匹配，根据过程设计能力，投入相适应的资源；过程与过程之间能力指数相当，现场是一个管理系统，各个施工工艺过程必须整合一致，过程控制应具有相匹配的过程能力，确保整体过程控制水平，如土建施工过程中，现场支模、钢筋绑扎和混凝土浇筑过程是一个连续过程，如果支模和钢筋绑扎过程能力不足，会影响后续混凝土浇筑过程；单一过程生产能力变异小，每一工序应具有稳定性。

（2）灵活。主要体现为应对内外部环境变化的快速响应能力，如是否根据甲方、监理要求变化、自然灾害等不可抗力的影响、供应链供货的周期、内部资源变化等及时调整现场组织调配及工艺控制。

（3）高效。追求过程投入资源的最大增值，以最小成本，获得最大的期望输出结果。现场管理效率是企业利润的重要来源，在确保质量、安全前提下，有效进行劳动力动员组织、合理配置重要设备进入场计划、科学合理安排进度，能够提高现场管理的效率。

5. **致力于成本最小化的管理**

现场管理应追求效益最大化，因此，要关注现场关键过程的成本构成与控制。如在工序过程实施中，方案优化、大型设备进入场时间、劳动力组织等决定了成本大小，因此，要针对具体过程，科学合理组织与安排。如占据施工总产值的50％以上采购过程，通过集中采购、比价采购，材料管理过程的限额领料等措施均会大大降低过程成本。

（一）现场原材料管理

【指南要求】

——运用适宜的管理工具和方法，实施过程控制与管理。包括：按规定对进场的物资进行检验（复试）；原辅材料的标识、储存、发放符合要求；明确易燃易爆、危险化学品管理办法。

——制定科学、合理的现场材料存贮量。明确各类材料的领用程序和各施工工序材料的用量，对现场材料的使用情况和存储情况进行实时监控。

——对材料、周转材料及构配件进场验收，对现场储存、使用实施控制（含不合格品的处置），提高材料的使用率。

——采用适当方法，对易混淆原材料进行区分，避免原材料的错用。

【理解与实施要点】

现场原材料是指现场的材料、工程设备、构配件，管理内容包括：原材料管理策划、进场验收及检验、仓储管理、使用及回收等内容。

1. 管理策划

现场应对原材料管理的全过程进行统一策划，其内容可包括：管理职责、管理制度、实施方案等。通过有效策划，实现原材料管理与现场其他过程紧密联系、库房和物资合理匹配、库存量最合理、原材料领用发放最优。

2. 进场验收及检验

（1）验收。验收主要是确保原材料入库数量准确、质量完好，是现场原材料管理的基础。验收主要包括两个方面内容：一是质量文件验收，如供货单位提供的质量证明书或合格证等；二是对实物进行验收，如规格、材质、数量、外观等。原材料验收可采用检查表、质量控制点、质量报验等方法。

（2）现场检验。现场检验应编制检验试验计划，内容可包括材料名称、组批原则、取样规定、取样数量、执行标准等。检验人员应持证上岗，检验单位应具有相应资质。检验时，按照相应规定执行见证取样制度，依据规范要求实施检验。

（3）不合格品处理。现场发现原材料不合格时，应依据不合格品处理程序对发生的不合格品进行标识、隔离、评审、处置，处置方式包括让步接收、降级、报废或退货等。

3. 仓储管理

库房是集中反映原材料活动状况的综合场所，仓储管理对促进施工生产、提高效率、控制成本等方面起着重要的作用。其管理包括如下内容。

(1) 夯实基础工作。现场应对仓储活动实施建账管理，如：保管账、发放账等；对重要物资可按一物一档的原则建立材料档案；建账可采用信息技术手段提高效率。

(2) 优化空间布局。现场应用多种方法优化现场材料的空间布置，如：调整材料的存放位置便于材料的取用，提高工作效率；优化货架、码垛的间距、使用可调隔板等方法提高材料空间存储率；利用现场已有建筑物充当仓库减少建设费用；采用活动房屋满足施工现场场地的变动要求等。

(3) 维持合理库存。现场库存的数量既要满足材料供应和消耗的变化，又要降低库存成本和资金占用。现场应坚持合理库存与动态平衡相结合的原则，即：确定各类材料的安全库存量（缓冲库存量)、最小库存量（即库存预警限值)、最大库存量（即库存成本限值)，将最小库存量和最大库存量之间的库存量作为合理库存。同时，现场应采用动态平衡的思想，不断在成本、消耗、供应、风险等因素中寻找平衡点，及时调整相应库存量。库存控制的基本方法有定量控制法、定期控制法、ABC 分类法等。

(4) 加强标识管理。可采用标牌、标签、色标、文字、台账等标识方法。现场应及时安排人员对原材料进行标识，并注意后续的标识保护及移植。

(5) 满足储存要求。现场仓库及材料堆场的布置要合理规划，确保材料先进先出，并满足消防安全要求；各种材料应分门别类摆放，并采取有效的隔离措施避免混放和掺进杂物；按材料保管要求对材料分别采取防火、防潮、防晒、防雨、保温等措施。

（6）保证危险化学品安全。现场要关注易燃易爆、危险化学品的安全，制定相应管理办法，明确易燃易爆、危险化学品名称、种类，对其运输、储存、保管、标识、领取、使用等进行详细规定；根据储存物品的性质选择储存方式；加强储存物品的日常养护、管理，做好出、入库登记工作。

（7）了解库存情况。现场应加强材料消耗的监控，对材料库存情况及时进行统计，如：采用记录记账或信息化系统等方法及时收集库存信息；定期进行库存盘点保证货账相符；对现场材料使用情况定期进行巡查、核对、统计等，以了解材料实际消耗。

（8）坚持凭证出库。出库与材料领用紧密联系是控制出货数量及避免错发的关键。出库必须凭正式单据和手续，按照出库凭证所列的原材料编号、品名、规格、质量、等级、单位数量等准确无误地进行点交，做到单货相符，避免差错。

4. 使用

（1）控制材料领用量。为了防止材料超发超领，现场应在材料使用的源头进行严格控制，实行限额领料制度，包括：现场应确定各种材料的消耗定额；按照定额编制限额领料单；领用人员按照限额领料单领取材料；若发生超出限额领用材料情况，要设置专门的超限额领料单差异凭证；应定期对材料余额或差异凭证中的超限额进行汇总；依据超限额计算出直接材料的定额差异进行定额调整等。

（2）降低材料损耗。现场应对消耗材料坚持最小损耗原则。

可采用计算机辅助下料、建立下料计算模型、选购符合损耗模数的材料等方法，从下料阶段控制材料损耗率；在材料使用阶段对必要的消耗材料规定最小剩余尺寸，使其物尽其用，如焊条头剩余 3cm 才允许不继续使用等。

（3）增加材料使用频次。现场应对周转材料坚持最大使用频次原则，采取加固或维修等各种措施增加其使用频次，延长其使用寿命，如：对竹模板边角加固；给模板涂刷脱模剂，减少模板拆模时损坏；对变形脚手管进行调直，满足使用要求等。

（4）保证使用正确。现场应采取措施正确使用原材料，如通过技术交底、发放图纸等方法使人员及时了解材料要求；采取标识及标识移植、条形码扫描、重点材料 GPS 定位、材料检查等防差错技术防止材料混淆等。

（5）加强废料回收与再利用。现场应确定对废料及时回收的方法，如修建搅拌废水回收过滤池等。对边角余料及废弃物充分再利用，如：钢筋头、钢板条等改作措施用料，落地灰、筛余料加水泥搅拌修材料堆场，洗车用水回收养护混凝土等。

（6）有效处置剩余材料。当工程接近收尾，应及时调整用料计划，减少工程剩料；对于多余材料可组织退库或企业统一调配，控制材料最终成本。

【常见工具方法】

统计表、见证取样、随机抽样、5S、目视化、定置化、材料管理系统、限额领料。

【案例 1】科学控制物资库存量

某现场为了控制材料库存，安排有关材料人员定期统计材料消耗速度和供货周期信息。按程序进行合理库存量计算、汇总、核对、审批，形成《现场合理库存量计算结果汇总表》（见表5-13）。通过颜色、刻度（见图5-13）等手段标记最小库存值和最大库存值，当库存量接近库存限值时通知材料员及时补充材料或减少进货量。

当现场某种材料消耗量或供应期限达到规定调整值时，由有关材料人员提出《库存限值调整申请表》，经审批后通知保管员调整库存量界限标记。

表5-13 9月份现场合理库存量计算结果汇总表

序号	材料名称	材料规格	供应商名称	单位	采购周期	安全库存量	最小库存量	最大库存量
1	闸阀	DN20	×××××	套	4	80	160	240
2	截止阀	DN20	×××××	套	4	60	120	180
3	铝塑复合管PAP	DN25	×××××	m	2	500	1000	1500
4	铸铁管	DN150	×××××	m	3	150	300	450
……								

图5-13 红色标识线和刻度标识最小库存预警照片

【案例分析】

亮点：该现场能够定期收集及分析相关信息，确定现场合理库存量；通过颜色、刻度等方法标识材料库存量，设置预警提示；对库存界限实施动态管理，及时进行调整。

改进：现场应进一步推进计算机辅助手段，对材料消耗速度、库存情况和供货周期等进行统计、分析，以提高统计准确性和工作效率；可采用自动预警程序对临近最小库存量进行提醒，减少人为疏漏、提高效率；缺少最大库存标识、刻度数字标识及材料标牌，可进一步完善。

【案例 2】合理使用现场材料

某现场为钢筋混凝土框架结构。工人按照当天施工内容和以往经验提出材料领用量需求，技术员按照工人需求数量开具材料领料单。

现场对使用量比较大且金额比较高的钢筋，使用钢筋下料软件（见图 5-14）进行了优化计算，使该现场最终的钢筋损耗率控制在 2.1%；而定额的钢筋标准损耗率为 3%，以往类似工程人工下料的损耗率一般为 3.2%；与标准损耗率相比，该工程节约了成本 53 万元。同时采用板材极限切割软件进行钢板、玻璃等下料优化计算，与标准损耗相比减少损耗 27 万元（见图 5-15）。

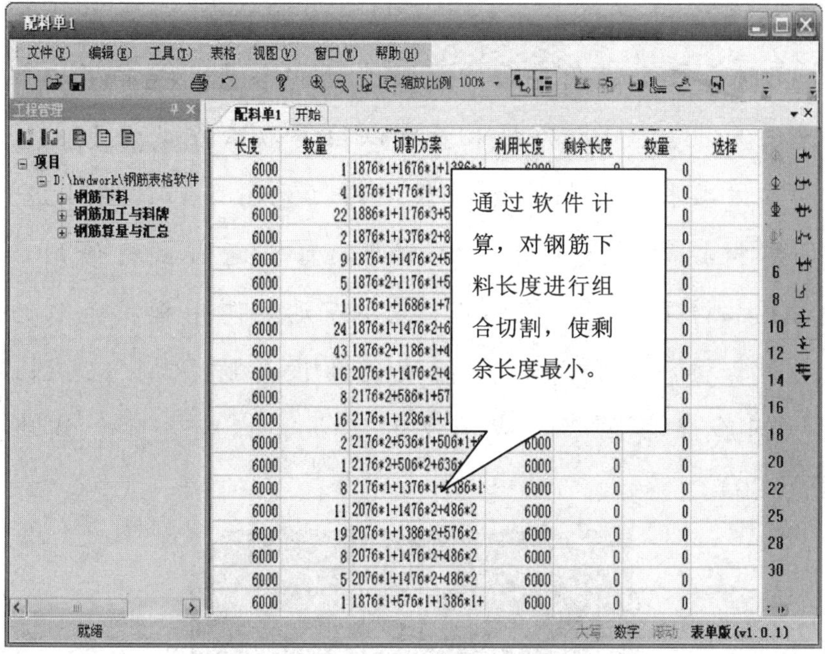

图 5-14 钢筋下料软件截图

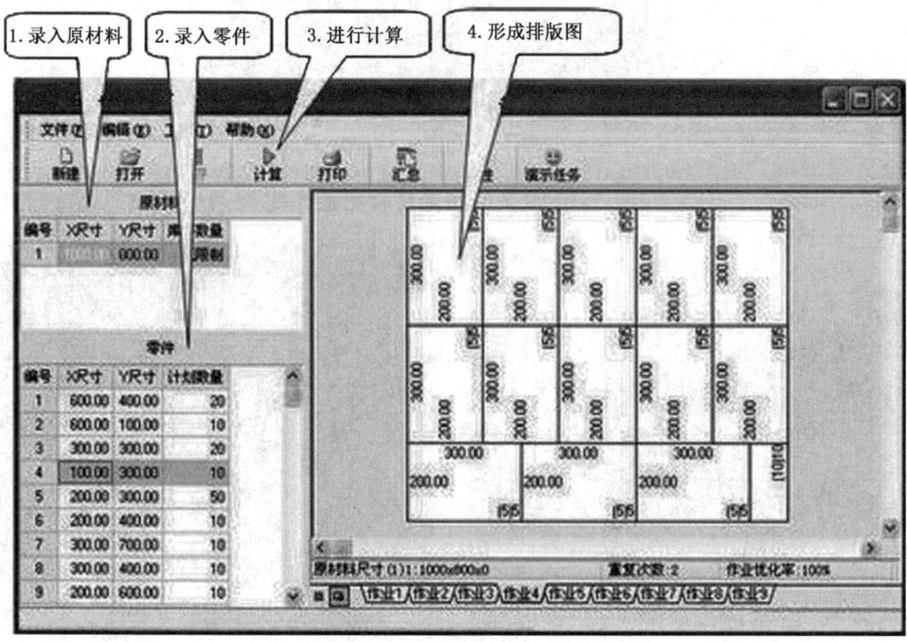

图 5-15 板材下料软件截图

现场开展利旧利废活动，如焊条头等材料的使用极限值为3cm，同时要求只有用符合回收尺寸的焊条头才能等量换取新焊条（见图5-16），使焊条投入量比以往类似工程减少15%。使用全自动木方接长机将短木方接长使用（见图5-17、图5-18），接长后的木材接口强度大于木材本身，可重新当成材使用，减少重新购置木材100m³，节约成本15万元。使用模板条作为成品保护用料、楼梯防滑条，模板块作为设备防护棚（见图5-19）及将短钢筋焊接围栏、地沟防护盖板、标牌支腿、试块笼等（见图5-20）。

图5-16 焊条头长度符合相应规定

图5-17 木方接长机场地

图5-18 木方接头

图 5-19 废木料利用

图 5-20 废钢筋利用

【案例分析】

亮点：该现场对材料管理的重要环节加以控制，通过各种措施节约了材料，并取得了可观的经济效益。

改进：在领用阶段应采用限额领用制度，即按照工程消耗定额开具领料单以控制发放数量。

【案例 3】材料管理软件在现场中的应用

某石油化工工程工艺管线安装现场，材料材质复杂、型号规格多、数量大，现场使用企业自行编制的材料管理软件。软件包括入库管理、出库管理、库存管理、汇总核算等八个模块。数据库采用人工定期导出备份的方式进行。

项目的相关人员通过授权可以进行录入、建账、票证管理、查询等工作，设计及仓储数据使用人工导入。技术员根据不同材料的消耗定额确定消耗系数并录入软件，软件可以直接计算领料限额形成材料领料单（见图 5-21）。现场施工进度管理人员可以随时调取供货满足设计条件的单线，安排人员实施下道工序，同时也可以监控各单线的领料情况以监督施工进度（见图 5-22）。相关人员随时随地查阅设计量、入库量、发放量、库存量、短缺量、过量材料量等统计信息，查找效率比人工提高75%以上，减少了计算失误（见图5-23）。

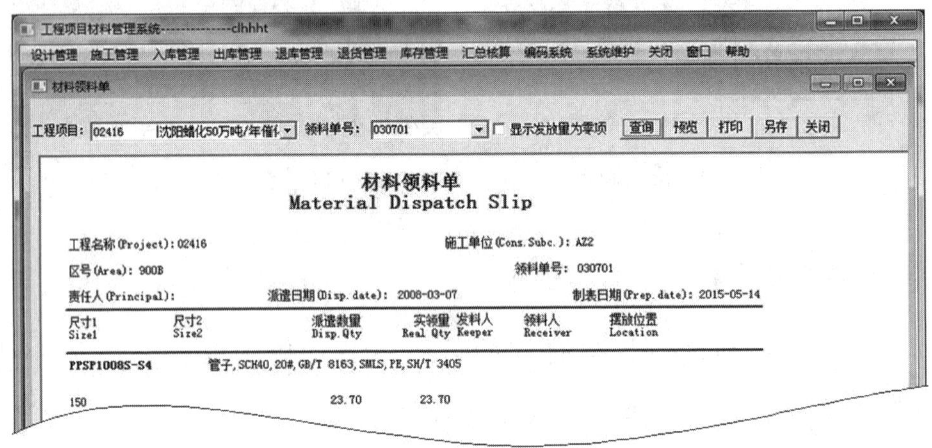

图 5-21 材料领料单截图

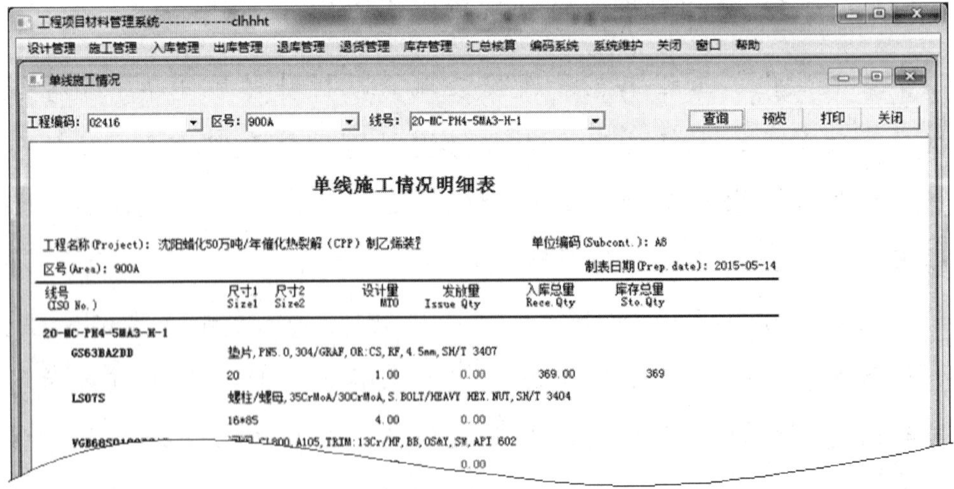

图 5-22 单线施工情况截图

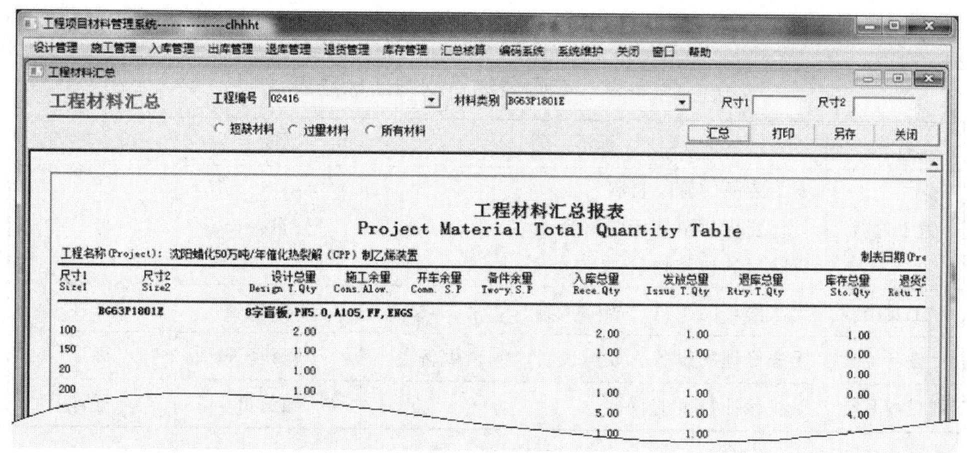

图 5-23 工程材料统计汇总截图

【案例分析】

亮点：现场结合管理特点应用材料管理软件，材料统计及查询快捷，使用效率较高，能够为合理安排进度提供方便。

改进：应对采用人工方式进行数据备份进行改进，可利用云端备份等信息技术手段进行数据自动备份，减少备份不及时且又遭到计算机病毒破坏造成的数据缺失；还应改进设计及仓储数据使用人工导入的方法，如条形码扫描设备、数据自动采集系统等信息技术与软件联网，进一步提高工作效率。

【案例 4】现场材料 5S 管理

某现场制定了统一的 5S 管理方案，现场开展以下工作。

（1）整理过程。现场对仓库的各种库房内的物品进行调查；制定了施工材料、工具类、设备类、测量器具类等各种类别非必需物品的判定标准（见表 5-14）；组织了材料保管人员学习判定标准；对库房、堆场的各类物品进行了逐项判定；组织人员将不属于该区域的材料进行处理（见表 5-15）。

表 5-14　非必需物品的判断标准表

名称	标准	判断者	检查时间
施工材料	变为废品的施工材料、 设计变更后不使用的材料、 拆除后的包装物	材料科长	每月
工具类	无法修理的工具、故障工具、剩余工具	施工经理	每月
设备类	无法修理的设备、故障设备、剩余设备	项目经理	每月
测量器具类	无法保证精度的仪器	测量员	每月

表 5-15　（××）月份无用物品处理一览表

物品名称	数量	保管地点	处理方式	负责人	期限	处理确认
电钻	1 台	工具库	报废	×××	月末	处理完毕
包装纸壳	150kg	仓库	出售	×××	15 日前	处理完毕
电流表	1 台	检查现场	报废	×××	月末	处理完毕
涂料桶	35 个	仓库	工业垃圾废弃	×××	月末	处理完毕
手把砂轮	3 台	工具库	报废	×××	月末	处理完毕

(2) 整顿过程。将材料进行了合理布置，使取用时间平均缩短 20%。对各种材料实施定置方法，包括：库房用货架或储物盒进行材料定置（见图 5-24）、现场钢筋用隔墩进行材料定置（见图 5-25）、工具箱内的工具用位线进行定置（见图 5-26）等；根据材料保管要求制定了各类材料的摆放标准，按照标准要求进行摆放（见图 5-27）；制作购买了标牌、标签（见图 5-28）等标识并安排专人填写悬挂或安放，同时使用色标（见图 5-29）区分易混淆材料。将仓储区域划分了若干责任区，指定了各自整顿的责任人。

图 5-24 库房用货架、储物盒进行材料定置

图 5-25 现场用隔墩进行材料定置

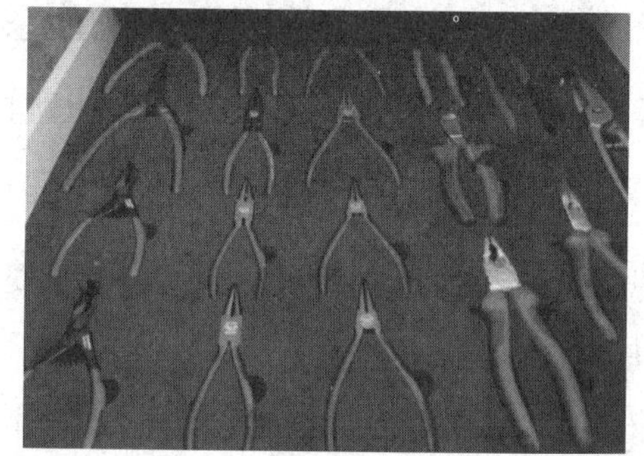

图 5-26 工具用位线进行定置

图 5-27 现场木材按照保管标准进行堆放

图 5-28 使用标签进行材料标识

图 5-29 使用色标区分材料材质

(3) 清扫过程。建立了清扫制度，划分了清扫责任区，组织人员进行定期清扫、定期对仓库和材料堆场的防护设施进行维护。

(4) 清洁过程。制定了仓库合格验收标准，组织人员对清扫及维护过程、最终达到的标准等内容进行了检查，通过持续地检查整改，最终使仓库达到了清洁可用的状态。

（5）素养过程。现场材料管理人员通过长期开展整理、整顿、清扫、清洁等各个过程，不断修改补充直至固化了相应的各项标准，同时大家也真正体会到5S对工作效率提升的益处，养成了自觉按照相应标准进行工作的良好习惯，人员的素质得到充分提升。

【案例分析】

亮点：该现场在材料管理方面编制5S方案，管理比较规范系统，如在整理阶段，开展了调查、制定了判定标准、对标准进行了宣贯、对物品依据标准进行判定、对无用物品限期进行处理；开展过程能够运用一定的方法，如调查表、材料定置化、色标等；实施取得一定的效果，如材料取用时间缩短20%等。

改进：应细化《非必需物品的判断标准表》，规定的标准过于简单笼统，如“施工材料”非必需物品标准中仅规定“变为废品的施工材料”，对于“废品”概念没有明确说明，不具有操作性，应明确各类施工材料的废弃标准，包括剩余长度、宽度、厚度等；对判定表的检查时间也应调整，现场每月检查的间隔太长，一般可以每周，重要的应每天进行检查。

【常见问题及应对措施】

1. 现场材料储存不够规范、防护措施落实不好

应对措施：

（1）现场应对材料储存、材料防护进行详细规定并广泛宣贯。规定应细致，应以数据、插图为主，必要时采用材料储存及防护的标准化图集等清晰直观的方式。宣贯方式可以更加灵活多样，

如现场参观、观看录像、发布会等。

（2）现场应采用定区域、定专人、定责任的方法开展实施。

（3）加强对材料的检查工作。制定材料检查表，定期进行专项检查，必要时采取排序、讲评、奖优罚劣等方法，督促大家开展好工作。

2. 现场材料状态标识遗漏、材料标识移植不及时、标识不清楚

应对措施：

（1）加强标识标准化建设。对标识进行统一策划，对标识制作、标识使用、标识移植等进行规定，如标识管理流程、制定材料标识标准图、制作标识样板等。

（2）加强现场人员广泛参与的过程，发现遗漏、错误的现象及时反馈到相应人员进行补充、修改。

（3）应定期对标识进行专项检查，检查标识运行过程的规范性。

（二）过程质量控制

【指南要求】

——运用动态控制原理进行质量控制，制定完整的各分项工程质量控制方案和工程质量检查方案。

——识别关键施工过程和工序，确定质量控制点的监控指标，建立相应质量数据收集系统。通过利用控制图等方法，监控质量数据的变化趋势，及时识别人员、原材料、施工工艺等方面的异常并纠正，确保施工质量的稳定性。

——对关键工序、隐蔽工程、半成品、施工过程中的难点以及顾客关注的重点，通过样板引路等方式，分析并总结重要的施工过程控制要素、作业方法和作业技巧，实现施工质量的一致性。

——作业过程中应严格执行自检、互检和专检（三检制）。施工作业组要按相应的检验批质量验收记录要求组织自检验收；专检人员按照相应质量验收规范要求，对相应分项工程、隐蔽工程等各检验项目进行质量检验评定，检验合格方可进入下道工序施工；在施工过程中上下道工序、各专业交接及各分包单位之间按照相关规定要组织交接检验，未经交接双方确认不能进行工序移交。

——项目现场严格按照监理要求，对需旁站监理的工序和部位及时通报。要按照见证取样计划，配合取样和送检。

——建立系统的设计变更管理流程，确保变更的内容及时传递到施工作业现场。

——必要时，需要采取防护措施，对项目已完成部分进行保护。

——必要时，对关键部位的施工设置可视化的信息系统，进行全过程的监控。

【理解与实施要点】

质量控制是利用各种方法和工具，通过对工序因素（4M1E）控制，判断和消除生产过程中的异常波动，使工序处于受控状态，保证每道工序都能够符合规范标准要求。

建筑施工中过程质量控制主要是对过程或工序的质量控制，对发生的不合格品要按照有关程序进行处理。一个过程可以是一个工序、一个工序也可以由多个过程组成。

过程：是使用资源将输入转化为输出的任何一项或一组活动。

工序：一个或一组工人，在工作地对同一个或同时对几个工件所连续完成的那一部分工艺过程。

1. 实施质量控制和检查方案制度

施工前要制定完善的各分项工程质量控制方案和工程质量检查方案，并根据现场实际情况及时修订和调整。应根据现场专业项目情况以及不同部位的施工特点，编制具有针对性及可操作性的质量控制方案，可形成专项的质量控制方案，也可以在其他有关文件中体现。

质量控制方案主要表现（不限于）为：施工组织设计（质量计划）、技术方案、技术交底、作业指导书、工法、工序质量控制卡等。

质量检查主要包括：构成实体的材料、构配件和设备质量检查，施工过程中形成的中间产品及最终产品的质量检查。质量检查方案表现（不限于）为：监检方案或细则、质量检验计划、施工组织设计（质量计划）、技术方案、质量大检查方案、“三检”方案、“三查四定”方案等。

质量检查方案一般包括（不限于）：编制依据、适用范围、人员责任、检查标准、检查程序、检查细则、形成记录等，下面重点介绍质量检验计划。

质量检验计划是对检验涉及的活动、过程、资源以及相互关系作出的规范化的书面（文件）规定，用以指导检验生产活动正确、有序、协调地进行。质量检验计划是过程（工序）质量检查的主要文件，通过编制质量检验计划可进一步细化每道工序质量检查内容。现场要结合工程实际和有关规范，编制适合本项目的质量检验计划。

（1）编制原则：

①充分体现检验的目的和职能；

②对检验活动能起到指导作用；

③主要分部、分项施工质量应优先保证；

④及时识别关键工序和特殊工序，确保受控；

⑤综合考虑检验成本；

⑥严格按规范标准检验进场的材料；

⑦检验计划随着工程特点、标准更新变化，及时修订和调整。

（2）主要内容：

①按照检验批或分项工程编制具体的检验项目；

②合理设置质量控制点级别；

③对主要分部、分项进行识别；

④对关键工序和特殊工序进行识别；

⑤选择适宜的检验方式、方法；

⑥明确测量工具、仪器设备；

⑦明确执行的质量验收标准；

⑧支持性文件。一般包括但不限于以下内容：施工流程图（质量控制流程图）、单位工程划分文件、检验批和分项工程验收记录、施工自检记录、项目现场人员资质报验资料、项目质量管理资料（包括职能、人员分工、质量保证体系建立等）等。

2. 实施质量控制点制度

合理设置质量“控制级别”是质量检查的关键。质量控制点可以根据工程实际情况、以往经验以及有关规范来确定。适用时，每个控制点要设定监控指标，如管道焊接一次合格率96%以上、管道试压一次合格率100%等。在实施过程中，通过质量统计报表、项目质量管理软件等工具方法收集质量数据，然后利用排列图、控制图等工具方法监控质量数据波动情况，及时识别4M1E

因素的异常并进行纠正调整，确保工序质量受控。

现场一般关键工序和特殊工序都应确定为质量控制点。关键工序是对产品质量起决定作用的工序，它是主要质量特性形成的工序，也是生产过程中需要严格控制的工序；特殊工序是工序的加工质量不易或不能通过其后的检验和试验充分得到验证的，如化工石油工程中比较常见的特殊工序有（不限于）：

（1）大体积混凝土施工过程、重要的或特殊的混凝土结构施工过程；

（2）三类压力容器或新型钢种的焊接过程、热处理过程；

（3）地下室防水施工；

（4）重要管道防腐蚀工程；

（5）采用“四新”技术成果应用的过程等。

由于工程性质的不同，关键工序和特殊工序的识别有所不同，原则上必监点和停监点控制的工序识别为关键工序，其中停监点控制的工序可适当识别为特殊工序。特殊工序必须明确质量控制方法及措施，必要时形成专项方案，并在施工时进行专项交底。

必监点：指监督人员必须进行抽检核查的质量控制点。必监点均选在对结构安全和使用功能有重要影响的关键工序和部位上。必监点监督检查可在不停工的情况下进行，当工序到指定的必监点时，若监督人员未到位检查，作业单位可不停工，继续下一道工序。

停监点：指作业单位必须停工，由监督人员进行核查的质量控制点。停监点均选在对结构安全和使用功能有重要影响，且继续施工无法检查质量或继续施工会对后续工程质量造成严重影响的关键工序和部位，特别是在隐蔽工程上。停监点未经监督人员核查，作业单位不得进行下道工序。

3. 实施质量样板引路制度

质量样板引路是质量管理的一种行之有效的做法，建筑业企业积极推行工程质量样板（工序、部位）引路这一做法，已经成为施工项目质量管理的一项工作制度。现场通过工程实际和样板引路工作方案制作实物质量样板（工序、部位），附以相应工序方面的现场照片、文字说明，使技术交底和岗前培训内容比较直观、清晰，易于了解掌握，同时也提供了直观的质量检查和质量验收的判定尺度。实施样板引路有利于加强对关键工序、特殊工序的质量控制，消除工程质量通病，提高工程质量的整体水平。

项目开工前，现场要根据项目的特点、难点、工序的重点、防治工程质量通病措施等方面的需要对关键工序、隐蔽工程、半成品、施工过程中的难点以及顾客关注的重点策划制定工程质量样板引路的实施方案。实施方案内容应包括：项目概况与特点、需制作实物质量样板的工序和部位（含样板间）、制作实物样板的技术要点与具体要求、将质量样板用于指导施工和质量验收的具体安排、相关人员的工作职责等内容。实施方案经审批同意后方可实施，必要时报送建设单位（投资方）、当地质量监督站等。

实行质量样板引路的工序、部位可根据项目实际适当选择。房屋建筑工程可选择样板间、模板支护、钢筋绑扎、砌筑、钢结构等；石油化工安装工程可选择设备安装、泵房配管、分配盘制作、槽板安装、电缆敷设、现场设备制作的曲率检查样板、下料样板等。

质量样板引路的原则如下。

（1）制作实物质量样板应本着因地制宜、减少费用、直观明了的原则，尽可能结合项目实体进行制作；如需特殊要求发生的费用，现场可与建设、监理等有关单位协商解决。

（2）制作实物质量样板应在现场醒目的区域设置样板集中展示区，展示独立制作的质量样板以及文字说明、图片等材料。正式项目上的实物样板（包括样板间）应就地展示，并挂有醒目的质量样板内容标识。

（3）需按照标准规范、设计要求进行质量样板的验收，要保证质量样板符合或高于有关技术规范和设计文件的要求，要形成单独质量验收资料并及时进行报验，经建设单位（投资方）、监理单位同意后方可用于技术交底、岗前培训和质量验收。

（4）样板经验收合格后，应进行充分标识：悬挂验收合格标识牌。标牌内容包括（不限于）：样板的名称、施工工序及步骤、实测值及规范规定值等。使员工能够清晰了解样板的各项信息，也可以形成标准化文件，以便样板推广。

（5）进行该项作业前，操作人员应在样板展示区接受岗前交底、培训。同时，现场各班组负责人，针对工作中的重点难点问题，对组内操作人员进行岗前培训学习，并留下培训见证资料。操作人员接受交底、培训后，应按质量样板要求进行操作，现场质量验收人员对照样板进行验收。

4. 实施“三检”制度

坚持实行自检、专检、互检“三检”制度，进一步落实质量责任，确保各工序质量受控，提高工程总体质量。自检是由本工序班组长与施工人员进行，经本班组确认合格后，具备向项目专业质检员报检的检验；专检是由项目专业质检员、专业技术人员、队长或班长等有关人员共同进行的检验；互检是指同工序或者上下道工序的操作工人相互之间对生产出的成品或半成品进行的检验。目前参加的检验人员一般为：现场负责人、项目专业技术员、项目专业质检员和相关联工序交接与被交接作业队长或班组长。实施“三检”制应形成相应的质量验收记录：自检要求形成自检记录；专检要求形成交工记录、过程控制记录、存查记录；互检要求形成工序或专业交接记录。

5. 实施见证取样制度

现场要严格按照监理监检要求，对于需要旁站监理的工序和部位提前告知（一般提前 24h），并及时把自检及有关过程中的质量记录向监理进行报验。

现场要编制取样计划，主要内容包括：取样种类、部位、规格、数量、比例、标准、程序要求等。现场要配备专业质检员和取样员，负责配合监理随机抽样、取样及送检工作。委托的检测单位必须具有相应资质。

6. 实施项目变更管理制度

现场要建立设计变更、图纸会审记录、技术签证单（技术联系单）等文件管理流程，明确领用、发放、借阅、保管、归档、交工等要求，确保变更内容及时传递到现场作业班组、技术质量等相关人员。

现场职能人员将设计变更、图纸会审记录、技术签证（技术联系单）等技术变更文件领回建账，按文件控制程序和管理规定执行借阅、发放手续，工程中间交接后，移交相应专业技术人员组卷、归档。

凡涉及到工程变更的内容，应该适当修改施工组织设计、技术方案，并执行审批程序。除了设计变更单、图纸（修改版）按要求下发到作业班组外，专业技术人员必要时重新进行技术交底。

7. 实施产品防护制度

现场在项目策划时要进行项目产品防护策划，根据项目情况编制项目产品防护管理办法，制定相应的保护措施及奖罚措施，保证产品防护工作全面开展并达到预期效果。

产品防护内容一般包括（不限于）：

（1）施工过程中所形成的产品，如建筑物、工艺管线、工艺设备等，防护期限从产品形成到工程竣工验收。

（2）施工过程中所需要的材料、半成品及成品和建筑安装、工业安装、工程待安装的零件、配件等。

（3）设计资料、图纸等知识产权文件，业主或发包方提供的施工机械、运输机械、库房包装物等顾客财产。

各类产品防护的具体措施，可根据项目实际情况以及建设单位（甲方）等要求进行落实，主要有：隔离、警示、标识、分类摆放、专区管理、软覆盖、硬覆盖、经济处罚等保护措施。

现场组织落实产品防护工作，对作业过程中形成的产品和进场的材料、构配件、设备及其零部件、施工机具等防护工作进行监督、检查，并按产品防护考核细则对作业单位进行考核。作业过程中在进行下道工序作业时，现场负责组织作业单位做好工序交接工作，检查确认前道工序产品保护工作，明确工序交接后产品保护的管理责任。加强场地的保卫工作，防止成品和半成品的丢失和损坏。对设计资料、图纸等知识产权文件，业主或发包方提供的施工机械、运输机械、库房包装物等顾客财产采取相应保护措施，防止损坏、丢失。

8. 实施信息化可视系统

现场应对在关键、重点和难点部位作业时采用可视化信息系统进行全程监控，必要时制定可视化管理办法，落实人员、落实责任、形成可追溯的监控记录和影像资料。一般可视化信息系统监控部位包括：现场关键作业部位、特殊工序、四新技术应用等。

【常见工具方法】

在质量控制过程中，可应用多种管理工具（见表 5-16）。

表 5-16 过程质量监控应用工具和方法一览表

序号	应用过程	方 法
1	质量控制方案	质量检验计划、施工组织设计、质量计划、专业施工技术方案、技术交底等
2	质量控制点 质量目标	看板管理、关键工序、特殊工序、停监点、必监点等， 质量统计报表、控制图（SPC 图）、折线图、专业管理软件等
3	质量管理 质量控制	样板引路、挂牌制度、ABC 三级质量签证制度、质量终身责任制、控制图（SPC 图）、QC 小组活动、旁站监督、工程款质量签证制度等
4	质量检查与验收	“三检”制度、“三查四定”、巡检制度等
5	工程检验试验	质量报验、见证取样等
6	工程变更管理	设计图纸会审、设计变更、技术签证、现场签证等
7	产品防护	5S、挂牌标识、承包责任制等
8	关键危险部位监控	可视化信息系统、指纹打卡、条形码识别等

下面重点介绍控制图（SPC 图）的应用。

控制图（SPC 图）是反映生产工序随时间变化而发生质量变动的状态，即反映生产过程中各个阶段质量波动状态的图形。

质量波动一般有两种情况：一种是偶然性因素引起的波动称为正常波动；一种是系统性因素引起的波动则属异常波动。质量控制的目标就是要查找异常波动的因素，并加以排除，使质量只受正常波动特殊的影响，符合正态分布的规律。

质量控制图（见图 5-30）就是利用上下控制界限，将产品质量特性控制在正常质量波动范围之内。一旦有异常原因引起质量波动，通过控制图就可以看出，能及时采取措施预防不合格品的产生。

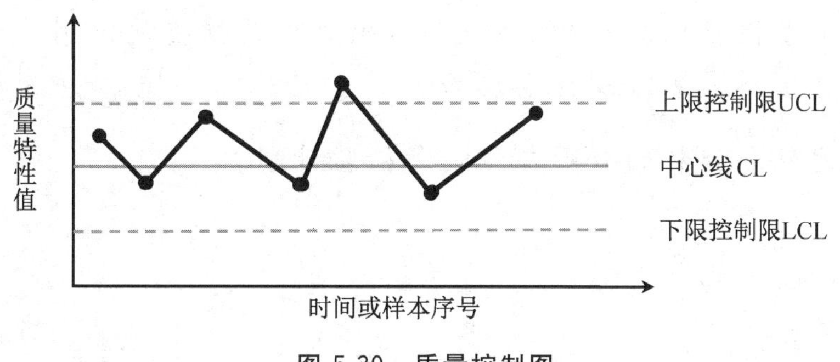

图 5-30 质量控制图

（1）控制图分类

控制图分计量值控制图和计数值控制图两大类（见图 5-31）。计量值控制图适用于质量管理中计量数据，如长度、强度、质量、温度等；计数值控制图则适用于计数值数据，如不合格的点数、件数等。

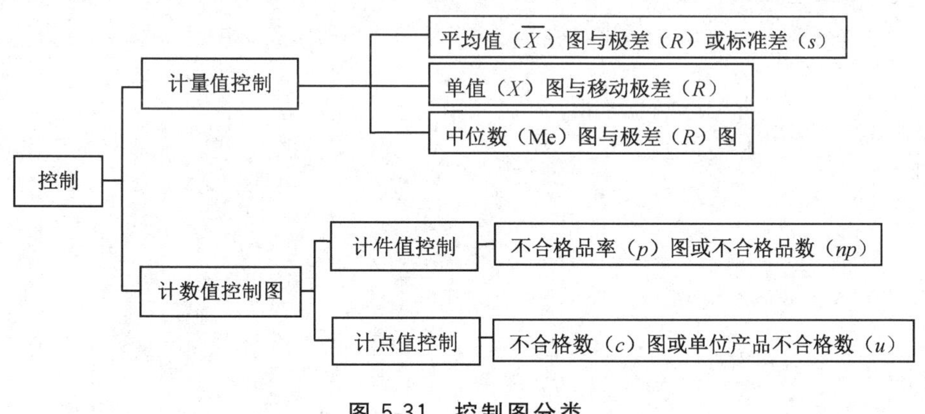

图 5-31 控制图分类

（2）控制图应用

控制图的种类虽多，但其基本原理是相同的，现场可根据实际情况选择控制图进行应用。石油化工工程施工常用的是计数值控制图（计件值控制图、计点值控制图），如工艺管线焊接一次不合格品率的控制可以应用计件值控制图进行分析控制。

【案例 1】分项工程质量检查方案

某大型石油化工工程，现场按专业编制了分项工程质量检查方案（质量检验计划），规范现场（项目）过程质量控制，确保各工序质量受控，有效降低质量损失。表 5-17 为工业管道分部工程中管道元件和材料的分项工程质量检验计划。

表 5-17 分项工程质量检验计划 SYG-MB04-×××

单位工程名称			分部工程名称	工业管道安装	
分项工程名称	管道元件和材料检验		检验标准	SH 3501—2011《石油化工有毒、可燃介质钢制管道工程施工及验收规范》	
序号	检验项目	控制等级	检查数量	检验方法	工作见证
1	管子和管件的验收	C	全部检查	检查质量证明文件	
2	铬钼合金钢、含镍低温钢、含钼奥氏体不锈钢管道组成件的主要合金元素含量验证性检验	B	每批抽检 10%，且不少于 1 件	采用光谱分析或其他材质复验方法，检查光谱分析或材质复验报告	
3	设计压力大于或等于 10MPa 的管子和管件表面无损检测	C	逐件	表面无损检测	
4	SHA1 级管道中设计压力小于 10MPa 的输送极度危害介质和高度危害的光气、丙烯腈介质的管子和管件表面无损检测	C	每批抽检 5%，且不少于 1 件	表面无损检测	
5	铬钼合金钢、含镍低温钢、含钼奥氏体不锈钢管道组成件中的阀门，对阀体、阀盖及其连接螺栓的主要合金元素含量检验	B	每批抽检 10%，且不少于 1 件	采用光谱分析或其他材质复验方法，检查光谱分析或材质复验报告	

【案例分析】

亮点：能够制定分项工程质量检验计划（如工艺管道分部工程中管道元件和材料的分项工程质量检验计划），明确了质量验收标准、确定了检验项目、设置了质量控制点等级、列出了抽检比例和检验方法等。

改进：质量检验计划中，应进一步识别标注出关键工序和特殊工序，以便更好地对工序质量进行控制。另外表5-17中缺少检验工具方面的说明、工作见证栏没有标注出采用的表格名称和编号。

【案例2】工程项目焊接信息化管理软件在工艺管线焊接方面的应用

某施工现场在工艺管线焊接方面运用企业自主开发的工程项目焊接信息化管理软件（见图5-32），通过输入工艺管道有关焊接信息，使现场的每一道焊口都有了可追溯性，如焊工信息、焊口焊接外观质量、RT射线微观质量、焊接一次合格率统计等。通过计算机辅助管理，使现场工艺管道焊接质量管理、质量控制得到了很大提升。通过系统管理的质量统计报表和焊接质量控制图进行动态分析，及时采取有效措施，超额完成焊接一次合格率96％的目标值，如1～5月份工艺管线焊接一次合格率完成99.01％（一次透照片子总数89466张），各月份工艺管线焊接一次合格率完成情况见图5-33，超过年度目标值96％。

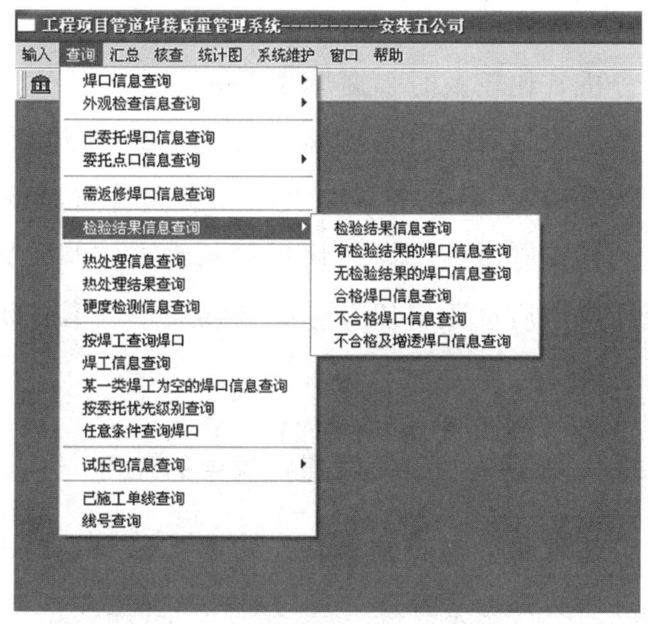

图 5-32 工程项目管道焊接质量管理系统截图

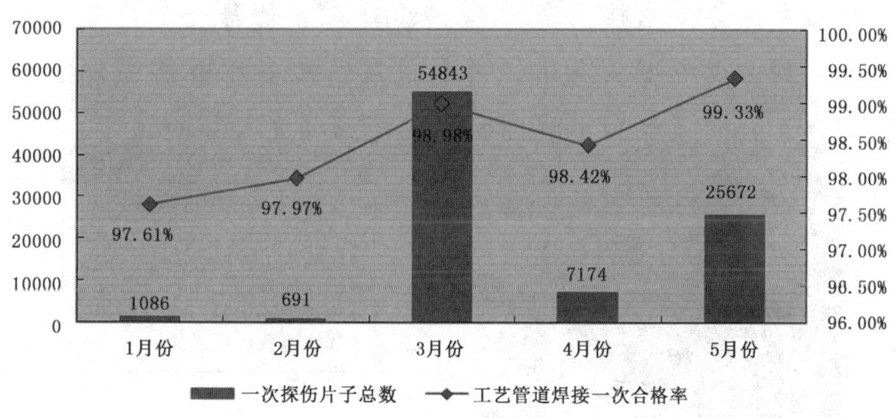

图 5-33 2014 年 1～5 月份工艺管道焊接一次合格率统计图

【案例分析】

亮点：运用企业自主开发的焊接管理软件系统对关键工序制定质量控制点目标并进行控制，避免手工统计和漏检形成的人为误差，自动生成焊接一次合格率信息能统计到每个焊工、每条管线；能够运用直方图、折线图等工具对工艺管线焊接一次合格率进行统计和分析，比较及时掌握焊接质量情况。

改进： 虽然焊接管理过程实际焊接质量超过目标值，但是仍有 0.67%～2.39% 的不合格，应该在焊接软件管理系统中融入 SPC 理念，达到工艺管线焊接工序质量的动态控制。另外焊接管理软件系统在焊接质量预警以及影响焊接质量因素分析方面还需改进。

【案例 3】看板管理在现场质量控制中的应用

某现场实施看板管理，如设备安装悬挂“安装工序过程卡”、管道试压悬挂压力试验告知牌、现场醒目位置主要控制点看板等，使现场人员能非常直观地了解和掌握工作流程。

现场在设备上悬挂“安装工序过程卡”，使每一个员工都能清楚地了解到该设备安装每道工序的进展情况、质量是否合格等信息，有利于大家监督和了解设备安装动态（见图 5-34）。

（设备）安装工序过程卡

- 明确各工序名称；
- 标注检查结果；
- 检查员签字；
- 标注检查日期。

图 5-34　悬挂“安装工序过程卡”

管道试压圈定试压区域，悬挂压力试验告知牌，明示 HSE 措施，注明试压包号及试压参数；所有盲板、上水点、放空点均挂牌标示；试压用水合规排放，从而保证安全、正点、标准完成管道的试压任务（见图 5-35）。

（管道）压力试验告知牌

- ◆标注管线号、规格、尺寸、介质；
- ◆明确公称压力、设计压力、试验压力；
- ◆明确试压负责人及联系电话；
- ◆明确试压注意事项。

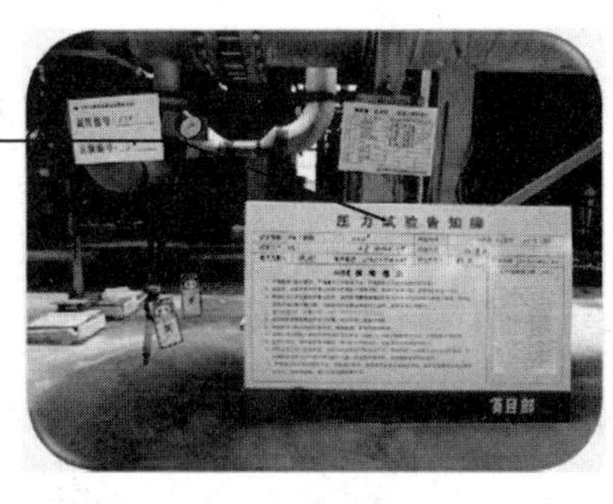

图 5-35 悬挂“压力试验告知牌”

现场醒目位置设置主要控制点看板，使操作者和职能人员能直观了解主要工序控制点的质量要求、质量记录等（见图 5-36），从而增加全员质量意识，使工序过程质量受控，最终保证施工质量。

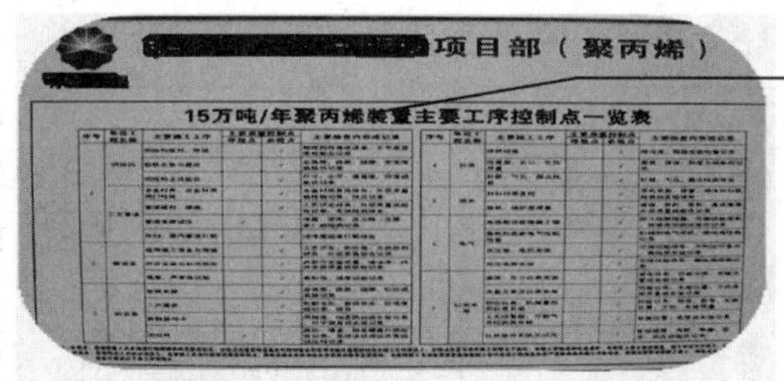

（某装置）主要工序控制点一览表

- ◆按钢结构、工艺管线、静设备、动设备、电气、仪表等9个专业划分单位工程；
- ◆明确各主要工序；
- ◆设定主要控制点；
- ◆明确检查内容及见证资料。

图 5-36 设置主要控制点看板

【案例分析】

亮点：能够运用看板管理对关键工序质量进行警示。如静、动设备安装工序过程卡片、工艺管道试压标识牌等；在现场醒目位置，展示主要工序控制点看板，让大家能够了解该工程主要控制点内容，增强了质量意识。

改进：对主要工序控制点看板要根据每天施工任务的不同进行分解，及时更新每日主要控制点看板，并落实到每个班组，让每个操作者都能及时了解控制点要求，在施工中得到有效控制。

【案例 4】实施三级质量控制与验收签证制度

某现场在质量控制方面，实施 A、B、C 三级质量控制与验收签证制度（见表 5-18、表 5-19）。具体说明如下：

A 级控制点验收由施工单位项目部提出申请，监理单位组织，由建设单位、质量监督机构等参加验收并签字确认；

B 级控制点验收由施工单位项目部提出申请，监理单位组织验收并签字确认；

C 级控制点验收由施工单位作业班组提出申请，施工单位项目部专职质检员组织验收并签字确认。

表 5-18　A、B、C 三级质量控制点分级验收责任主体明细表

控制点	建设单位或质量监督站	监理单位	施工单位（项目部）	施工单位（参建单位作业队）	说明
A	√	√	√	√	提前 24h 通知建设单位、监理单位、质量监督站
B		√	√	√	提前 24h 通知监理单位
C			√	√	参建单位作业队自检合格，及时通知项目部专检

表 5-19　容器类设备安装工程质量控制点明细表

序号	质量控制点	控制内容	等级	备注
1	施工图纸会审、设计交底	图纸及其他设计文件是否齐全；水准点、坐标及尺寸正确性，设计是否漏项	A	
2	施工方案/技术措施审查	施工技术质量措施，质量控制点设置；施工工艺、工序；人力、机具安排	A	
3	焊接工艺评定/焊工资格证审查	焊接工艺评定有效性；焊工、无损检测、质量检查人员资格	B	焊接专业
4	设备到货验收	设备合格证、质量证明书、技术资料、核对装箱单、设备开口方位、外观质量	A	
5	设备基础检查/交接	基础表面处理、基础标高、方位、地脚螺栓、预留孔位置	A	会同土建专业

续表 5-19

序号	质量控制点	控制内容	等级	备注
6	垫铁放置	垫铁数量、间距	B	
7	设备安装	标高、中心线、垂直度、设备接管方位确认、卧式设备滑动端滑板安装检查	B	
8	二次灌浆	灌浆密实度、配比	C	
9	塔器组装质量	组对间隙、错边量、棱角度检查	B	现场组装设备
10	塔器焊接	外观质量检查、无损检测	B	现场组装设备
11	焊后热处理	热处理方法、升温曲线、热处理报告、硬度检测	B	现场组装设备
12	梯子/平台/附件安装	梯子、平台安装尺寸、焊接外观质量	B	
13	压力试验/气密试验	试验压力值、升压速度、保压时间、设备筒体耐压情况	B	
14	设备封闭检查	内部清洁度、杂物清理	B	
15	防腐、保温及防火	涂层质量、保温及防火材料质量、保温层厚度、保护层安装	B	
16	交工验收	施工过程的技术资料、质量评定资料审查	A	

【案例分析】

亮点：现场实施 A、B、C 三级质量控制与验收签证管理，明确了质量控制点具体内容，规定了建设单位、监理单位、施工单位质量控制等级，充分体现了全员参与、分级负责的质量管理理念。

改进：表 5-19 中质量控制点等级没有在备注中说明停监（检）点和必监（检）点内容；表 5-19 缺少验收表格一栏；表 5-18 与表 5-19 应该合并为一张表，这样更能全面表达出实施 A、B、C 三级质量控制与验收签证。

【案例 5】样板引路在质量管理中的应用

某现场在工艺管线蒸汽分配盘制作时，采用预制平台放样制作样板进行成批制作，保证了制作质量，如管子间距、平整度、煨弯半径及椭圆度等完全符合规范标准，成型好。土建钢筋分项工程中钢筋连接施工开展了工程质量样板引路活动，加强了对工程施工关键工序和重要部位的质量控制，有效消除了工程质量通病，提高了钢筋分项工程质量。图 5-37 为预制平台胎具放样法制作蒸汽分配盘示意图，图 5-38 为现场蒸汽分配盘实物样板图。

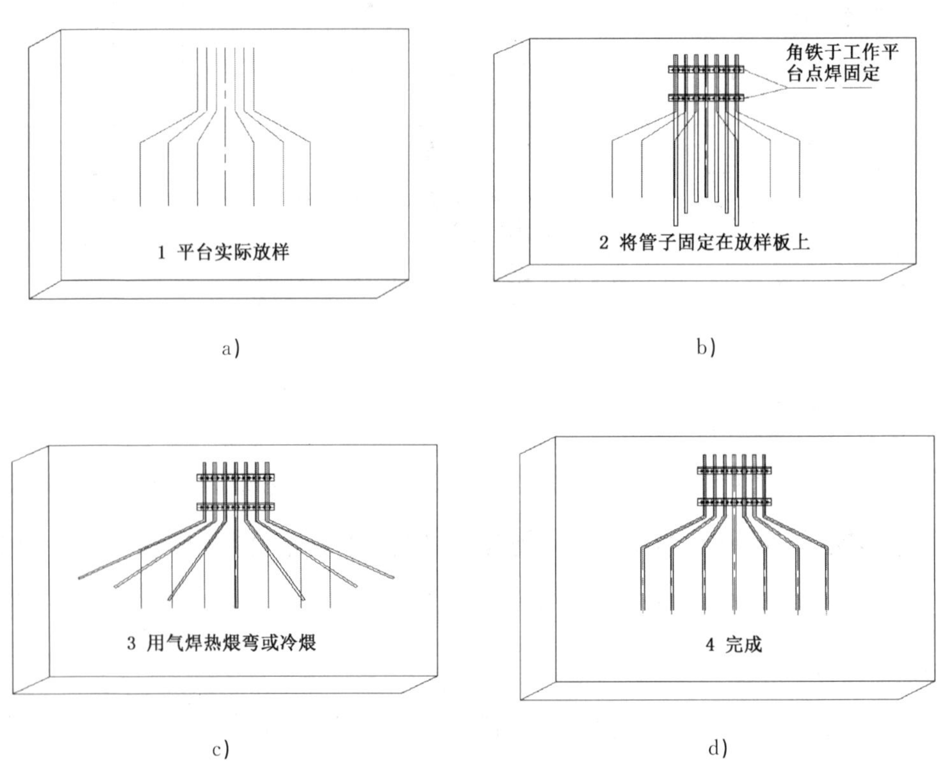

图 5-37 预制平台胎具放样法制作蒸汽分配盘示意图

图 5-38　蒸汽分配盘实物样板

图 5-39 为梁筋机械连接样板。钢筋连接完毕后，标准型接头连接套筒外有外露螺纹，且连接套筒单边外露有效螺纹小于 2p(mm)（p——螺纹螺距）。

图 5-40 为柱筋机械连接样板。《带肋钢筋径向挤压接头施工工艺标准》要求：钢筋端头离套筒长度中心不宜超过 10mm，接头不得有肉眼可见裂痕，接头处弯折不得大于 4°，要求进行必要的检验，利用钢筋套管的咬合力实现钢筋连接，简便、可靠。

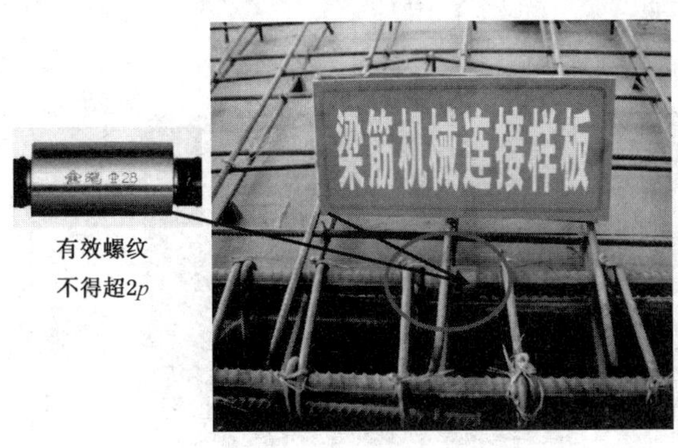

图 5-39　梁筋机械连接样板

图 5-40　柱筋机械连接样板

【案例分析】

亮点：工艺管线蒸汽分配盘制作，在预制平台上进行放样施工不仅保证了施工质量，还能做到外形美观。建筑工程钢筋分项工程中梁筋采用钢筋套管螺纹连接，柱筋采用机械连接带肋钢筋径向挤压接头施工工艺，各项技术系数符合要求。无论是预制模板样板还是钢筋实物样板，其制作的内在质量和观感质量均符合要求，做到了直观、操作性强，便于掌握，达到了样板策划要求。

改进：蒸汽分配盘在预制平台上进行放样制作过程中，示意图中缺少必要操作说明及要求。安装、土建这两种施工样板，缺少规范要求以及样板施工达到技术参数要求工程标识牌，且缺少样板质量报验资料及说明。

【案例 6】信息码系统管理技术在关键工序质量控制中的应用

某石油化工工程施工中，现场对易燃易爆等重要管线焊接采用信息码系统进行监控（见图 5-41）。例如：采用 GPS 扫描仪（见图 5-42）进行信息码扫描跟踪和定位能更好地保质保量地完成管线焊接施工任务。通过及时扫描更新管道信息形成可追溯的监控记录和影像资料，如管线名称、规格、介质以及焊口状态、焊工、焊接日期、探伤比例等。

图 5-41　管道信息码

图 5-42　GPS 管道信息扫描仪

【案例分析】

亮点：现场对易燃易爆等重要管线焊接采用信息码系统，通过GPS信息扫描进行跟踪监控，及时扫描更新管道信息，了解管线焊接情况，使工艺管线施工全过程焊接质量受控。

改进：该系统仅对工艺管线焊接进行跟踪管理，应完善现场对工艺管线施工全过程信息码系统的监控，如管线压力等级、组对形式、焊接质量统计、成线情况、试压状态等。此外，如果现场便携式扫描仪信息与项目终端，甚至与企业终端联动更好。

【常见问题及应对措施】

1. 由于国家及行业标准的更新，质量控制方案（质量检验计划）不能及时修订

应对措施：

(1) 现场技术质量人员要关注企业下发的常用规范标准目录修改版，要注重标准使用管理。

(2) 企业主管部门加大对新标准学习和应用的指导。

(3) 现场技术质量负责人加大对专业技术人员的检查指导。

2. 关键控制点质量目标的设定，没有结合工程实际，操作性差、不易测量

应对措施：

(1) 现场要根据企业下发的总体质量目标及分解要求，并结合工程实际和对顾客的承诺，制定可操作量化的质量目标。

(2) 要实施流程化管理，针对流程关键控制点设定监控质量目标。

(3) 按规定周期监控质量目标完成情况，对不适宜的目标及时进行调整。

3. 质量出现异常波动、分析不到位，只是被动整改

应对措施：

(1) 强化质量问题的预防预控机制，根据现场实际提前策划，制定有效预防措施计划。

(2) 认真落实“三检”制度，严格检查，及时发现质量问题，并采取纠正措施。

(3) 运用有效的工具和方法加强对工序的质量控制与分析改进，如 SPC 控制图法、排列图法、因果分析图法、关联图法、系统图法、对策表等。

4. 分包质量管理不到位，存在以包代管现象

应对措施：

(1) 加大分包合同签订前对分包商资质以及现场投入人员资格的审查力度，坚决杜绝非法分包现象。

(2) 把质量责任上升到法律责任层面，严格执行质量责任终身制和质量终身责任卡备案制度。

(3) 增加对分包工程质量的检查频次，对不按标准规范施工、违反工艺纪律现象及时进行纠偏，下发质量信息反馈单，限期整改。

(4) 开展各种形式培训活动，对分包人员进行质量管理、质量意识、操作技能方面的培训。

5. 质量管理工具应用存在薄弱环节

应对措施：

(1) 项目可根据工程实际情况，有针对性地组织有关人员

培训。

（2）识别质量管理每个过程中所应用的管理工具，制定有关应用模式，规范质量管理工具应用行为。

（3）加大对质量工具应用效果的检查与指导。

（4）及时对应用效果进行激励，增强现场员工自觉参与意识。

（三）施工计划管理

【指南要求】

——根据施工的要求制定进度计划，合理配置和整合资源，使施工现场资源得到均衡合理的利用。

——运用网络图、甘特图等方式，识别关键线路，并利用赢得值等方法对影响工期实现的重要因素进行分析确认，并采取相应的措施进行控制，确保工期按时完成。

——定期跟踪检查、收集实际进度数据，进行对比分析，并对控制措施进行评估。

——向施工人员进行进度交底，保证工期。

【理解与实施要点】

施工计划管理主要内容为现场进度管理，是指为实现预定的进度目标而进行的计划、组织、指挥、协调和控制等活动。不同现场进度管理的范围和要求是不同的，应当根据所承担的工作任务，分阶段安排各种进度计划，组织实施和控制。

现场的进度、费用与质量构成项目的三大目标。进度管理是对于时间的管理，项目费用与质量都与时间密切相关，因此，现场进度管理是项目目标管理的中心。现场进度管理包括：进度目标制定、进度计划编制与实施、进度控制（进度动态监测、偏差分析以及进度调整）、进度管理总结。

1. 编制科学的进度计划

现场应根据企业总体目标和计划安排以及管理制度要求，制定科学的进度管理目标，这是编制现场进度计划的前提。现场进度管理组织机构是以项目经理为首，由计划统计人员、各专业职能人员、各层次负责人等组成。

现场进度管理目标应按项目实施过程、专业、阶段或实施周期进行分解，是保证进度计划实现的必要条件。进度管理目标的制定应在现场分解的基础上确定，包括项目进度总目标、分阶段目标，也可根据需要确定年、季、月、旬（周）目标，里程碑事件目标（关键工作的开始时刻或完成时刻）等。

（1）编制依据。进度计划主要依据合同文件、现场管理策划文件、资源条件、内部与外部约束条件等编制。不同企业编制进度计划依据不同，如：投资方编制进度计划需要依据可行性报告；设计单位编制进度计划需要依据批准的设计方案、同类工程的设计质量和设计准备情况；施工单位编制进度计划必须依据工期定额和市场情况等。

（2）进度计划分类。

①按企业分类。投资方（建设单位）进度计划、设计单位进度计划、施工单位进度计划、供应单位进度计划、监理单位进度计划、工程总承包单位进度计划等。

②按功能分类。控制性进度计划和实施性进度计划。

控制性进度计划包括：整个项目的总体进度计划、分阶段进度计划、子项目进度计划、单体工程进度计划、年（季）度计划。上述各项计划依次细化且被上层计划所控制，作用是对进度目标进行论证、分解，确定里程碑事件进度目标，作为编制实施性进度计划和其他各种计划以及动态控制的依据。

实施性进度计划包括：分部分项工程进度计划、月度作业计划、旬作业计划、周作业计划。实施性进度计划是现场作业的依据，是确定具体的作业安排和相应对象或时段的资源需求。现场应编制项目作业计划并严格实施，保证每道工序、每个分部分项工程按期完成。

③按对象分类。建设项目进度计划、单项工程进度计划、单位工程进度计划、分部分项工程进度计划等。

（3）主要内容。编制说明、进度计划表、资源需要及供应平衡表。编制说明主要包括进度计划关键目标的说明、实施关键点和难点、重点保证条件、采取的主要措施等；进度计划表是主要内容，包括分解的计划子项名称（如作业计划的分项工程或工序）、进度目标或进度图等；资源需要及供应平衡表是实现进度表的进度安排所需要的资源保障计划。

（4）编制方法。文字说明、里程碑表、工作量表、横道计划、网络计划、曲线图计划等方法。作业计划一般采用网络计划方法或横道计划方法。

（5）组织实施。经批准的进度计划应进行交底并落实责任，编制部门或负责人在计划实施前向现场（执行者）进行交底。既可书面交底，也可以口头交底。交底的内容包括：说明计划内容、执行者责任、计划时间要求、执行者相互间的配合要求、资源条件、环境条件、检查要求和考核要求等。计划交底的目的是使执行者明确责任、管理目标和条件要求。

为了履行责任所作的安排，执行者在明确自己的责任后制定计划实施方案。实施方案指作业计划、任务书（单）和实施计划的管理措施。

作业（月、旬、周）计划在单位工程施工进度计划的基础上分段进行编制。可以使用横道计划法和网络计划方法。

施工任务书（单）是向现场（班组）下达任务的一种工具，它是施工管理和计划管理的重要检查依据，也是向现场（班组）进行交底比较好的形式，可作为原始记录供业务核算、计件工资使用。

(6) 进度计划的控制。现场进度计划控制程序按照“检查（收集数据）→对比分析→判断→措施→调整→实施→完成”进行。在实施进度计划中通过检查，收集实际数据，包括时间数据和造价数据。将实际数据与计划数据进行对比，判断是否产生偏差。如果有偏差，则采取措施纠正，没有偏差则仍按原计划实施。如果纠正偏差不能奏效，则应对原计划进行调整，编制新的进度计划，并及时与相关单位和部门沟通后实施。

现场进度计划控制主要方法：实际进度前锋线法、图上记录法、定期观测、横道图比较法、S曲线比较法、“香蕉”型曲线比较法、列表比较法等。

(7) 管理总结和评价。在进度计划完成后，现场应及时进行进度管理总结，这是对进度管理进行资料积累的重要途径，是对管理进行评价的前提，是提高现场管理水平的保障。

进度管理总结依据：进度计划、执行中的实际记录、检查结果、调整资料等。

进度管理总结内容包括（不限于）：

①合同时间目标及计划时间目标的完成情况；

②资源利用情况；

③成本情况；

④进度管理经验；

⑤进度管理中存在的问题及分析；

⑥科学的进度计划方法的应用；

⑦进度管理改进意见。

【常见工具方法】

常见工具方法如表 5-20 所示。

表 5-20 施工计划管理应用工具和方法一览表

序号	应用过程	方 法
1	进度计划编制	文字说明、里程碑表、工作量表、横道计划、网络计划、曲线图计划等
2	进度计划实施	施工任务书、交底、方案、看板等
3	进度计划检查与控制	实际进度前锋线法、图上记录法、定期观测、横道图比较法、S 曲线比较法、“香蕉”型曲线比较法、列表比较法等
4	进度管理总结	调查法、标准模式、分析会议、对比分析法、计算机辅助管理等

下面重点介绍实际进度前锋线法的应用。

实际进度前锋线法是一种在时间坐标网络中记录实际进度情况的曲线，简称前锋线。它表达了网络计划执行过程中，某一时刻正在进行的各工作的实际进度前锋的连线，下面是实际进度前锋线的示例。

在网络计划图中（见图 5-43），箭线之下的数值是持续时间(周)，箭线之上的数值是工程进度费用，并列入了表 5-21 中。计划工期 12 周。过程进行到第 9 周时，C 工作完成 2 周，D 工作完成 2 周，E 工作完成 1 周，G 工作已经完成，H 工作尚未开始。

要求用实际进度前锋线对进度进行检查分析。

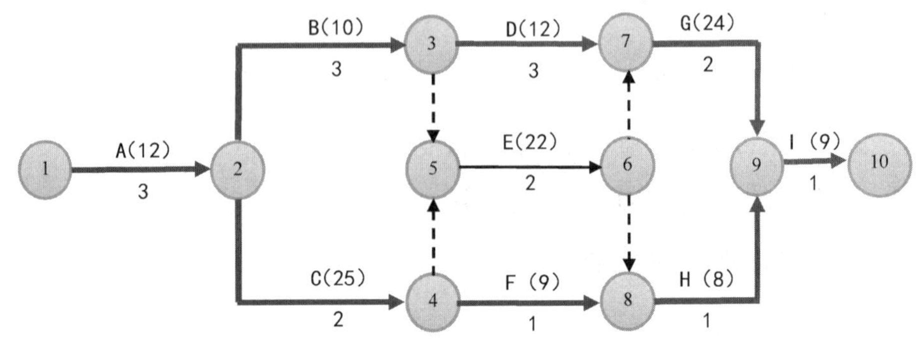

图 5-43 待检查的网络计划

表 5-21 网络计划的工作时间和过程进度费用

工作名称	A	B	C	D	E	F	G	H	I	合计
持续时间（周）	3	3	2	3	2	1	2	1	1	18
工程进度费用（万元）	12	10	25	12	22	9	24	8	9	131

首先绘制实际进度前锋线，其要点如下：

第一，将网络计划搬到时标表上，形成时标网络计划；第二，在时标表上确定检查的时间点；第三，将检查出的时间结果标在时标网络计划相应工作的适当位置并打点；第四，把检查点和所打点用直线连接起来，形成从表的顶端到底端的一条完整的折线，该折线就是实际进度前锋线。根据第 9 周的进度检查情况，绘制的实际进度前锋线见图 5-44，现对绘制情况进行说明如下：

根据第 9 周检查结果和表 5-21 中所列数字，计算已完过程进度费用是：

$$A+B+2/3D+1/2E+C+F$$

$$=12+10+2/3\times12+1/2\times22+25+9=75\text{（万元）}$$

到第 9 周应完成的过程进度费用可从图 5-44 中分析，应完成 A、B、C、D、E、F、H，故：

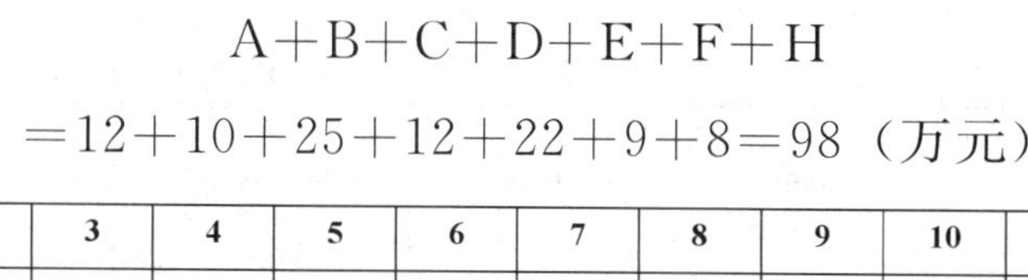

$$A+B+C+D+E+F+H$$
$$=12+10+25+12+22+9+8=98\text{（万元）}$$

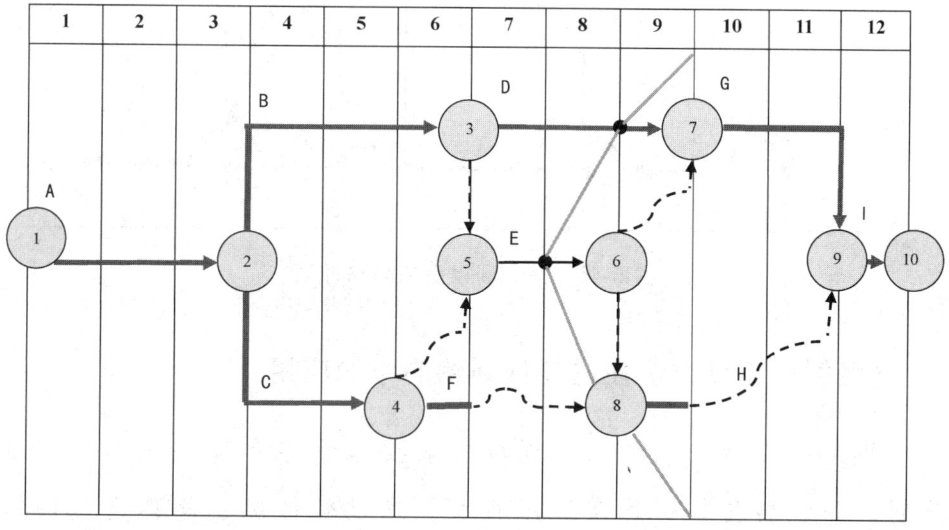

图 5-44 第 9 周检查的实际进度前锋线

进度完成比例：75/98 = 0.765 = 76.5%，即完成计划的 76.5%。

从图 5-44 中可以看出，D、E、H 工作均未完成计划。D 工作延误 1 周，这 1 周是在关键线路上，故将使项目工期延长 1 周；E 工作不在关键线路上，它延误 2 周，但该工作只有 1 周总时差，故也会导致工期拖延 1 周；H 工作虽然延误 1 周，但是总时差有 2 周，不会影响工作；D、E 工作是平行工作，工期总的拖延时间是 1 周。

重绘的第 9 周之后的时标网络计划见图 5-45 所示，与计划相比，工作延误了 1 周。

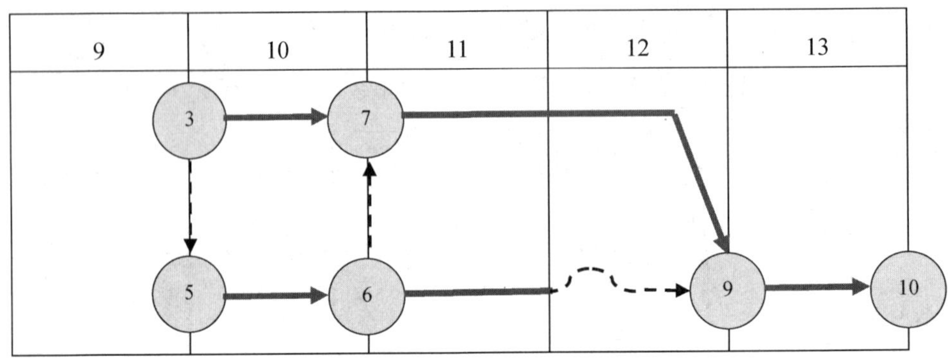

图 5-45　第 9 周以后的网络计划

【案例】工具方法在进度计划编制中的应用

某大型石油化工工程的现场安装要求科学合理编制施工进度计划，并能层层分解落实进度目标。通过软件编制总体进度网络计划和年度网络计划，运用甘特图编制月进度计划和三周滚动计划（见图 5-46 至图 5-50）。

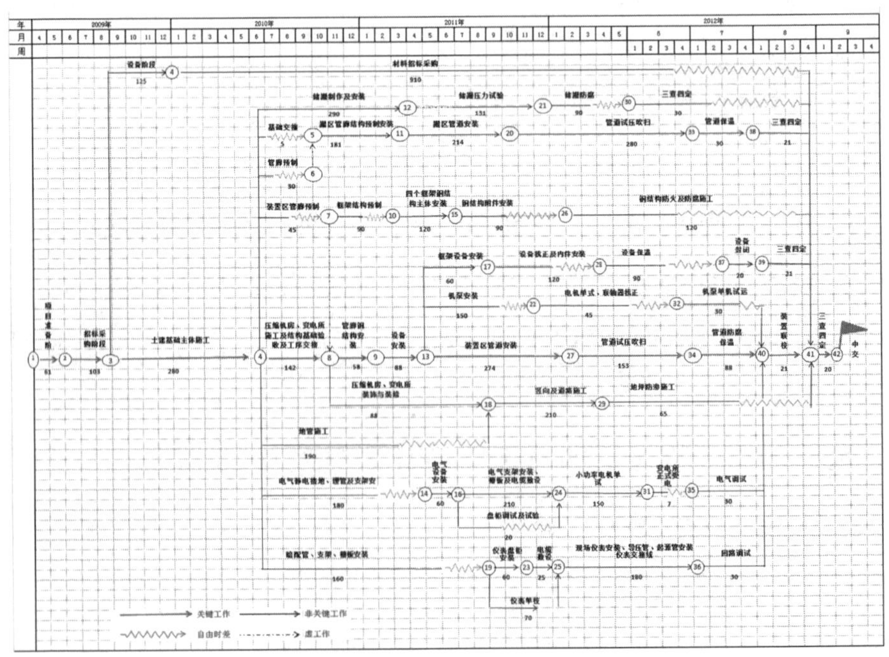

图 5-46　总体施工网络计划图

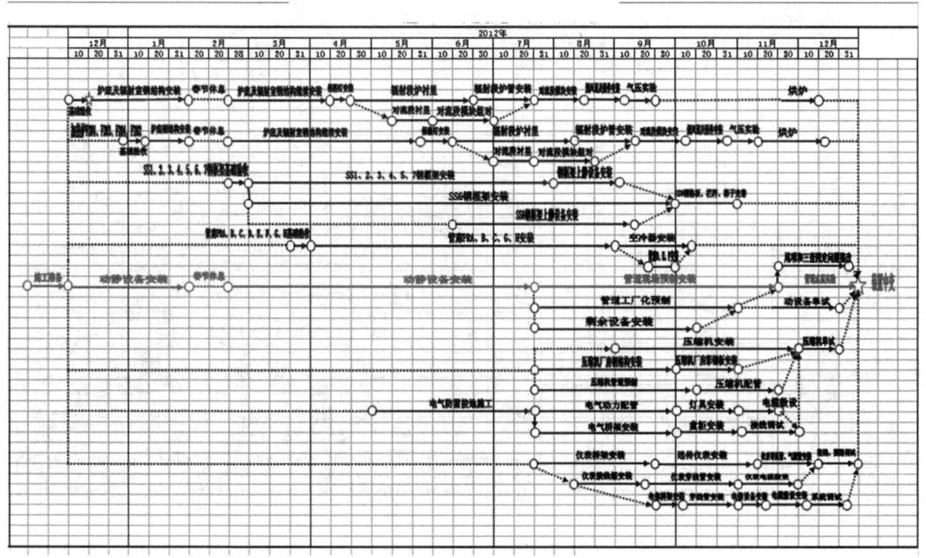

图 5-47 年度施工网络计划图

作业代码	作业说明	原定工期	剩余工期	%	最早开工	最早完工
30万吨/年高密度聚乙烯装置						
C100聚合框架						
C100-1	钢结构安装	31	31	0	120301	120331
C100-2	工艺管道安装	57	57	0	120305	120430
C100-3	工艺管道试压	83	83	0	120310	120531
C200处理框架						
C200-1	钢结构安装	37	37	0	120310	120415
C200-2	工艺管线安装	61	61	0	120301	120430
C200-3	工艺管线试压	88	88	0	120305	120531
C200-4	楼梯抹灰	31	31	0	120301	120331
C500挤出机厂房						
C500-1	檩条预制、安装	15	15	0	120301	120315
C500-2	工艺管道试压	57	57	0	120305	120430
C500-3	外墙彩钢板安装	61	61	0	120301	120430
C500-4	一层室内防腐地面	6	6	0	120305	120310
电气						
DQ-1	电气桥架安装	31	31	0	120301	120331
DQ-2	电气设备安装	31	31	0	120301	120331
DQ-3	电气配管安装	41	41	0	120301	120410
DQ-4	电气电缆桥架敷设	46	46	0	120301	120415
仪表						
YB-1	仪表桥架安装	31	31	0	120301	120331
YB-2	仪表设备安装	37	37	0	120305	120410
YB-3	仪表配管安装	42	42	0	120305	120415
YB-4	仪表电缆敷设	46	46	0	120301	120415
消防						
XF-1	消防管道安装	25	25	0	120301	120325
XF-2	消防环管安装	31	31	0	120301	120331

2012 3月 4月 5月 6月

开工日期	090908
完工日期	
数据日期	090908
运行日期	120531 10:55

Primavera Systems, Inc.

最早横道 浮时横道 进展横道 关键作业

2012年3月份施工进度计划

×××项目部

日期	修订版本	校核	审定
120301	1		

注：右面甘特图文字说明内容与左面“作业说明”栏内容相同，并一一对应。

图 5-48 月份施工进度计划图（P3）

填报单位：工厅有限公司　　　　编制日期:2010.8.22

序号	工作内容	人数	工程量							比例(%)		2010年8月23日-9月12日																				
			单位	数量	上周计划	上周完成	累计完成	本周计划	下周计划	上周	累计	上周							本周							下周						
												23	24	25	26	27	28	29	30	31	1	2	3	4	5	6	7	8	9	10	11	12
一	压缩厂房																															
1	钢结构预制	15	t	140	0	0	140	0	0	0	100																					
2	钢结构防腐	5	t	140	40	40	110	20	10	29	79																					
3	钢结构安装	15	t	140	60	0	0	100	20	0	0																					
二	管廊钢结构																															
4	管廊钢结构预制	15	t	180	10	10	180	0	0	6	100																					
5	管廊钢结构防腐	15	t	180	10	10	180	0	0	6	100																					
6	管廊钢结构安装	15	t	180	10	10	180	0	0	6	100																					
7	设备钢结构预制	15	t	120	20	20	40	30	30	17	33																					
8	设备钢结构防腐	15	t	120	20	20	40	30	30	17	33																					
9	设备钢结构安装	15	t	120	0	0	0	10	20	0	0																					
三	界区给排水																															
10	RD雨水管线	8	m	460	13	47	173	120	0	10	38																					
11	SD污水管线	9	m	945	0	90	383	0	30	10	41																					
12	PD污水管	9	m	1569	62	0	542	45	0	0	35																					
13	ND清洁废水线	5	m	602	0	0	322	30	80	0	53																					
14	DW污水管线	6	m	1187	12	90	343	0	16	8	29																					
15	CWS/CWR循环水管线	15	m	1972	164	140	797	110	65	7	40																					
16	PW生产给水线	5	m	609	0	0	195	61	109	0	32																					
17	RW2生产原水管线	0	m	190	0	0	135	0	0	0	71																					
18	PD1生产废水	0	m	46	0	0	0	0	0	0	0																					
19	FW消防管线	9	m	824	0	0	176	28	32	0	21																					
20	井室砌筑	6	座	248	7	9	75	7	8	4	30																					
21	管沟开挖	5	m	8435	292	400	3576	450	310	5	42																					
22	管沟回填	6	m³	8435	400	350	3156	390	290	4	37																					

图 5-49　三周滚动计划图

现场采用前锋线比较法对各级进度计划进行跟踪，真实、准确地表达出进度计划的完成情况。

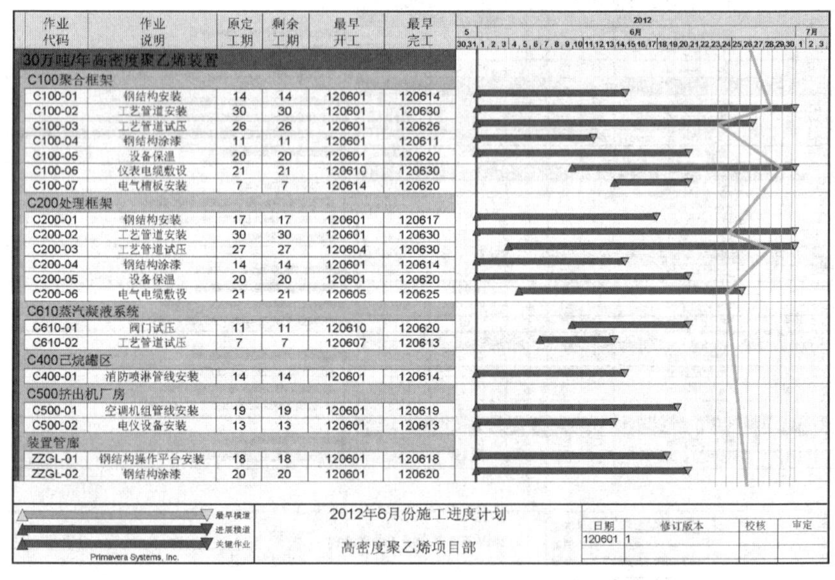

作业代码	作业说明	原定工期	剩余工期	最早开工	最早完工
30万吨/年高密度聚乙烯装置					
C100聚合框架					
C100-01	钢结构安装	14	14	120601	120614
C100-02	工艺管道安装	30	30	120601	120630
C100-03	工艺管道试压	26	26	120601	120626
C100-04	钢结构涂漆	11	11	120601	120611
C100-05	设备保温	20	20	120601	120620
C100-06	仪表电缆敷设	21	21	120610	120630
C100-07	电气槽板安装	7	7	120614	120620
C200处理框架					
C200-01	钢结构安装	17	17	120601	120617
C200-02	工艺管道安装	30	30	120601	120630
C200-03	工艺管道试压	27	27	120604	120630
C200-04	钢结构涂漆	14	14	120601	120614
C200-05	设备保温	20	20	120601	120620
C200-06	电气电缆敷设	21	21	120605	120625
C610蒸汽凝液系统					
C610-01	阀门试压	11	11	120610	120620
C610-02	工艺管道试压	7	7	120607	120613
C400己烷罐区					
C400-01	消防喷淋管线安装	14	14	120601	120614
C500挤出机厂房					
C500-01	空调机组管线安装	19	19	120601	120619
C500-02	电仪设备安装	13	13	120601	120613
装置管廊					
ZZGL-01	钢结构操作平台安装	18	18	120601	120618
ZZGL-02	钢结构涂漆	20	20	120601	120620

图 5-50　前锋线法比对图

【案例分析】

亮点：在总体进度计划和年度计划编制时，采用了网络图，其中总体进度计划采用网络计划软件进行编制，对整个工程的进度进行科学直观的表达；在月进度计划编制时，采用了美国 P3 软件，应用了前锋线比较法，确保进度计划的动态管理；三周滚动计划编制时，采用了甘特图；进度目标层层分解落实，通过周保月、月保年，最后确保总体进度目标实现。

改进：关于 P3 软件的应用，应对对网络计划有较大影响的资源因素及时进行收集录入，启动应用预警功能，对产生偏差的原因进行分析并及时纠偏，然后传到作业班组；采用前锋线比较法时，应该重新绘制调整后的时标网络计划图，明示施工动态调整后各控制点的内容，以便指导施工。

【常见问题及应对措施】

1. 进度计划交底不及时，覆盖面不全

应对措施：

（1）利用生产调度会，及时进行进度计划交底或召开专题会议进行落实，确保现场各职能人员和工段长了解计划安排。

（2）形成会议纪要，下发到班组，确保各专业班组长了解。

（3）每天召开班组会议，传达并安排当天施工计划（每天进行看板管理），确保每一个操作者了解总的计划要求和当天任务。

2. 进度计划调整不及时

应对措施：

（1）加强策划工作，明确进度计划调整制度和流程；落实各级有关人员责任，实施分级管理，层层落实，一级对一级负责。

(2) 选择适宜的工具方法，使计划调整更加便捷；加大资源的协调力度，推动计划调整实施。

(3) 制定考核和检查细则，增加检查频次，及时发现问题，督促有关责任人及时调整。保存考核检查记录，作为讲评、奖罚基础资料。

3. 进度计划完成后总结工作不到位

主要表现为总结不及时、内容不全、见证资料少。

应对措施：

(1) 在编制进度计划的同时，明确计划总结的责任领导和职能人员，规定总结的内容及阶段性收集和积累资料的要求。

(2) 制定进度计划总结编写的标准模式，提高进度计划总结编写质量。

(3) 加强日常检查和考核，定期召开专题会进行讲评和落实。

(四) 安全环境管理

【指南要求】

根据风险预防要求和项目特点，完善安全环保体系建设，营造现场文明施工环境，确保节能减排控制达标。包括：落实安全环保生产责任制；识别施工现场的环境因素、危险源，应用适宜方法消除风险源或降低风险等级；制定并执行相应的控制措施和应急预案；进入现场各级人员的安全教育得到有效落实；按规定投入和使用安全环保费用，安全环保防护设施、器具配置符合要求；能够创造规范、整洁、安全的现场工作环境，污染物排放达标；安全检查得到落实；推行节能、节地、节水、节材和环境保护（四节一保），绿色施工成效显著。

【理解与实施要点】

安全环境管理主要包括建立完善的安全环保管理体系、落实安全环保生产责任制、进行充分准确有效的风险策划、全面保证运行受控、重视应急准备和响应、积极开展绿色施工等方面。

1. 建立完善的安全环保管理体系

根据企业的职业健康安全与环境管理体系要求建立现场安全环保管理体系，包括：形成有效的组织机构；明确相关职责与权限；建立现场职业健康安全和环境目标；编制符合企业及现场要求的管理文件和方案；严格按照策划文件组织运行实施、检查、整改。

2. 落实安全环保生产责任制

现场应形成纵向到底、横向到边、覆盖全员的安全环保生产责任，即纵向自项目部、专业分包单位、劳务分包单位、作业队、班组及作业岗位展开，横向涉及所有职能管理部门及管理岗位展开。重点关注两个方面：一是岗位责任制的落实，建立“一岗双责”制；二是分包商安全环保责任的划分与落实。可以采用文件、会议、标牌、技术交底等多种形式进行宣贯。现场策划阶段，以层层签订安全环保合同（协议）或安全环保责任书等作为保证形式。此外，为了确保责任制落实，要建立对责任履行情况的检查和考核办法，并按规定周期进行考核。

3. 有效实施风险策划

（1）充分辨识危险源及环境因素。现场应通过风险评价小组进行危险源及环境因素辨识，使用科学、合理、适用的辨识方法，如基本分析法、工作安全分析（JHA）、安全检查表、预先危险分析、故障类型和影响分析等。辨识时不仅要考虑正常的、常规的作业、现场人员的活动，还应考虑其他的时态、状态、对象，如紧急状态、非常规作业相关方人员的活动等。

（2）准确评价风险。要对辨识的风险进行评价分级，一般可划分为高、中、低或Ⅰ、Ⅱ、Ⅲ级或更多等级，根据现场危险源（环境因素）等级，结合现场管理情况确定可接受风险及不可接受风险，对于不可接受风险应作为重大危险源和重要环境因素实施控制。为保证评价的准确性，应选用适宜方法，减少主观因素影响。常用的危险源评价方法有矩阵法、作业条件危险性评价法（LEC）等，常用的环境因素评价方法有多因子打分法、有毒作业危险程度分级评价法、噪声指数法、粉尘作业危害程度分级等。

（3）有效建立控制措施。现场要按照风险评价的结果，对可接受风险保持原有控制措施，对不可接受风险应重新制定控制措施，并评价其是否有新的风险产生。

控制措施的选定应遵循顺序的原则，即按照如下顺序：消除→降低或替代→工程控制措施→标识、警告和（或）管理控制措施→个体防护装备。此外，还应考虑相关成本、降低风险的益处、方案可靠性等，必要时对关键的控制措施进行优化和深化。对危险较大的分部分项工程施工方案应进行专家论证。

现场应将危险源辨识、风险评价和控制措施确定的结果形成文件，定期评审风险控制措施以确保其有效性。对重大危险源及重要环境因素及控制措施进行公示，使现场相关人员充分了解并有效控制风险。

4. 过程实施受控

过程实施主要包括安全环保教育、安全环保费用投入、分包商安全环保管理、安全环保设施管理、安全环保标识、安全环保检查、环境保护等方面。为了保证全过程能够有效运行，现场应开展如下工作。

(1) 安全环保教育。计划性。现场按阶段制定培训计划，内容包括：培训名称、培训内容、目标、培训周期、培训方式等。

针对性。现场安全生产教育一般包括对管理人员、特种作业人员、现场其他员工等安全环保教育，如：新员工上岗前或人员新入场的三级安全环保教育、年度全员安全环保教育、经常性安全环保教育、专项安全环保教育、变更岗位教育等。安全教育尤其应关注分包人员的培训教育。

灵活性。现场根据作业岗位组织各层次人员开展多样、实用、灵活的安全培训教育，采用的形式可包括（不限于）：安全活动日、班前班后安全会、安全知识考核、安全技术交流、事故现场会、安全教育陈列室、安全卫生展览、安全教育电影、幻灯、宣传栏、警示牌、横幅标语、宣传画、安全操作规程牌等。

有效性。项目主管部门对培训教育的有效性进行评价，根据存在的问题，制定有效措施予以改进。效果评价可采取的方式包括：谈话、问卷、调查表、考试、行为表现跟踪、绩效结果阶段性验证等。

(2) 专项方案与交底。按照国家和地方有关法律法规和现场要求，及时编制并实施安全环保专项方案和交底。对风险比较大的施工过程，如深支坑、降水、高支模、脚手架搭设等，还要在组织专家论证后，方可实施。

(3) 专项资金保障。现场制定安全环保费用管理办法，包括：提取依据、提取标准、使用范围、使用要求、监督及检查等，费用管理符合财政部、安全监管总局印发的《企业安全生产费用提取和使用管理办法》(财企〔2012〕16号)及相应合同规定要求。实施专项列支、定期汇总、专项审计等，确保安全环保费足额投入、专款专用、合规使用。

(4)分包商管理。

①源头保证。现场管理人员参与分包商的选择，加强关键人员资格审查，从源头上防止不符合要求的分包商及人员进入现场。

②制度保证。加强分包商的安全环保责任制落实，明确分包商的各项安全环保职责，包括分包商责任与权限、安全环保目标、安全环保岗位职责、签订文件化的安全环保协议书等。

③管理保证。组织对分包商的培训教育、日常检查、绩效考核、履约评价、安全奖惩等。并纳入现场的各项安全管理活动中，杜绝以包代管。

(5)设施管理。现场对安全环保防护设施的采购、验收、配备、布置、使用、标识、检查、检测、维护、检修、报废等全过程进行策划，编制安全环保防护设施配备计划和检查计划等。按照策划内容投入足够的安全环保防护设施并保证其正常运转。注意安全环保防护设施的完整性，对现场安全环保防护设施进行检修维护，对设备设施的变更、拆除、报废等采取控制措施防范风险。常见的安全环保防护设施包括防护罩、负荷限制器、防爆器具、防护栏(网)、警示标志、紧急备用电源、灭火器、应急照明、安全帽、垃圾箱、防毒面具、粉尘回收装置、降噪装置、隔油池、沉淀池、化粪池等。

(6)标识设置。本着“有效、适用、醒目”原则，现场对安全环保标识设置进行策划，如标识位置、标识样式等。现场各类标识样式应做到标准化，必要时编制安全环保标识标准化图集。设置种类应符合设置区域风险管控的要求。加强标识的日常检查、维护，关注标识的移植，对过期标识及时更换。

（7）污染物防治。现场常见的污染物有建筑垃圾、废水、扬尘、噪声等。其防治计划可通过施工组织设计、专项方案等体现，包括：大气污染的防治、水污染的防治、噪声污染的防治、固体废弃物的处理等方面。一般防治措施对扬尘采取洒水、佩戴防护口罩进行控制；噪声采取搭设隔音板、佩戴耳塞子等进行防护控制；废水采用隔油池、沉淀池、化粪池等进行处理；建筑垃圾运到指定位置进行填埋处理等。必要时对控制措施的实施效果采取检测手段以判定其是否合规，如粉尘、污水、噪声监测等。

（8）变更管理。现场要控制因人员、设备设施、工艺等变更带来的安全环境风险。常见的变更主要有：设备、设施的更新、改造和调整；机构、人员的变更，特别是与质量、环境、职业健康安全有重要影响的人员的变化；施工技术的变更，包括施工过程的再设计和再调整、施工程序的变更、应用“四新”技术等；法律法规及强制性标准的重大调整变更等。变更控制包括：确定变更内容、识别风险、制定措施或方案、实施风险控制、跟踪验证、沟通和培训、信息更新等变更后管理措施。确保变更管理的可操作性、及时性和连续一致性。

（9）监督检查。

①适宜性。检查应结合现场实际情况采用适宜的检查方式，包括：全面性检查、经常性检查、专业检查、季节性检查、节假日检查、重点部位检查等。检查要注意检查结果与相关记录的收集积累，提供分析评价数据及信息，及时掌握安全环保管理实际状况。检查可使用观察、询问、检查表、实量实测、检测、实际操作等方法。

②及时性。检查结果应及时传达至相关作业单位及人员，并

应督促其及时整改；发现的隐患应立即整改，不能立即整改的应及时确定整改措施、责任人、整改期限，必要时制定实施方案或整改计划；在隐患未消除前，必须采取可靠的防范措施，必要时立即停工；要加强整改后的效果验证，确保措施有效。现场应注意隐患信息收集，对反复发生的隐患（包括多部位同类、重复出现的问题）进行原因分析，并制定纠正措施避免隐患的再发生。

5. 应急准备和响应

应急准备和响应的工作内容包括：编制应急预案、应急响应物资的储备和日常维护、应急响应培训、组织应急演练等。

（1）预案的可行性。应急预案编制程序包括成立应急预案编制工作组、资料收集、风险评估、应急能力评估、编制应急预案和应急预案评审六个步骤。应急预案要充分识别潜在紧急情况，严格按照企业应急预案编制规定和国家现行有关安全生产事故应急预案编制导则等标准要求进行编制，保证预案覆盖所有的重大风险。

常见需要编制应急预案的紧急状态、突发事件包括：火灾和爆炸、触电、毒品泄漏、坍塌、机械伤害、物体打击、高处坠落、起重伤害、交通事故、辐射事故、中毒、传染病、环境污染、自然灾害、公共卫生事件、社会安全事件等。

应急预案体系主要由综合应急预案、专项应急预案和现场处置方案构成。现场要根据管理系统情况、控制事态能力、施工规模、危险源的性质，以及可能发生的事故类型确定应急预案体系，明确分级响应的基本原则。结合现场实际情况，确定是否编制专项应急预案。风险因素单一、施工规模小的现场综合应急预案、专项应急预案可以合并编写或只编写现场处置方案。

现场应及时组织有关人员进行应急预案及相关知识培训，使有关人员了解应急预案内容，熟悉应急职责、应急程序和现场处理方案。对应急预案涉及的社区和居民，要做好宣传教育和告知等工作。

（2）物资的充分性。现场要及时编制应急资源保障计划，落实有关部门和人员责任。应急资源保障包括：保障计划、应急专家、应急队伍、应急资金、应急物资、装备、设施和调用标准等。根据应急预案类型配备相应的应急物资，一般包括（不限于）：“三宝”用具（安全帽、安全带和安全网）、防火服、防火手套、防毒面具、防护眼镜、消防器材［干粉灭火器、二氧化碳灭火器、灭火沙箱、消防带（消防枪）、消防锹、消防桶、消防斧等］、降噪耳塞、对讲机、手电筒（防爆）、担架、卫生急救箱等。确保应急物资储备充足、应急装备和设施完好，定期进行检查、维护、补充。

（3）演练的规范性。应急演练要选用适宜的演练方式，应急演练按照演练内容分为综合演练和单项演练，按照演练形式分为现场演练和桌面演练。不同类型的演练可单独进行，也可相互组合进行。应急演练应严格按照演练过程要求进行，包括：制定演练计划、演练准备、演练实施、演练效果评价与总结、持续改进等，具体实施可按《生产安全事故应急演练指南》（AQ/T 9007）等有关标准要求进行。演练结束后，针对演练中发现的问题、不足及取得的成效进行评审，可以进行现场口头点评，也可以进行书面评估。根据演练评估报告中对应急预案的改进建议，及时对应急程序进行修订完善。

6. 开展绿色施工

（1）绿色建筑。绿色建筑是指在建筑的全寿命周期内，最大限度地节约资源（节能、节地、节水、节材）、保护环境和减少污染，为人们提供健康、适用和高效的使用空间，与自然和谐共生的建筑。绿色建筑物需要从设计、运行等阶段均充分满足《绿色建筑评价标准》（GB/T 50378）的有关规定，要求绿色建筑的设计遵循“节约能源、节约资源，回归自然”的原则，满足节地与室外环境、节能与能源利用、节水与水资源利用、节材与材料资源利用、室内环境质量等各方面要求（见图 5-51）。在运行阶段，包括施工、运营等方面，对施工单位、物业管理部门的相应管理内容、管理措施进行评价。

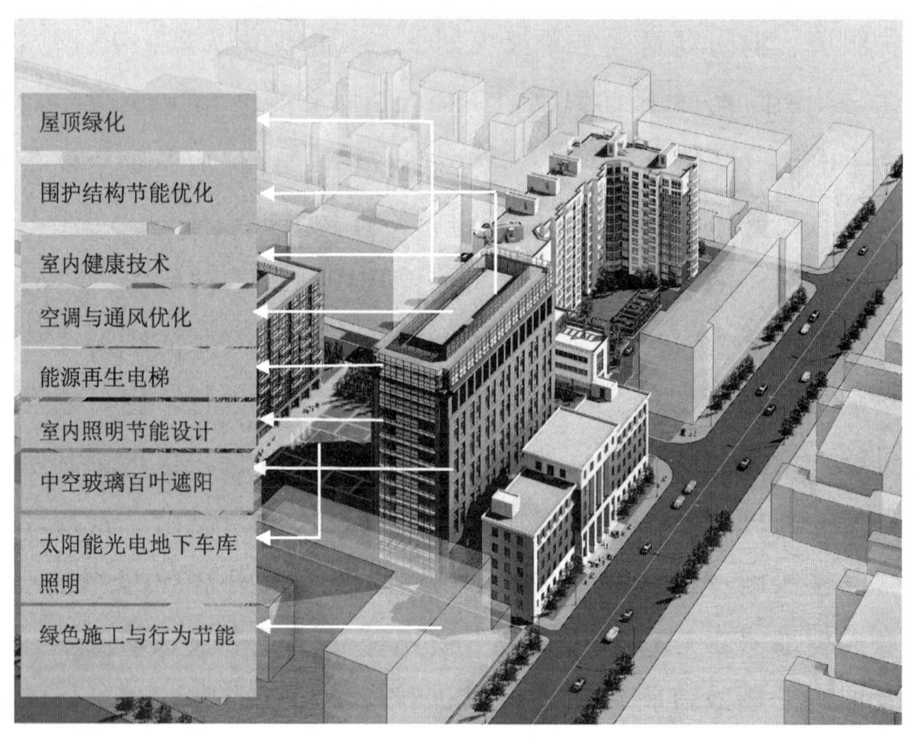

图 5-51 运用几十项生态技术设计的某办公大楼

（2）绿色施工。绿色施工在保证质量、安全等基本要求的前提下，通过科学管理和技术进步，最大限度地节约资源、减少对环境的负面影响，实现节能、节水、节地、节材和环境保护（四节一环保）的建筑工程施工活动（见图 5-52）。现场要按照《建筑工程绿色施工规范》（GB/T 50905）及行业、地方有关标准要求进行施工。按照《绿色建筑评价标准》（GB/T 50378）的有关施工管理条款、《建筑工程绿色施工评价标准》（GB/T 50640）及行业、地方有关标准要求进行评价。绿色施工过程包括策划、实施、评价等方面。

图 5-52 某施工现场大门口设置滚轴转轮式车辆洗轮机进行扬尘控制

精心策划。策划内容包括建立绿色施工管理体系、制定管理制度与目标、编制绿色施工组织设计或施工方案等。根据现场情况可以单独编制，也可以在施工组织设计（施工方案）中增加专门的绿色施工章节，内容可涵盖“四节一环保”要求。绿色施工组织设计（施工方案）的主要内容包括：组织机构、目标、岗位职责、施工部署、分部分项工程施工要求、保证措施和绿色施工评价要求及监督等。在编制工程项目绿色施工组织设计（施工专项方案）时，要与目前工程项目施工组织设计、施工技术方案配套使用。

贯彻实施。绿色施工应从环境保护、节材与材料资源利用、节水与水资源利用、节能与能源利用、节地与土地资源保护等方面贯彻实施。现场应对绿色施工过程加强相应的宣传，对职工开展绿色施工培训，按照策划投入相应的设备物资，对绿色施工的实施情况及效果进行定期监督检查，必要时进行相应监测。

评价管理。现场对照指标体系，结合工程特点，定期组织自评估；积极参与绿色施工的应用示范工程评比，对绿色施工方案、实施过程至项目竣工进行综合评估。绿色施工的评价贯穿整个过程，评价的对象可以是施工的任何阶段。评价因素是环境保护、节材与材料资源利用、节水与水资源利用、节能与能源利用、节地与土地资源保护五个方面。

【常见工具方法】

对标管理、问卷调查、现场观察、头脑风暴法、安全检查表法、作业条件危险性分析、基本分析法、工作安全分析、5S 现场管理法、防差错、现场检查、统计表。

【案例 1】风险管理在现场安全管理中的应用

某现场成立了风险评级小组，对现场存在的风险进行辨识，形成危害因素（危险源）清单（见表 5-22）；采用 LEC 评价法进行危害因素（危险源）评价，最终形成重大危害因素（危险源）清单（见表 5-23），并同时确定控制措施计划（见表 5-22、表 5-23 中控制措施计划内容）。

表 5-22 危害因素（危险源）清单（节选）

序号	事故类别	作业活动/工作场所	潜在危害因素	风险评价 LEC=D					控制措施计划
				L	E	C	D	危害等级	
1	高处坠落	混凝土地基与基础	开挖作业未办理开挖作业许可证进行作业	3	3	12	108	3	执行公司《挖掘机司机岗位作业指导书》《作业许可控制程序》《施工项目作业防护管理规定》《HSE教育管理规定》《安全检查管理规定》及集团公司《挖掘作业安全管理规范》，编制《施工方案》或《技术交底》，施工前进行工作前安全分析（JSA），针对重大危害建立《目标、指标管理方案》
2			深基坑开挖后周边无防护栏杆	1	3	3	9	1	
3			深基坑开挖后不设警示灯	1	3	3	9	1	
4			深孔桩口不采取覆盖措施	3	3	3	27	2	
5			深孔桩口覆盖物强度不够	1	3	3	9	1	
6			深基坑内支模作业人员不挂安全带	3	6	7	126	3	
7			支模作业面未设置护栏	3	3	7	63	2	
8			人员上下爬梯时身背和手拿重物	3	6	7	126	3	
9			通往作业面无爬梯，人员攀登脚手架上下	3	6	7	126	3	
10		支模拆模	作业人员攀登脚手架上下	3	6	7	126	3	执行公司《木工岗位作业指导书》《混凝土工岗位作业指导书》《施工项目作业防护管理规定》《HSE教育管理规定》《安全检查管理规定》及相关法规《危险性较大的分部分项工程安全管理办法》，编制《施工方案》或《技术交底》，施工前进行工作前安全分析（JSA），针对重大危害建立《目标、指标管理方案》及《专项应急预案》
11			支模作业面临边无防护栏杆	3	3	15	135	3	
12			高处作业人员不挂安全带	6	3	15	270	4	
13			支模作业人员高处在支模架上行走	6	3	7	126	3	
14			支模作业未设置外护立网	3	3	7	63	2	
15			作业人员站在未固定的跳板上作业	6	3	7	126	3	
16			作业人员站在搭接不满足安全要求的跳板上作业	3	3	15	135	3	
17			作业人员到探头板上作业	3	3	15	135	3	
18			作业人员在无护栏的上料平台上接材料	3	3	15	135	3	
19			吊运材料碰撞作业人员	3	2	3	18	1	
20			高处人员在未固定的木方上行走	6	3	3	54	2	
21			高处人力提升材料工具时失稳	3	2	3	18	1	

表 5-23 重大危害因素（危险源）清单（节选）

序号	事故类别	作业活动/工作场所	潜在危害因素	风险评价 LEC=D L	E	C	D	危害等级	控制措施计划
1	高处坠落	混凝土地基与基础	开挖作业未办理开挖作业许可证进行作业	3	3	12	108	3	执行公司《挖掘机司机岗位作业指导书》《作业许可控制程序》《施工项目作业防护管理规定》《HSE教育管理规定》《安全检查管理规定》及集团公司《挖掘作业安全管理规范》，编制《施工方案》或《技术交底》，施工前进行工作安全分析（JSA），针对重大危害建立《目标、指标管理方案》
2			深基坑内支模作业人员不挂安全带	3	6	7	126	3	
3			人员上下爬梯 时身背和手拿重物	3	6	7	126	3	
4			通往作业面无爬梯，人员攀登脚手架上下	3	6	7	126	3	
5		支模拆模	作业人员攀登脚手架上下	3	6	7	126	3	执行公司《木工岗位作业指导书》《混凝土工岗位作业指导书》《施工项目作业防护管理规定》《HSE教育管理规定》《安全检查管理规定》及相关法规《危险性较大的分部分项工程安全管理办法》，编制《施工方案》或《技术交底》，施工前进行工作安全分析（JSA），针对重大危害建立《目标、指标管理方案》及《专项应急预案》
6			支模作业面临边无防护栏杆	3	3	15	135	3	
7			高处作业人员不挂安全带	6	3	15	270	4	
8			支模作业人员高处在支模架上行走	6	3	7	126	3	
9			作业人员站在未固定的跳板上作业	6	3	7	126	3	
10			作业人员站在搭接不满足安全要求的跳板上作业	3	3	15	135	3	
11			作业人员到探头板上作业	3	3	15	135	3	
12			作业人员在无护栏的上料平台上接材料	3	3	15	135	3	
13			拆模后设备预留口未采取围栏防护	6	3	15	270	4	
14			拆模后电梯口未采取围栏防护	6	3	15	270	4	
15			拆模后各种管线口未覆盖防护	6	3	7	126	3	
16			各种孔洞防护材料强度不够	6	3	7	126	3	
17			屋面作业临边未采取防护措施	3	3	15	135	3	

现场根据重大危害因素（危险源）的控制措施计划对安全防护进行了细化落实，在HSE计划书中明确了具体的防护部位、防护要求、编制了《安全防护设施及用品配备计划表》（见表5-24）、明确了责任区划分等内容。防护设施主要包括“四口五临边”的防护、设备防护、用电防护、用火防护、卫生防护、人员防护、标识等各方面。具体实施情况详见图5-53至图5-60。

现场根据企业的《施工现场安全防护标准图册》（见图5-61），进行各种防护设施的制作和安装。

表5-24　安全防护设施及用品配备计划表（节选）

序号	名称	规格	单位	数量	配备时间
1	安全帽		顶	300	开工前
2	安全带		条	50	开工前
3	工作服	大/中/小	套	100/300/100	开工前
4	防护眼镜		副	40	开工前
5	灭火器	干粉	个	80	开工前
6	踢脚板		m	2000	开工前
7	密目网		m^2	17000	开工前
8	安全网		m^2	1500	开工前

图5-53　通道口防护

图5-54　危险警示标识

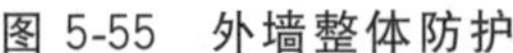

图 5-55 外墙整体防护

图 5-56 楼梯边防护

a)

b)

图 5-57 平台边防护

图 5-58 配电箱防护

图 5-59 塔吊防护

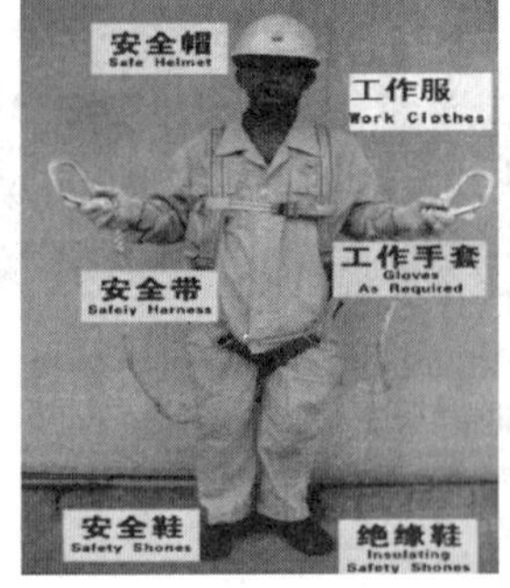

图 5-60 个人防护

图 5-61 施工现场安全防护标准图册

现场组织人员对安全防护设施每周进行一次专项检查，检查时使用专项检查表的方式（见表5-25）。对检查出的问题以信息反馈单等形式安排相关责任单位在规定期限内进行处理，最终由检查人员对整改情况进行验证。对整改不利的单位采取调度会上通报批评、罚款、安排专人修补并扣罚施工费等措施。

表5-25　防护栏杆安全检查表

<table>
<tr><td>受检单位</td><td colspan="2">建筑一公司</td><td>负责人</td><td colspan="2">刘×</td></tr>
<tr><td>检查地点</td><td colspan="2">2#楼</td><td>检查时间</td><td colspan="2">2014年5月9日</td></tr>
<tr><td>序号</td><td colspan="3">检查内容</td><td>是</td><td>否</td></tr>
<tr><td>1</td><td colspan="3">临空面是否均设防护栏杆</td><td>√</td><td></td></tr>
<tr><td>(1)</td><td colspan="3">楼梯是否设栏杆</td><td>√</td><td></td></tr>
<tr><td>(2)</td><td colspan="3">大的预留孔洞处是否均设栏杆</td><td>√</td><td></td></tr>
<tr><td>(3)</td><td colspan="3">井口处是否均设栏杆</td><td>√</td><td></td></tr>
<tr><td>(4)</td><td colspan="3">楼板、平台、屋面等临边处是否均设栏杆</td><td>√</td><td></td></tr>
<tr><td>2</td><td colspan="3">防护栏杆是否符合要求</td><td></td><td>√</td></tr>
<tr><td>(1)</td><td colspan="3">高度为1.05m</td><td>√</td><td></td></tr>
<tr><td>(2)</td><td colspan="3">设上下两道横杆</td><td>√</td><td></td></tr>
<tr><td>(3)</td><td colspan="3">立柱间距不大于2m</td><td>√</td><td></td></tr>
<tr><td>(4)</td><td colspan="3">设18cm高的护脚板</td><td></td><td>√</td></tr>
<tr><td>(5)</td><td colspan="3">构件无破损、变形</td><td>√</td><td></td></tr>
<tr><td>(6)</td><td colspan="3">杆件光滑无毛刺</td><td>√</td><td></td></tr>
<tr><td>3</td><td colspan="3">栏杆是否固定牢固可靠</td><td>√</td><td></td></tr>
<tr><td>4</td><td colspan="3">栏杆是否统一做到标准化</td><td>√</td><td></td></tr>
<tr><td>5</td><td colspan="3">色标是否醒目</td><td>√</td><td></td></tr>
<tr><td colspan="6">检查记录：本次检查主要对2#楼的防护栏杆进行专项检查，检查内容包括栏杆设置、栏杆安装质量、栏杆固定程度、栏杆标准化、色标等方面，除在5层楼梯处及4层平台处发现3处踢脚板缺失现象外，其他方面均符合要求。对发现问题下达了问题反馈单（编号A-0325）</td></tr>
<tr><td colspan="3">检查人签字</td><td colspan="3">马××</td></tr>
</table>

【案例分析】

亮点：在安全防护工作过程，能够从策划、实施、检查等各方面开展较为系统的工作；能够针对作业活动进行危险源辨识，运用LEC评价法评价危害因素，并制定控制措施计划；能够对防护进行策划并实施，防护实施比较全面；实施过程应用标准化防护设施，规范管理、通用性较强；能够组织对防护措施进行检查，对发现问题能够及时反馈并督促按时整改。

改进：在表5-22危害因素清单和表5-23重大危害因素清单中，控制措施计划的制定针对性都不强，没有针对每项风险制定比较适合的措施；表5-22和表5-23中普通的危害因素和重大危害因素的控制措施不应基本相同，而应根据风险评价等级确定不同的措施进行控制。

【案例2】作业许可管理在现场安全管理中的应用

某现场准备进行气焊切割作业。现场制定了HSE作业计划书、编制了动火作业安全技术交底及防火灾应急预案，并对所有作业人员进行了宣贯及培训。

作业前，由作业单位安全员对动火作业进行作业类型判定：气焊切割作业涉及气割和明火两种类型（见图5-62“对作业类型进行判定”部分）；同时依据作业票中“可能产生的危害”项对现场作业进行风险评估（见图5-62“可能产生的危害”部分）。根据安全方案和作业票中安全措施内容要求，该作业单位逐项进行落实，包括动火作业区域内可燃物清理工作、消防设备准备、指定监护人员等工作（具体内容见图5-62“安全措施”部分）。同时通知检测人员进行可燃气体浓度检测，经检测当时氧气含量、可燃气体含量均符合作业要求，检测人员将检测结果填写作业票相应内容处并签字确认。各项准备工作符合要求后，由作业单位安全员填写作业许可证相关内容，开始履行动火作业许可审批程序。

项目部安全员对该处防护措施情况进行检查，检查结果符合动火要求，作业票可以进行审批（具体见图 5-62“对安全防护措施的检查情况”部分）。作业单位安全员负责将作业票交给相关负责人签字确认。动火时安排专门的监护人监护动火情况，作业人员严格按照相应的动火规定程序进行作业。作业结束后，作业人员将所有工具收集完毕即撤离了现场，相应作业票关闭栏签署情况见图 5-63。

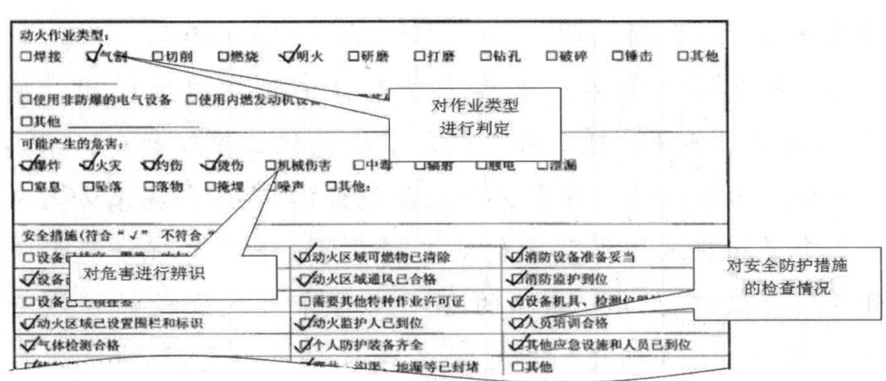
动火作业类型：
□焊接 √气割 □切削 □燃烧 √明火 □研磨 □打磨 □钻孔 □破碎 □锤击 □其他
□使用非防爆的电气设备 □使用内燃发动机设备
□其他
可能产生的危害：
√爆炸 √火灾 √灼伤 √烫伤 □机械伤害 □中毒 □辐射 □触电 □泄漏
□窒息 □坠落 □落物 □掩埋 □噪声 □其他：
安全措施（符合“√” 不符合

□设备	√动火区域可燃物已清除	√消防设备准备妥当
√设备	√动火区域通风已合格	√消防监护到位
□设备	□需要其他特种作业许可证	√设备机具、检测
√动火区域已设置围栏和标识	√动火监护人已到位	√人员培训合格
√气体检测合格	√个人防护装备齐全	√其他应急设施和人员已到位
	沟渠、地漏等已封堵	□其他

图 5-62 动火作业票内容截图

关 闭	动火作业结束后，监护人留守现场，确认无任何火源和隐患后关闭作业。 动火结束时间： 年 月 日 时	作业申请人： 年 月 日	批准人： 年 月 日	相关方： 年 月 日

图 5-63 动火作业票关闭确认情况截图

【案例分析】

亮点：动火作业票管理判定作业类型、比较充分地识别相关危害，采取有针对性的各种防护措施，进行必要的监测，管理过程比较规范。同时通过检查落实情况、逐级进行安全审批保证管理标准化。

改进：应对动火作业的关闭情况进行改进。案例中动火作业结束，现场不应只收拾工具就认为关闭，应检查动火作业票关闭栏（见图 5-63）是否签字确认。现场应根据作业票中要求，安排监护人员留守现场，并进行动火后的处置，相关人员应对处置措施及结果进行严格检查，在确认现场无任何火源和隐患后，由责任人在作业票中最终签字确认关闭。

【案例 3】现场开展绿色施工管理

某现场按照《建筑工程绿色施工评价标准》（GB/T 50640）的要求开展如下各项工作。

（1）绿色施工准备。建立了绿色施工管理组织机构（见图 5-64），明确了各项管理目标，制定了绿色施工管理制度，组织专业人员编制了专项的《绿色施工组织设计》，在各种施工方案及技术交底中也相应地增加了绿色施工的章节、内容。现场还按阶段召开专门会议进行绿色施工的各项工作布置及阶段讲评（见图 5-65），定期组织员工进行绿色施工专项培训（见图 5-66），广泛采用宣传栏、宣传板报、标语等方式进行绿色施工宣传。

（2）环境保护方面。现场大门处的施工标牌中有专门环境保护内容，在现场的醒目位置设置了环境保护标识。现场对危险化学品的存放采用了专用仓库及地面硬覆盖等措施进行土地资源保护，对生活区安排专人清扫并安装空调、排风扇等防暑措施、设置了移动环保厕所并定期消毒（见图 5-67）等保证人员健康，建立定期洒水制度并配置洒水设备、对裸露的地面及土方采取覆盖措施等以进行扬尘控制，现场生活燃料使用液化气等清洁能源进行气体排放控制，对垃圾分为可回收和不可回收两类，通过定期清理、焚烧等措施来保证建筑垃圾处理，对工程污水建立污水处理池，经处理达标后排放，夜间焊接作业采用遮光棚等避免光污染，在强噪声环境给工人配备了防护耳塞、对混凝土输送泵（见图 5-68）及电锯房采用隔音房、在临近居民住宅区侧设置了隔声墙等隔声设施（见图 5-69）控制噪声。

（3）材料资源利用方面。现场主要材料选择当地采购，并建立健全了机械保养、限额领料、建筑垃圾再生等专项管理制度。在混凝土中掺加粉煤灰及外加剂等新材料降低水泥用量以控制材料成本；现场大量使用的模板选用了塑料模板等新型材料、使用的砂浆采用预拌技术可以集中利用粉煤灰等材料（见图 5-70）、在水平承重模板使用了早拆支撑体系减少支撑材料 30%的投入（见图 5-71）、采用定型化及标准化的护栏、楼梯扶手、围挡等提高周转频次（见图 5-72），通过上述措施保证材料节约；使用模板条等建筑余料制作混凝土护角等措施进行资源再生利用。

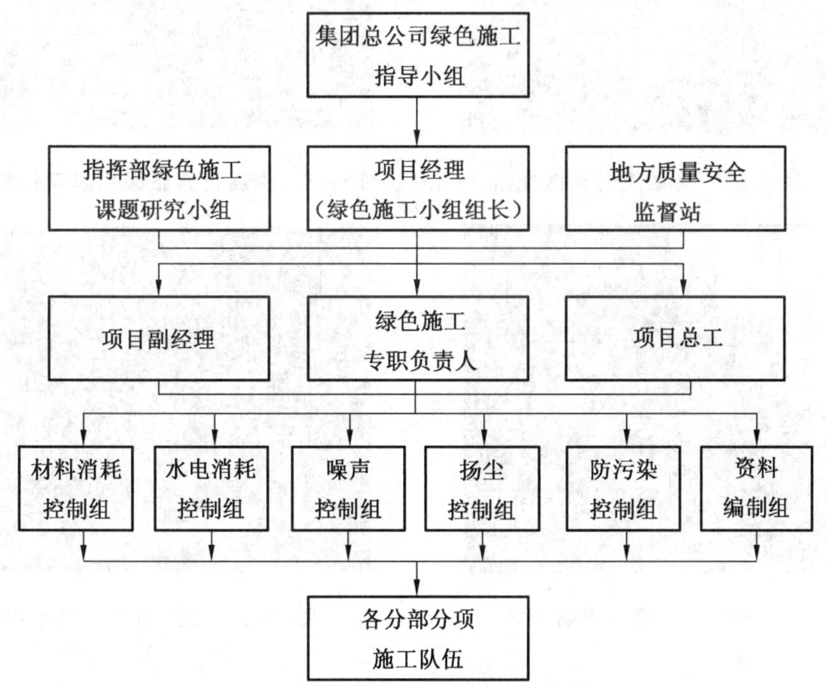

图 5-64　绿色施工组织机构图

图 5-65　进行绿色施工工作布置

图 5-66　开展绿色施工培训

图 5-67　采用流动环保厕所

图 5-68　混凝土泵站采用隔声措施

图 5-69　设置隔声防护墙

图 5-70　采用预拌砂浆计数

图 5-71 模板早拆支撑体系

图 5-72 安全防护设施定型

(4) 节水与水资源利用方面。在签订的分包合同中详细规定了节水指标，对现场的水资源进行定期计量和考核。现场根据工程特点制定了用水定额进行限额用水，对生活用水及工程用水分别进行计量、尤其是对用水量大的冲洗点等区域单独进行计量控制，混凝土养护使用养护剂节约用水；现场还采取冲洗车辆用水循环使用（见图 5-73）、现场设置了雨水收集系统及收集池（见图 5-74）、设置了生活及生产污水过滤池进行水处理（见图 5-75）等水资源利用措施。

(5) 节能与能源利用方面。现场对各区域使用的设备有节能控制措施、对主要耗能设备定期进行耗能计算核算、没有使用明令淘汰的设备机具。在临时用电设施、机械设备、临时设施等方面采取各种措施，包括：临时用电设施使用节能型设备，制定用电管理制度并按照制度进行实施及检查，对重点耗能设备进行定期监控并详细记录，建立设备技术档案并定期进行设备维护保养等。

(6) 节地和土地资源保护。现场能够根据施工进度情况及时调整临时场地布置，使用的临时用地经过相应部门的严格审批。现场的临时道路与正式道路重合提高了资源的利用率，采用预拌混凝土（见图 5-76）、钢筋加工配送化（见图 5-77）、临时办公和生活用房使用多层轻钢活动板房（见图 5-78）减少了临时占地面积，对现场进行充分绿化和施工后进行植被恢复防止水土流失。

图 5-73　冲洗车辆用水回收重复利用

图 5-74　设置雨水收集池回收雨水

图 5-75　设置污水过滤池处理污水

图 5-76　预拌混凝土

图 5-77　钢筋加工配送化

图 5-78　办公室、宿舍使用多层轻钢板房

【案例分析】

亮点：该现场开展绿色施工的过程比较系统，能够建立绿色

施工组织机构、实施目标管理、进行专项培训，在实施时能够通过环境保护、材料资源利用、节水与水资源利用、节能与能源利用、节地与土地资源保护等方面采取各种有效措施，实施过程比较规范，取得一定的效果。

改进：在环境保护方面，应杜绝燃烧木材边角料的现象；节水与水资源利用方面，对供水管线及时进行排查及检修、必要时进行更换，避免漏水现象。

【常见问题及应对措施】

1. 风险识别不充分

应对措施：

（1）提高全员风险意识。通过法律法规的宣贯教育等方式提高项目全员风险意识，由各专业管理人员、作业人员组成风险评价小组，采用头脑风暴等方法集思广益，避免仅由安全员辨识产生的不全面现象。鼓励员工参与风险辨识与评价。

（2）加强施工全过程的风险识别。要充分识别现场所有的作业活动，覆盖所有的区域，可以根据由区域到部位、由常规活动到非常规活动、由本现场人员到外来人员、由自有设备到外来设备的顺序进行，确保全过程风险识别。

（3）强化风险识别工具和方法的应用。

（4）强调各种状态和时态的风险。充分识别风险不仅要关注现在的、正常的风险，还要关心过去的和将来的、异常的和紧急的风险。如：进行装置的搬迁，其管线或设备中可能存在有害气体风险，在报废的垃圾场上建设其他建筑或装置的风险，国外项目施工不了解当地情况可能发生霍乱等传染病风险，临海地区的施工经常有台风引起的风险，在化工厂附近施工考虑化工有毒气体泄漏产生的风险等。

(5) 关注风险的变更。在人员、设备、施工工艺、作业环境等发生变更前辨识是否产生新风险，并针对风险制定控制措施消除或削减风险。

2. 现场安全管理以包代管

应对措施：

(1) 加强现场管理人员的守法教育。通过对《中华人民共和国建筑法》《中华人民共和国安全生产法》等法律法规的教育培训，加强现场人员的守法意识，使其充分了解发包单位与分包单位均承担连带责任，破除分包单位出现事故与发包单位无关的思想。

(2) 从制度上给予强化。制定分包管理办法，规定现场实施分包安全环保管理的工作内容、工作要求、工作见证等。加强对分包商安全管理的专项检查，查制度、查记录、查实施、查效果，督促现场人员重视对分包商的安全管理工作。

(3) 对分包商的安全管理工作给予充分支持。从人员配备、个体防护、现场安全防护设施等方面给予充分保障。

(4) 提高安全管理人员的能力素质。对分包管理人员及作业人员的培训、交底、考试等进行管理，确保其满足现场安全要求。

3. 安全应急演练应付了事、未达到演练效果

应对措施：

(1) 加强培训教育。提高相关人员对应急演练意义的了解，熟悉演练过程，提高人员应急能力。

(2) 编制应急预案。针对现场实际情况编制预案，其内容可

包括组织机构、职责分工、资源准备、演练背景、演练过程、演练应急处置等内容，增强其内容的充分性和可行性。

（3）编制演练计划，实施演练。根据现场实际情况选择合适的演练方式，按演练计划实施演练，如现场火灾演练动火审批困难或在生产装置区演练风险较大时，可采用桌面推演。

（4）应急演练后的效果评价。演练结束后，应对演练中发现的问题及时分析原因，制定改进措施，并对应急程序及时进行修订。必要时重新组织演练，确保紧急情况发生时能够紧急启动预案，减少不良影响及后果。

4. 安全设施不到位

应对措施：

（1）加强现场所有员工的本质安全教育。现场应通过各种手段组织全员广泛参与安全管理活动，通过培训、交底、激励等方法，使员工自觉参与安全设施的监督、检查、维护、使用等过程，从被动管理转变为主动参与。

（2）科学设置现场安全设施。在对安全风险进行充分识别和评价的基础上，有针对性地制定控制措施，采取消除、替代、工程控制措施、标识及管理措施，直至采取个体防护措施，必要时实施专家论证制度。

（3）提供充足的资金保障。保证安全设施费用足额投入、专款专用。

（4）加强安全设施的维修检查。要对安全设施定期进行检查维修，必要时进行加固更换，保证设施始终处于安全可靠状态。

(五) 文件管理

【指南要求】

——制定系统的现场文件管理流程，包括制定、发布、保存和更新。

——现场文件包括但不限于图纸、施工组织文件、施工工艺、操作规程等。

——持续完善操作规程等文件。根据作业实际，对相关文件进行适时修订，确保充分、有效、适宜。

【理解与实施要点】

现场应按照业主要求、投标承诺和本企业的程序文件要求等，策划适宜的文件管理流程，明确从文件的编制、批准、使用、更改、作废等各个过程进行管理，必要时制定现场的文件控制管理办法。通过对内、外部文件的识别和控制，确保现场文件使用的及时性、有效性。

1. 现场文件分类

现场文件分内部文件和外部文件。内部文件是现场自行编制的指导施工以及过程中形成的各种形式的信息和记录，如管理制度（办法）、施工组织设计、施工方案、技术交底、交工及过程资料、质量记录等；外部文件是外部进入现场的文件（包括本企业进入现场的文件），如企业管理手册、程序文件、基建文件、监理文件、设计文件、国家的法律法规和行政部门文件等。

2. 现场文件控制原则

内部文件从文件的编制、批准、标识、发放、使用、评审、更改、作废、回收、销毁等进行控制；外部文件从文件的接收、识别、筛选、审批发放范围、发放、使用、作废、回收、销毁等进行控制。所有文件的控制应执行以上控制原则的要求，具体要求可依据相应管理规定执行，详见图 5-79。

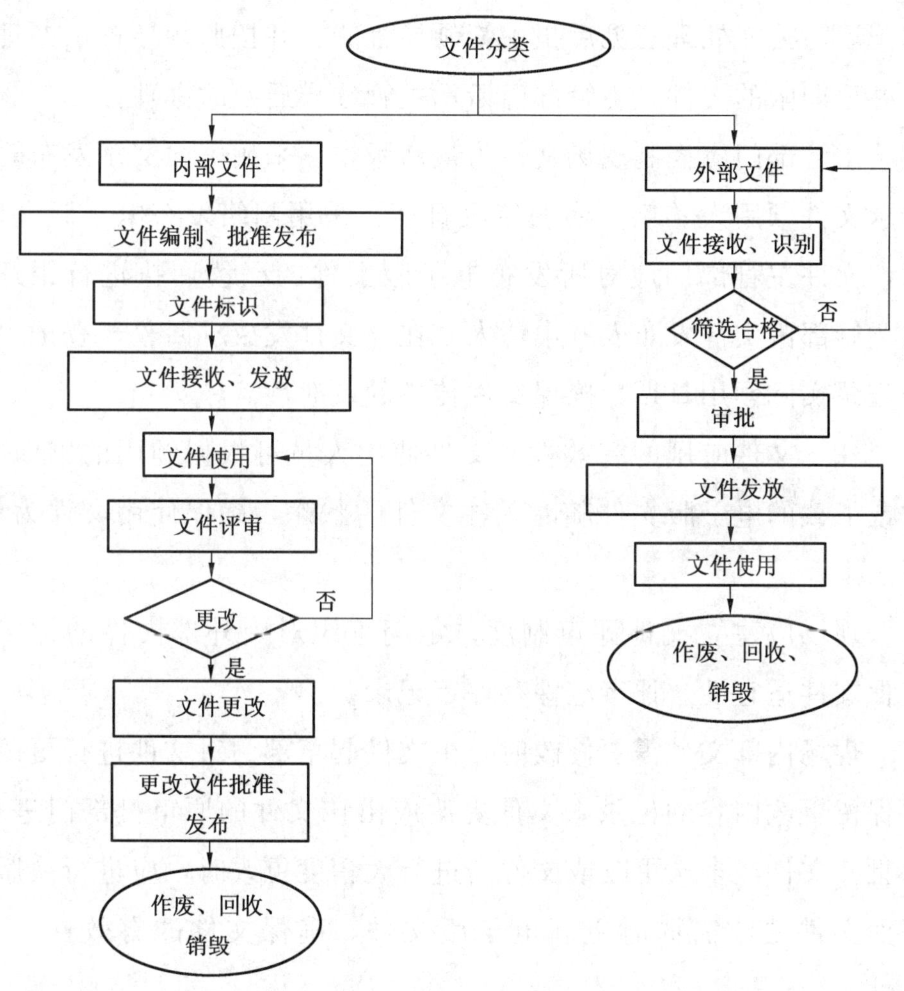

图 5-79 文件控制流程图

3. 现场文件内容

（1）文件接收传递的及时性。现场文件接收人员在收到文件（包括下载的电子版）应分层、分类建立收文台账，注明文件名称、文件编号、受控号、发文单位、文件来源等信息，确保文件处于受控状态。

所有进入现场的外来文件，应交给文件的主管部门，由主管部门填写公文处理意见后报主管领导批阅，并按照领导批示办理。有办理期限的文件，主管部门请示主管领导后及时办理。

主管部门应控制现场文件为最新版本。采用书面文字发布时，要求文件领用人签字，注明签收日期；采用网络发布电子版文件时，文件主管部门应对所发布电子版文件的已读回执进行跟踪，由主管部门文件发布人（申请人）在《文件发放（回收）登记表》中记录实际领用日期，确保文件传递的及时性。

（2）文件应用的有效性。文件使用人员可根据领用的书面文件或下载的电子版文件随时关注文件的状态，确保使用文件为最新版本。

现场应建立文件评审制度，定期组织对内外部文件的评审，确保文件适宜性。评审应保存评审记录。

现场内部文件需要修改时，由文件起草部门对文件进行更改，并保留更改内容的记录，文件更改应由该文件的原审批部门进行审批。文件经多次更改或文件需进行大幅度更改时，应进行换版。书面文件更改需同时更新电子版文件，确保文件的有效性、唯一性。

所有失效或作废文件由发放文件部门按《文件发放（回收）登记表》中原登记发放范围收回原版文件并记录，防止作废文件的非预期使用。需做资料保存的作废文件，申请留用文件的单位填写《文件（记录）销毁/留用记录》，由发放文件的部门或单位负责人批准后，加盖“作废保留”印章后方可保存。

作废文件销毁，由发放文件部门填写《文件（记录）销毁/留用记录》，由发放文件的部门负责人批准后，统一销毁。

（3）文件控制的先进性。现场要积极采用项目综合管理信息系统和OA办公软件系统等先进管理方法，做到信息共享。通过对文件控制进行动态管理，保证文件传递和使用过程的及时性、有效性。

（4）文件管理考核的严肃性。现场要制定文件管理考核细则，定期对现场文件控制情况进行监督、检查、跟踪和处置；制定文控人员岗位能力标准，严把文控人员的入职考核关，重点关注两个方面：在理论上注重项目管理知识、工程技术知识、文件管理知识、法律法规等方面考核；在技能上注重协调能力、公关能力、英语听说读写能力、信息化应用等方面考核。

【常见工具方法】

常见工具方法见表5-26。

表5-26 文件管理应用工具和方法一览表

序号	应用过程	工具和方法
1	文件的分类	统计表、有效文件清单等
2	文件的编制、批准、发布	审批申请单、项目管理软件、网络信息化平台等
3	文件的标识	版本号、受控、非受控等
4	文件的接收、发放	书面、网络等
5	文件评审 文件更改	头脑风暴、调查表、专家评审等； 文件更改申请表、文件修改通知单、换页、插页和章节更改等
6	文件的作废、回收、销毁	作废章、作废保留章、文件（记录）销毁/留用记录表等

【常见问题及应对措施】

1. 现场有效文件清单内容识别不全

应对措施：

（1）按国家文件、行业文件、地方（所在地）文件、企业（上级、本企业）文件识别顺序识别有效文件。

（2）明确责任人员并按专业识别，最终统计形成有效文件清单。

2. 电子版文件发放混乱

应对措施：

（1）依托确定的信息化平台（OA办公平台、项目管理综合信息、ERP系统等），在信息系统中明确文件管理流程及文件接收人等。

（2）按照授权有限原则进行文件发布，保证授权人能接到文件，并确定文件接收后的自动回复。

（3）建立电子版文件发放记录，形成经过审批发放范围的书面记录，通过回执统计和未反馈的电话跟踪等方式保证授权人都接到文件。

3. 文件更改及文件销毁不及时

应对措施：

（1）加强对文件管理程序及流程的培训，增强员工对文件管理重要性的认识。

（2）定期组织文件评审，及时发现文件的不适宜处，确定文件更改计划，落实修改的责任人及完成时间等。

（3）文控人员注重日常文件执行情况信息收集，为文件修订奠定基础。新文件发放时，把作废文件及时收回销毁。

（4）制定文件考核细则，加强对文件管理的日常检查和考核，发现问题及时纠正。

（六）施工作业人员管理

【指南要求】

——项目按照劳动力配置计划选择满足能力要求的现场作业人员，特殊岗位、特种作业人员需要持证上岗。

——现场作业人员上岗前应经过系统的培训（包括技术、质量、安全方面的内容）、实践、考核三个阶段，合格后方可上岗。

——在适当情况下，鼓励具备一定素质、技能的施工作业人员积极参加QC小组、技术革新等活动。

——根据施工作业人员的特点，建立现场的人员管理方法，明确早会、班会等会议的流程和主要内容。有条件的项目，积极开展班组建设活动，促进施工人员技能的不断提升。

——结合项目部自身特点，开展各类业余文化活动，增强施工作业人员的凝聚力，保持施工队伍的稳定性。

【理解与实施要点】

1. 编制合理的劳动力配置计划

现场劳动力配置计划是施工现场生产计划的重要组成部分，主要根据现场施工计划编制，明确了计划期内现场各个工种的需求人数。劳动力配置计划可按现场实际需求划分为总体计划、季度计划、月份计划、周计划以及专项劳动力计划等（见表5-27）。

表 5-27　劳动力配置计划表

开竣工日期：2011 年 8 月 31 日～2012 年 8 月 30 日，工期 365 日历天

序号	工种	2011 年												2012 年																							
		9 月			10 月			11 月			12 月			1 月			2 月			3 月			4 月			5 月			6 月			7 月			8 月		
1	钢筋工			5	5	5	5	5	5	5	5	5	5	2	2	2	2	2	2																		
2	模板工			5	5	5	5	5	5	5	5	5	5	2	2	2	2	2	2	2	2	2	2	2	2	2	2	2	2	2	2	2	2	2			
3	砼工					5	5	5	5	5	5	5	5	5	5	5	5	5	5	5	5	5	5	5	5	5	5	5	5	5	5	5	5	5			
4	瓦工					10	10	10	10	10	10	10	10	10	10	10	10	10	10	10	10	10	10	10	10	10	10	10	10	10	10	10	10	10			
5	架子工					5	5	5	5	5	5	5	5	5																							
6	管道工					10	10	10	10	10	10	10	10																								
7	搅拌桩机工			15	15	15	15	15	15																												
8	电工	2	2	2	2	2	2	2	2	2	2	2	2	2	2	2	2	2	2	2	2	2	2	2	2	2	2	2	2	2	2	2	2	2	2	2	2
9	电焊工	1	1	2	2	2	2	2	2	2	2	2	2	1	1	1	1	1	1	1	1	1	1	1	1	1	1	1	1	1	1	1	1	1			
10	机修工	2	2	2	2	2	2	2	2	2	2	2	2	2	2	2	2	2	2	2	2	2	2	2	2	2	2	2	2	2	2	2	2	2	2	2	2
11	机械操作工	5	5	10	10	12	12	12	12	12	12	12	10	10	10	10	10	10	10	10	10	10	10	10	10	10	10	10	10	10	10	5	5	2	1	1	1
12	沥青工																													10							
13	普工	10	10	10	20	30	30	30	30	30	30	30	30	30	30	30	30	30	30	30	30	30	30	30	30	30	30	30	30	30	30	30	30	30	20	20	10
14	合计	20	20	51	61	103	103	103	103	88	88	88	86	69	64	64	64	64	64	62	62	62	62	62	62	62	62	62	62	62	72	57	57	54	25	25	15

（1）编制依据。劳动力配置计划编制时，可将工程的施工特点、现场自然情况、施工进度计划的各工序时间、各阶段施工工程量等作为主要编制依据。

（2）考虑因素。劳动力配置计划要充分考虑劳动力的工效水平（可依据行业或地方的劳动定额、企业自身员工劳动生产率或企业劳动定额、以往类似工程工效统计等数据进行计算）、劳动力素质能力（可根据现场的施工安全质量要求和工程特点进行选用）；劳动力组织形式（可根据工程特点，选择精干、高效的劳动力组织形式，如作业队、班组等）以及特种作业、特种设备作业及特殊岗位人员的人力安排等因素。

（3）动态调整计划。现场劳动力配置计划应根据现场实际执行情况、进度计划及现场其他相关计划（如设计计划、材料计划、设备计划）的调整及时进行修改，并传达到相关单位及人员。

2. 现场特殊岗位、特种作业人员管理

现场应按照劳动力配置计划选择现场作业人员，并根据企业人员能力评价标准对其进行评价，满足能力要求的人员方能上岗，尤其要关注特殊岗位、特种作业人员及特种设备作业人员。

特殊岗位一般是指从事井下、高空、高温、特别繁重体力劳动和其他有害身体健康的工作岗位，具体的特殊岗位可由当地或行业自行规定。

特种作业人员是指容易发生事故，对操作者本人、他人的安全健康及设备、设施的安全可能造成重大危害的作业人员（如焊工、电工、架子工等），此类人员必须持有国家安全生产监督管理部门颁发的特种作业操作证（见图 5-80）方可上岗工作。

特种设备作业人员是指锅炉、压力容器、电梯、起重机械、客运索道、大型游乐设施、场（厂）内专用机动车辆的作业人员及其相关管理人员称为特种设备作业人员。建筑业现场涉及到起重机械、场（厂）内专用机动车辆的作业人员及其相关管理人员，需取得国家质量监督检查部门颁发的特种设备作业人员证（见图5-81），方可上岗工作。

图 5-80　特种作业人员操作证

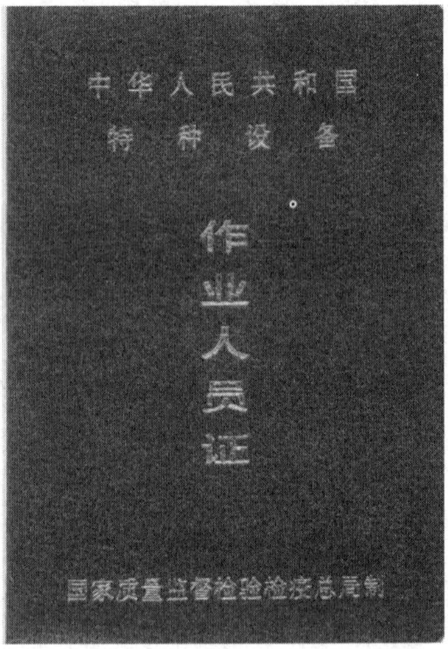

图 5-81　特种设备作业人员证

（1）实行特殊工种备案制度。现场特种作业或特种设备作业人员必须持证上岗，建立人员档案，并实行动态管理。

（2）严格岗位作业标准。依据《中华人民共和国特种设备安全法》等相关法律法规，细化完善特种作业或特种设备作业的安全技术操作规程及特种设备操作、维护保养规程，并严格执行。

（3）强化培训教育。现场应对特种作业及特种设备作业人员进行必要的岗位培训，使作业人员能及时掌握有关的新知识、新技术和新方法。

（4）分包人员管理。现场分包方的特种作业及特种设备作业人员也应纳入现场特种作业人员管理之中，关注人员的资质审查，做到人证合一，确保证件有效性及合规性，必要时在入场前对相关人员进行能力确认工作（如笔试、实操等）。

3. 现场作业人员的培训

员工在进入现场前需要经过系统的培训，培训管理包括培训计划的制定、实施以及培训效果验证三个方面。

（1）计划制定。现场应分层次地开展培训需求调研工作，采取如调查表、头脑风暴、工具箱会议、班组会议等方法收集培训需求信息，并汇总分析，结合现场的施工特点、人员变化、绩效水平、以往员工培训效果分析等制定培训计划。培训计划应当涵盖培训目的、培训对象、培训内容、培训形式（如讲授、讨论、实训等）、培训时间（时长）等内容。

（2）培训实施。现场培训应按照培训计划组织师资，做好与培训相关的各项保障工作，按照计划要求开展培训。现场培训可包括操作理论基础、实际操作技能、施工质量要求、现场安全风险预防等方面的培训。培训可采用灵活多样的方式实施，如集中授课、导师带徒、建立仿真实训基地等，使员工能够在短期内迅速适应岗位需求，进入现场施工。

（3）效果评价。现场培训效果可从受训员工反应、学习评估、行为评估三个层次进行综合评价。受训员工反应指受训员工对培训的满意程度，现场可通过员工课堂反应、培训满意度调查表、课后访谈等方式，了解员工对培训老师、培训教材、培训方法等方面的评价；学习评估，指员工参与培训后，在技能、知识方面的收获，现场可通过笔试或实操的方式进行评估；行为评估，指员工参与培训后所学到的知识技能的转化程度，现场可通过对员工培训后的日常工作考核进行评估。通过三个层次的综合评估，现场可以了解是否满足员工培训需求，培训内容是否适宜，从而发现培训过程中的不足，为下一阶段的组织培训提供依据。

4. **积极开展QC小组活动和技术革新活动**

QC小组活动是以解决现场问题为主旨，运用质量管理知识，开展质量改进活动；技术革新是指在生产技术上的改进，如工艺规程、机器部件等方面的改进。QC小组和技术革新都是以激发员工的积极性和创造性，改进工作质量，节约现场资源，提高生产效益为宗旨。现场开展QC小组及技术革新活动需要注重以下关键点。

（1）广泛发动，调动员工参与热情。现场应积极运用宣传栏、展板、条幅、培训等方法开展宣传发动，使员工明确活动对现场管理的促进作用；鼓励员工广泛寻找改进课题，提高现场人员参与意识；强化创新课题研究，增加活动的挑战性，激发员工探索兴趣，增强现场人员的参与积极性。

（2）完善制度，形成长效机制。现场应建立管理制度，明确现场开展活动的目的、范围、职责、活动程序、方式方法、效果验证、激励手段（包括荣誉鼓励、物质奖励、组织激励、支持和关怀激励等）等内容，通过制度约束，保障活动持续开展。

（3）加强过程管理，注重实效。强化过程管理可通过内外部结合的全方位管理得以实现，外部通过在企业注册，接受主管部门对小组注册登记、课题的选择、活动开展等方面进行监督和指导；内部管理则要求所有成员参与小组的自我管理，通过骨干引导、专业培训、员工激励等手段保证活动能够按计划组织实施、按程序开展。

（4）营造氛围，推动成果形成。积极进行交流活动，采用优秀成果点评、参与外部交流会等形式开展交流活动，为现场员工创造学习机会，提升活动经验，发现自身不足，为后续活动持续开展打好基础。

5. 强化班组建设

班组是企业基层组织细胞，强化班组人员管理与培训，开展班组活动，完善班组建设并形成长效机制最为关键。

（1）建立班组制度。根据施工人员专业、素质、组成等不同特点建立现场人员管理制度，如班组建设管理规定、考核管理办法、班组建设条例等，特别要落实任务分配、安全生产考核、质量工资等管理制度，确保管理有章可循、有法可依。

（2）完善沟通机制。现场应确立诸如早会（见图 5-82）、班会（见图 5-83）等沟通方式，对上一日或上一阶段工作情况进行总结，对员工的着装、安全防护用品佩戴进行检查，对当日或下一阶段的工作进行分配，交代安全、技术要领（如主要 HSE 风险及控制措施、关键工序质量控制措施等），开展安全经验分享等。

图 5-82 早会

图 5-83 班会

（3）开展班组创优活动。推进优秀班组建设，开展如“质量信得过”班组、“五型”班组等活动，提倡班组革新和改进活动，促进班组建设经验总结和交流。

6. 促进现场的和谐管理

现场可组织各种文体娱乐活动，并适当给予物质奖励，鼓励现场开展健康的娱乐活动，如篮球赛、乒乓球比赛等，活跃职工业余生活，提高团队的凝聚力。现场重点关注农民工群体，建立农民工保障制度。监督分包商的农民工工资发放状况，确保不拖欠农民工工资；同时通过诸如举办农民工业余学校（见图 5-84）、节前走访慰问等方式提升农民工归属感。

图 5-84　农民工业余学校

【常见工具方法】

头脑风暴、QC 小组活动、工具箱会议、实名制管理、导师带徒等。

【案例 1】现场积极开展 QC 活动

某公司 S 自动电焊班共有成员 16 人，班组推行创新型班组建设活动，针对在某项目中承担的不锈钢塔焊接工作，成立了以攻克不锈钢自动焊接新工艺开发为课题的 QC 小组。由于现场任务紧，组长为了能够尽快形成成果，只挑选了 6 个技术骨干人员参与活动，小组严格按照要求进行组织、登记、开展活动。通过几个月的活动，该小组成员收集了大量的数据进行比对，找出焊接中影响效率的关键问题，并找出适合的方法进行解决，最终形成了中厚板不锈钢自动焊接新工艺的成果。新工艺简化了大量工序，可比传统手工焊直接节约焊接材料60%左右，提高焊接效率近10倍。单台设备的纵环焊缝比以前节约焊接材料费用14000元，节约人工费4200元，减少焊缝返修费用1320元，机械费5000元，单台设备总计节约成本约24520元。采用新工艺焊接的不锈钢塔，从外观质量、射线探伤合格率和施工进度均超过业主预期水平，得到了业主的良好评价。该公司对不锈钢压力容器全自动化焊接新工艺成果进行巩固并在多个项目进行推广，均取得了不错的效果，圆满完成了现场任务。

【案例分析】

亮点：班组能够以施工中问题为切入点，开展QC活动，成立了攻克不锈钢自动焊接新工艺QC小组，并将改进成果固化成中厚板不锈钢自动焊接新工艺，提高了焊接合格率，降低了施工成本，缩短了施工周期。

改进：班组活动的开展缺乏广泛性，只有骨干人员进行了创新活动，半数以上的组员未能参与其中，不能发挥所有班组成员的有效作用。应在工作中注重激励所有组员的参与意识。

【案例2】开展“特岗、特色、特区”培训

某公司A项目为解决新入场员工实际操作技能不强、不能迅速进入工作角色的问题，利用现场有限条件建立仿真实训区，开展有针对性的“特岗、特色、特区”培训。特岗主要指特殊岗位，以解决现场技术操作难题为特色，以仿真培训区为特区。

现场仿真培训区设有三个培训区域：钳工设备找正区（见图5-85）、管件样品展示区（见图5-86），以及利用现场闲置不用的厂房建立的拥有三个机位的焊接培训车间。在现场开展的仿真实训提高了员工特别是新员工对现场的认识，提高了实际操作技能。

图 5-85　员工进行设备找正培训考核

图 5-86　管件样品展示区

【案例分析】

亮点：通过建立仿真培训区，使员工能够直观地体会到现场场景，降低了员工对现场的陌生感。同时通过样品展示，为员工提供了标准化的施工范本。

改进：受现场条件限制，仿真培训区涵盖的专业较少，只能满足一些小型化的培训需求，对于一些现场的主要工种（如起重、铆工等）还无法进行实训。

【常见问题及应对措施】

1. 现场特种作业人员管理不到位

存在人员与证件不匹配，能力与证件不符合等情况。

应对措施：

（1）严控特种作业及特种设备作业人员入场，同时建立人员档案，进行动态管理。

（2）通过现场操作考核、专业知识考试等方式对入场前的特种作业及特种设备作业人员进行能力评定，达不到要求的杜绝入场。

（3）建立特种作业及特种设备作业人员信用档案，对出现伪造证件等劣迹的人员杜绝再次入场。

2. 现场培训针对性差，培训效果不理想

应对措施：

（1）以培训需求为导向。收集现场人员绩效指标，将现场实际绩效水平与培训预期绩效水平进行综合对比，找出二者之间的差距，并结合员工的培训意愿，确定培训需求。

（2）关注培训计划性。根据现场实际培训需求制定培训计划，尽可能避免偶发性培训的发生。培训计划应根据现场实际情况的变化进行动态调整。

（3）强化培训考核制度。加强培训实施阶段的监督考核工作，实时监督反馈受训者的学习信息，发现问题立即采取措施进行纠正，同时结合答卷、访谈等方式对受训者的培训效果进行综合评价。

（4）突出特色培训。针对现场作业人员及其所从事工作的特点，综合考虑学员基础、技能水平的高低等个体差异，推进导师带徒、仿真实训等特色化培训。

3. 现场作业人员综合素质及工作技能有待提高

应对措施：

（1）以企业文化为先导，营造良好工作环境和学习氛围。以企业的规章制度、管理理念、企业精神等引导现场人员的行为倾

向，营造共同进步的团队理念，创造良好的工作环境和学习氛围，为员工工作、生活、学习提供稳定的基础平台。

（2）以制度为保障，规范现场员工的行为。现场应当建立各种管理制度，如休假制度、早会及班会制度、奖惩制度等，将员工在现场要遵守的工作规程和行为准则文件化、规范化、标准化，为现场形成统一的行为体系提供理论依据。

（3）以班组培训为基础，增强培训的针对性。以班组为单位，建立技能传授平台，开展具有针对性的培训，采用课堂授课及现场培训相结合的方式，使专业、理论、实践、现场一体化，把工作和学习融为一体，不断提升现场人员技能。

（4）以 QC、劳动竞赛等活动为契机，综合提高员工的实际工作能力。充分利用 QC 小组、技术革新、劳动竞赛等活动，将学习与实践紧密结合，强化参与者的学以致用能力和主动学习能力，使现场参与者在专业技能、管理技术、统计工具、数理分析、微机操作、写作能力、口才表达、组织协调等方面的能力得到提高。

（5）以“职业生涯规划”为激励，强化现场人员学习提升的主动性。为现场员工制定职业生涯规划，同时配合多种形式的评先创优激励，营造现场的争先创优气氛，增强员工的主动学习意识，使员工在素质及技能上得到逐步提升。

（七）技术管理

【指南要求】

——编制施工组织设计和施工方案时，能够积极推广应用新技术和新方法，优化和深化施工方案，实现节能减排和低成本施工。

——规范技术交底管理流程。采用清晰、简明的方式（如：图文并茂的交底文件、三维软件等）进行交底，便于施工人员掌握关键技术要领。适当时，需要对技术交底的有效性进行评估。

——积极开展科技开发和工法立项管理，结合项目特点，组织并有效实施。

——技术资料积累与工程同步，运用信息化手段，提高技术管理的效率。

【理解与实施要点】

现场技术管理就是要充分运用管理职能与科学方法，保证整个生产过程符合技术规范和技术标准，以达到高质量地完成施工任务的目的；在保证工程质量的前提下，努力降低工程成本，提高经济效益和提升市场竞争力。

1. 施工组织设计

施工组织设计是以施工项目为对象编制的，用以指导施工技术、经济和管理的综合性文件。编制施工组织设计，应对关键施工程序、施工顺序、现场布置等内容进行深化或优化；资源配置要科学合理；积极开发使用新技术和新工艺，推广应用新材料和新设备；采取各种技术和管理措施推广建筑节能和绿色施工，实现“四节一环保”。

2. 施工方案

施工方案是针对工程项目中的重点部位、关键工序等策划形成一整套施工方法、工艺流程、技术措施、质量要求等施工文件。

编制施工方案的重点应考虑优化方案、深化方案、方案可执行性等方面。

（1）优化方案。施工方案的优化主要体现两个方面的优化，即对方案进度、质量、安全和成本指标的优化，施工方案中施工程序和方法的优化。方案优化的主要目的是缩短工期、提升质量、降低费用、保障安全。

方案优化一般包括分析工程施工特点、确定主要的评价指标、提出备选方案、分析施工约束条件、方案决策优选、对最优方案进行细部优化等一系列过程。对于施工分项工程，一般需要从经济性、安全性、便捷性及保护环境等方面确定评价指标。方案决策优选的方法包括：定性分析法、功能评价系数法、施工方法综合评价法、运筹学优选法、模糊数学优选法等。

（2）深化方案。施工方案的编制应对重要的安全、质量、节能减排、新技术应用、成本控制等内容进行深化设计，如对每个关键步骤进行严格的计算及校核、对关键步骤或影响施工的节点等内容进行深化设计、对实施要素逐项分析并采取控制措施。

（3）方案的可执行性。施工方案中要明确分部分项工程或专项工程施工方法，并进行必要的技术核算，对主要分项工程（工序）明确施工工艺要求；对易发生质量通病、易出现安全问题、施工难度大、技术含量高的分项工程（工序）等应做出重点说明；对开发和使用的新技术、新工艺以及采用的新材料、新设备应通过必要的试验或论证并制定计划；对季节性施工应提出具体要求。

3. 施工技术交底

技术交底是以分部分项工程或专项工程为主要对象编制的文件。技术交底一般分为专项方案交底、分部分项工程交底、质量

（安全）技术交底、作业交底等，具体采用的形式为书面交底、现场交底、会议交底、样板交底等。

技术交底管理流程，一般包括编制、审批、发放、实施交底、签字确认、施工、效果评价、补充交底（效果不好）等步骤。

交底的表达方式应通俗易懂，交底的形式应贴近现场，应与现场的具体操作环境相融合，可采用图片、录像、图板、模拟视频、实际样板等直观形式进行。

必要时，要对技术交底有效性进行评估，如施工前的技能考试、监督现场实际施工程序及达到的质量标准等，如果不符合要求，需要补充交底或调整交底方式以保证交底有效。

4. 科技开发

科技开发是针对企业中长期发展需要及生产和经营管理的薄弱环节与技术难点等开展的科技攻关、技术创新工作。科技开发要坚持整体效益最优、技术先进、质量优良、健康、安全与环保领先的原则。现场要根据课题特点，制定科技开发计划，做好可行性研究，编制开题报告。现场要按照科技开发计划，配置人力、物力、资金等方面开展工作。科技项目完成后，要按有关规定组织鉴定或验收工作。对于具有市场前景或者在某领域处于领先（国内、国外）并适于申报专利的技术，可根据专利技术申请优先的原则按要求提交专利申请文件。

5. 工法立项

工法是以工程为对象、以工艺为核心，运用系统工程的原理，把先进技术和科学管理结合起来，经过工程实践形成的综合配套技术的应用方法。工法应具有先进性、实用性和规范性。现场应将采用的企业专有技术、行业中领先的技术作为编制重点，在现场策划阶段给予明确；现场应广泛应用“四新”技术，在应用中总结经验规律，作为编制工法的依据；现场应指定责任人或小组，明确责任，建立激励机制，必要时进行工法编制培训，推进工法形成。

6. **交工技术资料**

现场应按照相关标准及甲方等要求，实行交工技术资料管理，重点关注交工资料的同步性问题。现场要健全技术管理体系，保证相关人员职责清晰、责任落实到位；要建立定期检查制度和相应的奖惩办法，督促相应人员及时完成资料；技术资料与工序质量验收同步进行控制，工序验收前要提供相应的存查资料、过程控制资料和交工技术资料，并与现场作业人员的工资紧密联系起来，确保交工技术资料的同步性。

7. **信息技术**

现场应积极应用信息技术，提升技术管理的效率，如形成可共享的技术管理数据库、建立信息化的技术文件审批程序、形成质量数据收集信息系统、应用交工技术文件软件、工程计算软件等。

【常见工具方法】

并行工程、计算机模拟、Project、流程图、关键工序、专项方案、进度计划、BIM 技术、PDPC、分类管理、功能评价系数法、施工方法综合评价法、优选法。下面重点介绍 BIM 技术。

建筑信息模型（Building Information Modeling，BIM）是以建筑工程项目的各项相关信息数据作为模型的基础，进行建筑模型的建立，通过数字信息仿真模拟建筑物所具有的真实信息。它具有可视化、协调性、模拟性、优化性和可出图性五大特点。

BIM 技术是一种应用于工程设计建造管理的数据化工具，通过参数模型整合各种项目的相关信息，在项目策划、运行和维护的全生命周期过程中进行共享和传递，使工程技术人员对各种建筑信息作出正确理解，为设计团队及建筑运营单位提供协同工作的基础，在提高生产效率、节约成本和缩短工期方面发挥重要作用。

BIM 技术应用效果主要体现在：可形成三维渲染动画，给人以真实感和直接的视觉冲击；可建立 5D 关联数据库，准确快速计算工程量，提升施工预算的精度与效率；可快速准确地获得工程基础数据，为施工企业制定精确人材计划提供有效支撑；可快速获取工程基础信息，为经营人员进行多算对比，实现对项目成本风险的有效管控；可形成虚拟施工，随时随地直观快速地将施工计划与实际进展进行对比；可进行碰撞检查、优化净空、优化管线排布方案；可进行数据计量，为工程数据后台提供巨大支撑（见图 5-87）。

图 5-87 某工程 BIM 效果图（局部）

【案例 1】优化设备吊装方案

某现场需要吊装反应器，该反应器吊装重量达到 902t，为当地单台设备起重量之最，为了控制成本、保证安全，现场对设备吊装方案进行了优化。

首先安排技术人员广泛收集现场自然情况、设计提供条件、可能使用的方法、所需各种设备及材料等资料。通过资料分析及借鉴以往施工经验，现场认为双机抬送法、单机尾排滑移法、顶升主吊单机溜尾法、单机侧位搬转法四种吊装方法比较适合该反应器的吊装，然后编制了相应吊装方案。

现场建立了吊装方案评价小组，采用功能评价系数法对各吊装方案的各项功能进行分析，确定各功能评价方面的权重和评价分值，制定了《优化对比评定打分标准表》(见表 5-28)。由方案评价小组对四种方法共同进行评价，形成《优化对比评价表》(见表 5-29) 和《优化对比评定打分结果汇总表》(见表 5-30)。通过上述过程，判定双机抬送法的安全风险相对较小、成本相对较低、最便捷、工期最短、对环境影响小、综合评价系数（百分数）最高，最终决定使用双机抬送法进行反应器吊装作业。

表 5-28　优化对比评定打分标准表

序号	评价方面	各项分值	评价分级	评价分值
1	实施便捷程度	15	非常复杂	1～5 分
			复杂	6～8 分
			便捷	9～12 分
			简单	13～15 分
2	工期要求	15	长	1～5 分
			较长	6～8 分
			中	9～12 分
			短	13～15 分

续表 5-28

序号	评价方面	各项分值	评价分级	评价分值
3	安全风险	30	大	1～7 分
			较大	8～15 分
			较小	16～22 分
			小	23～30 分
4	成本	25	高	1～6 分
			较高	7～13 分
			中	14～19 分
			低	20～25 分
5	环境影响	15	大	1～5 分
			较大	6～8 分
			中	9～12 分
			小	13～15 分
合计分		100		100

表 5-29 优化对比评价表

吊装方法 对比项目	双机抬送法	单机尾排滑移法	顶升主吊单机溜尾法	单机侧位搬转法
方法简介	使用两台吊车进行吊装	使用一台吊车和滑排装置进行吊装	使用液压顶升装置和一台吊车进行吊装	使用一台吊车和扳转支座进行吊装
主吊机具	LR11350	LR11350	液压顶升系统	LR11350
溜尾系统	LR1750	自制滑移尾排	LR1750	自制扳转支座
人员配置	26 人	30 人	30 人	32 人
实施过程	包含吊车调遣及现场组杆等吊车准备、措施材料准备、现场吊装等过程	包含吊车准备、滑排制作及地锚设置、措施材料准备、反应器装排、吊装等过程	包括顶升系统的采购供货及安装、反应器摆放、吊车准备、措施材料准备、吊装等过程	包括扳转支座及其基础设计施工、吊车准备、措施材料准备、反应器对应扳转支座、吊装等过程
实施便捷程度评价	便捷	复杂	非常复杂	复杂

续表 5-29

吊装方法 对比项目	双机抬送法	单机尾排滑移法	顶升主吊单机溜尾法	单机侧位搬转法
工期要求	25 天	30 天	40 天	35 天
工期评价	短	中	长	较长
安全风险	两台吊车同步风险	滑排的滑动与吊车吊装的同步控制风险	顶升系统安装风险、顶升系统控制风险、顶升系统与吊车同步风险	扳转侧向力的控制、扳转与吊装的同步控制风险
安全评价	安全风险较小	安全风险较小	安全风险大	安全风险较大
总体费用	700 万元	630 万元	850 万元	650 万元
成本评价	较高	中	高	中
环境影响	破坏站车通行位置植被	材料重复利用率较低、破坏站车通行位置植被	材料重复利用率较低、破坏站车通行位置植被	材料重复利用率较低、破坏站车通行位置植被
环境影响评价	小	中	中	中

表 5-30 优化对比评定打分结果汇总表

评价方面	评价打分情况							
	双机抬送法		单机尾排滑移法		顶升主吊单机溜尾法		单机侧位搬转法	
便捷程度	便捷	12	复杂	8	非常复杂	5	复杂	8
工期要求	短	15	中	12	长	5	较长	8
安全风险	较小	22	较小	22	大	7	较大	15
成本	较高	13	中	19	高	6	较高	13
环境影响	小	15	中	12	中	12	中	12
打分结果		77		73		35		56
评价结果	双机抬送法实施便捷、风险小、成本低、工期相对较短，对环境影响小，综合评价分数最高，确定使用双机抬送法进行反应器吊装作业							

方案评价小组对双机抬送法施工方案具体措施进行分解确认，将采用的吊耳、钢丝绳、卡具、人员布置、吊车支腿垫板、吊车地面加固等方面给予改进，减少费用投入 17 万元，并对吊车站位点进一步优化。现场最终按照双机抬送法方案进行了吊装，吊装结果满足策划的要求（见图 5-88、图 5-89）。

图 5-88 现场 902t 反应器尾吊方向照片

图 5-89 现场 902t 反应器主吊方向照片

【案例分析】

亮点：现场能够对可行的四种吊装方法采用功能评价系数法进行科学的评价分析，通过功能分析、合理设定各方面分值、综合评价等过程，最终选取综合评价系数最高的方法作为最优方案。同时能够对最优的施工方案从成本、安全等方面优化，使成本进一步降低、安全性进一步提高。

改进：表 5-28 中“评价分级”栏内容的划分比较笼统，应制定详细标准说明并优先采用量化方法，如第 2 项工期要求“长、较长、中、短”的标准等。

【案例 2】一体化钢支撑技术在盖梁模板施工中的应用

钢筋混凝土盖梁是某现场重要的施工内容（见图 5-90），该盖梁需要浇筑混凝土共 192.6m^3，总重 500t，荷载较大，现场准备采用一体化钢支撑技术保证盖梁模板支撑的安全，支撑设计是该工程的重点控制内容。现场首先采用专用软件对所有受力杆件进行受力分析计算，然后根据计算结果设计支撑的所有杆件及连接节点。此外，现场还使用软件对设计支撑模拟施加荷载，计算了变形位移（见图 5-91）。在钢支撑正式使用前又进行预压试验（见图 5-92）并建立预压观测数据统计表。通过观测，支撑实际变形符合规范要求。

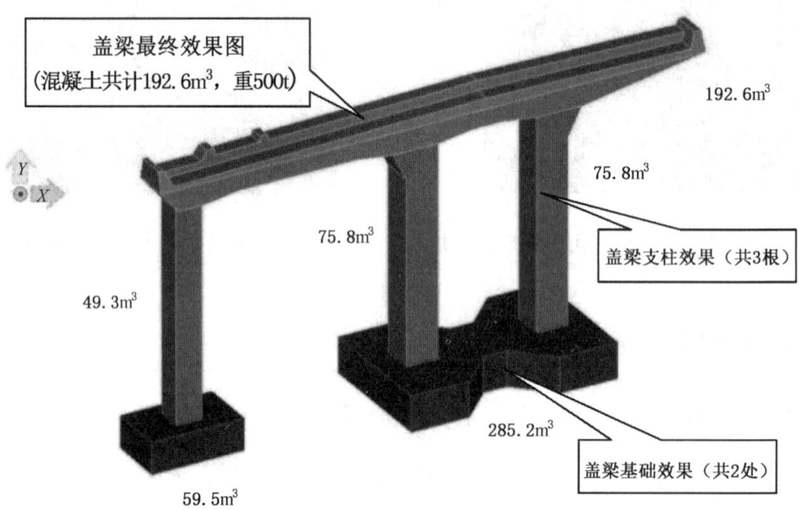

图 5-90 盖梁最终效果图

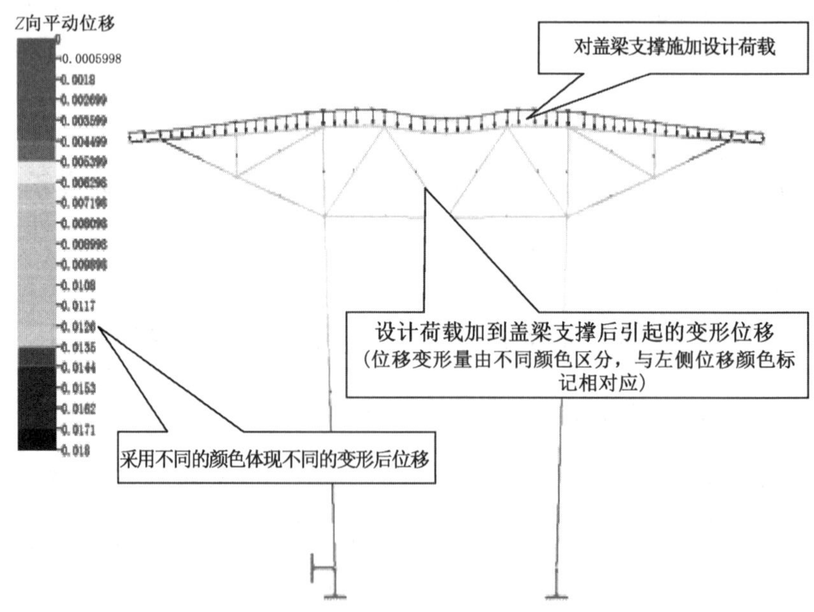

图 5-91 Z 方向（垂直方向）盖梁支撑各杆建受力变形

图 5-92　盖梁支撑静载试验

【案例分析】

亮点：该现场使用软件对盖梁一体化钢支撑进行受力分析，对支撑进行深化设计，保证盖梁设计满足其受力要求，经过实际检测和双重验证，保证了设计结果安全。

【案例 3】应用建筑信息模型（BIM）技术对工艺管线施工进行技术交底

某石油化工装置施工现场，在工艺管线技术交底中应用建筑信息模型（BIM）技术，首先对班组长进行交底，使大家比较直观地了解各管线走向、管线交叉、管件材料使用等方面内容（见图 5-93）。

图 5-93　运用 BIM 技术进行技术交底

然后由技术人员对质检人员、安全人员、作业队长、作业班组长对照设备进行配管交底（见图 5-94）。

图 5-94　现场对照设备进行配管交底

【案例分析】

亮点：使用 BIM 技术直观反映施工信息、施工效果、施工碰撞情况等诸多信息，该技术交底方法使人印象深刻，便于记忆。

改进：交底时应直接对操作者交底，避免重复传达造成的遗漏；同时通过与工人面对面地进行交底与沟通可以及时评判交底的效果，了解交底的不足。

【常见问题及应对措施】

1. 在施工图审核阶段未能及时发现设计问题

应对措施：

（1）采用施工图审查制度，运用图纸自查和多专业多人复查的办法及时发现问题。

（2）积极运用信息技术及计算机模拟技术减少人为疏漏。

（3）加强人员能力素质教育，对相关人员加强专业培训以提高发现问题的能力。

2. 方案优化使用不普遍

应对措施：

（1）要加强专业人员的教育培训工作，使其能成为满足方案优化能力要求的专业人员。

（2）广泛应用新技术，使人员在新技术与老方法的不断对比优化过程中充分掌握相关知识。

（3）在制度上给予保证，如建立项目领导方案优化参与机制，在关键施工方案编制内容中增加方案优化内容，积极建立方案优化小组对方案进行讨论，采取激励机制等。

（八）设备、施工机具管理

【指南要求】

——施工现场建立系统的设备管理程序，并建立设备台账，确保设备、施工机具的配备、验收、安装调试、使用维护等全过程管理得到控制。

——根据不同施工阶段的特点，制定合理的设备进场计划，提升设备的利用效率，降低设备使用成本。

——建立完善的设备点检流程和日常维护流程，保证施工现场具备满足要求的设备故障维修能力和备件供给能力。

——确保测量设备按时完成校准和日常维护。

——结合设备特点，制定并执行设备节能降耗改善方案。

——对发包方提供的设备明确贮存、保管、标识、搬运、防护和发放等管理要求。

——对租赁的大型设备供应商进行分级管理和招标选择。

【理解与实施要点】

1. 建立设备管理制度和流程

现场设备（指用于施工生产的机具设备）管理的基本任务是通过对现场设备实行技术和经济的综合管理，包括对设备需求计划、设备进场与退场、设备交接及验收、设备使用、检查、维护及维修、测量设备管理、节能管理、租赁管理等流程（见图 5-95）进行优化，以达到设备寿命最长、周期费用最低、设备综合效能最高的目的。

现场应依据企业的要求、现场具体情况及以往成功的管理经验，对设备管理流程及各个子流程进行设计并不断优化。针对管理流程的关键节点制定可测量的监视测量目标，如设备完好率、设备使用率、设备点检率等。现场应制定设备管理制度，包括设备点检管理规定、设备分级管理规定、设备运行维护管理规定、设备租赁管理规定等。定期对设备管理的过程进行监督检查，对发现的问题进行整改验证。现场要重视发包方设备管理，将其纳入现场设备管理之中。

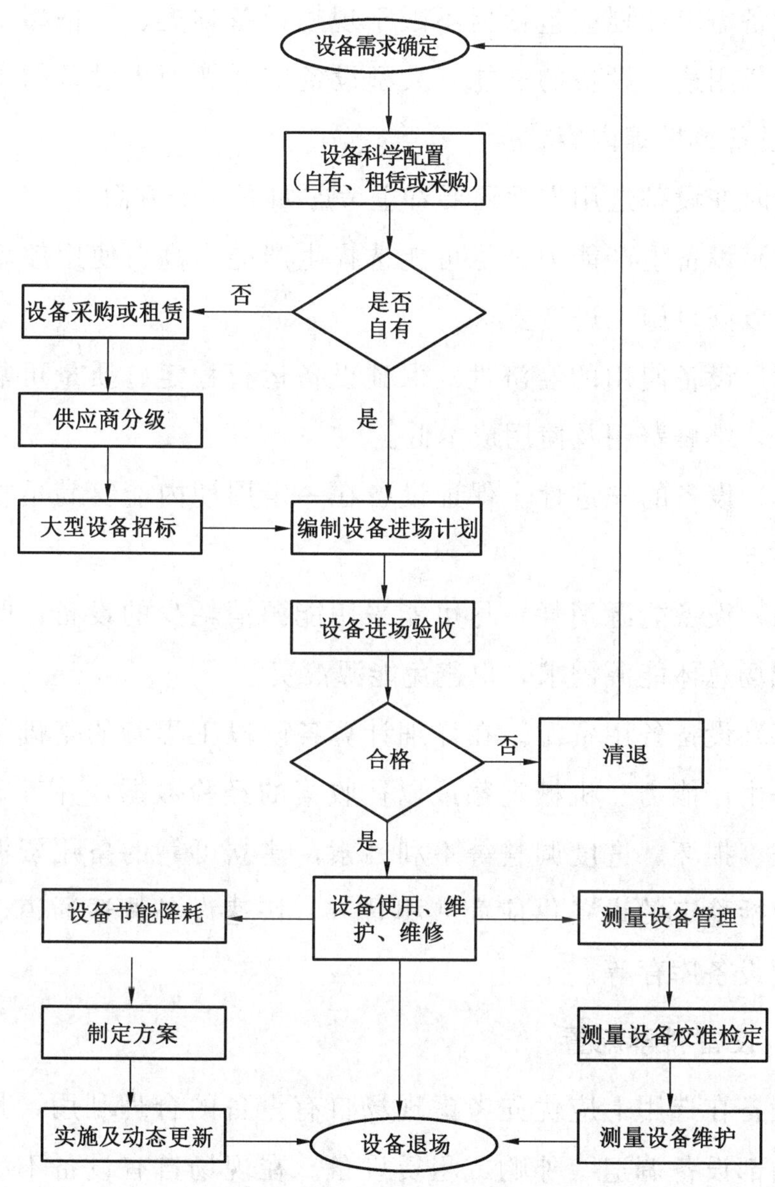

图 5-95 现场设备管理流程图

2. 制定设备需求计划

现场要依据施工内容并充分考虑施工进度、施工质量、施工安全等因素，以集约化为理念，以效益最大化、流程最简化、资源最优化为原则，组织编制现场设备需求计划。

设备需求计划应包括但不限于现场设备种类、设备型号及规格、设备用途、设备的性能（大型设备应详细列出设备的主要参数）、设备数量等内容。

同时在设备选用方面还要着重考虑如下几个方面。

（1）设备生产能力。尽可能选择生产能力高、使用效率高的设备，以满足施工进度要求。

（2）设备使用的经济性。保证设备运行稳定、质量可靠、使用安全，维修费用及使用成本低。

（3）设备的先进性。保证设备在一定周期内能够满足技术进步的要求。

（4）设备能源消耗。尽可能采用能源消耗少的设备，既可以降低现场总体能源需求，也避免能源浪费。

（5）设备备用资源。在详细计算各阶段工程量的基础上，通过设备生产能力、机械定额或以往收集的经验数据，并考虑设备的维修、损坏、进度调整等不利因素，建立可靠的备用资源，资源可包括稳定的设备供应商或租赁方、快速设备调遣通道、定量的小型设备库存等。

3. 设备科学配置

设备在选用上应优先考虑现场自有设备的合理利用，其次是企业内部设备调遣、外购或租赁设备。在现场自有设备不满足要求的情况下，对调遣、外购或租赁等方式进行综合测算对比，选用性价比较高的方式。如需外采设备，则要提出设备租赁、采购计划。现场或企业已有设备不满足使用要求或机械调遣费用过高，需要及时提出设备租赁或采购计划，以便现场或企业相关部门人员按照相应计划要求实施租赁或采购。

4. 设备进场计划编制

现场编制设备进场计划应考虑现场施工进度、施工质量、施工安全等因素，具体可根据现场或企业要求、规定执行。设备进场计划可单独编制，也可在施工组织设计等文件中体现，内容尽量简明扼要。进场计划编制要关注以下方面。

（1）与施工进度计划的合理匹配。进场计划根据施工进度计划主要控制节点进行编制；进场计划应随着进度计划的变化进行动态调整；当进场计划先行发生变化（如不可抗力事件、交通堵塞等原因）时，施工进度计划应随之进行调整。

（2）满足进场条件要求。按照设备进场时间及时进行各项准备工作，如提前办理入场手续，确定大型设备进场路线及现场安放位置，清除场地障碍物，完成设备基础验收，水、电、气、网络的敷设等配套设施施工等，保证设备进场后尽快投入使用。

（3）确保计划的有效传达。当设备进场计划依据现场具体情况进行调整时，调整后的计划应及时传达至相关方，如设备所有方、设备租赁方、设备供应商等。

5. 现场设备安装与验收

（1）进场验收。设备进入现场应及时办理各项交接工作，如向接收方提供必要的合格证、检验或检测报告、说明书等设备随机文件，依据约定交接设备配件、备品备件等。现场人员及时进行设备外观、数量检查，按照协议或合同规定由责任方组织设备卸货，及时与运输单位或供应单位办理设备交接或验收手续等。

（2）设备安装。现场应根据设备的具体情况，按照国家、地方、行业及其他单位要求进行设备的各项安装工作。对特种设备应提前向当地质量技术监督等行政主管部门进行告知；加强对安装单位、特种作业人员的资质审查工作；编制设备安装方案或交底，组织对安装人员进行交底；做好各项安全、质量保证措施的落实和检查工作，对有要求的设备安装过程组织相关人员进行旁站监督；设备安装完毕后进行自检，并填写自检记录；规定要求的其他安装工作。

（3）最终验收。设备进场后或安装调试完毕，按照相关法律法规及合同要求，由相关单位组织相应的验收工作。设备验收应包括对设备实体以及设备文件的验收，必要时可编制设备验收方案，设备验收情况和结果应进行记录，并对验收合格的设备进行有效标识。特种设备要由质量监督部门验收，签发使用证，验收合格的设备方可使用。

6. 设备的使用、维护与维修

（1）设备分类与台账。按照现场设备管理程序要求，依据设备对施工生产进度、质量、安全、成本的影响以及设备的原值大小予以综合评价，实施分类管理（如设备 ABC 三级分类管理）。收集整理相关设备原始资料，建立设备台账。必要时可建立设备档案，实行技术档案专业管理。

（2）明确设备运行责任。明确设备的使用单位和使用人员职责，严格按照操作规程进行操作和维护，禁止超负荷使用设备及不文明操作，未经过培训的员工不得单独操作设备。现场重要设备应采用“三定”管理机制（定人、定机、定岗，见图 5-96），必要时可实行机长负责制。

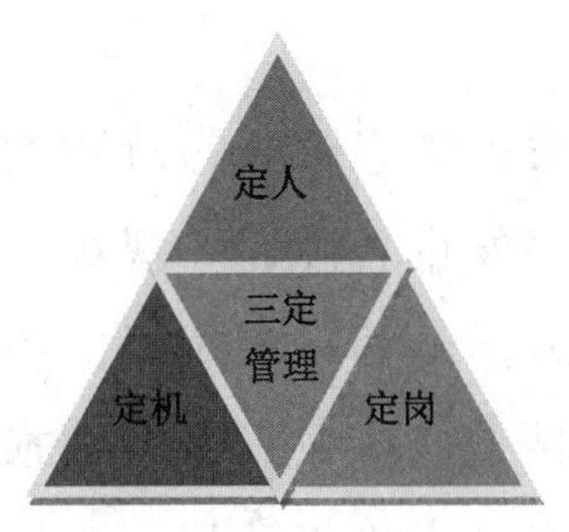

图 5-96　三定管理

（3）设备维护保养。按照分级维护保养管理制度对不同设备采取不同的维护保养措施，如实施设备三级维护保养制度（包括由设备操作者负责的一级保养暨日常维护保养；以设备操作人员为主，专业维护人员参与的二级保养；以专业维护人员为主，操作人员参与的三级保养。各阶段具体的维护保养内容可根据设备种类进行确定）（见图 5-97）。现场应在设备租赁或使用协议中对维护保养的责任和内容进行明确，避免纠纷。

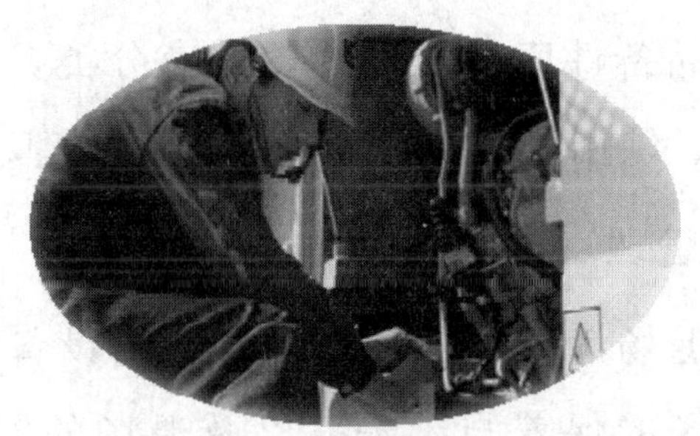

图 5-97　设备维护保养

建立设备维护保养计划。根据设备的分级情况、设备运转状况、设备老化程度、设备保养内容等形成设备维护保养计划，明确维护保养的单位或责任人。设备维护保养应严格按照操作规程进行，应对设备维护保养程序实施目视化管理。按照要求填写设备维护保养记录，并将其纳入设备技术档案，作为设备的随机资料。

（4）设备维修。设备维修可分为故障性维修、计划性检修以及预防性维修。针对突发设备障碍，现场应建立有效的快速应急机制，保证设备发生故障能够在最短时间内给予诊断、维修直至故障排除；现场计划性检修应根据设备磨损规律、故障规律以及设备检修的历史资料来制定检修计划，并依据设备检修规程进行定期检修，保障设备的正常运转；现场应根据自身设备状况及管理状况，积极推行预防性维修，通过定期对设备进行系统性检查，收集设备的故障频次、易损件更换频次、设备工作效能等关键数据，进行综合测算，预判设备出现故障的可能，进行提前维修，减少功能性故障发生，有效提高设备的完好率及使用率。

（5）备品备件管理。按照设备维护保养及检维修计划，并考虑以往设备故障发生的频次、使用情况和现场操作使用差异等编制设备维护保养备品备件计划，包括备品备件品种、规格、数量等，动态平衡备品备件库存。备品备件应分类贮存，其验收、入库、储存、发放、领用等应执行现场原材料管理程序。

7. 设备退场管理

应编制设备退场计划，退场计划应包括设备包装或装卸、设备运输、设备退场的保养与维护，以及退场的安全保卫等内容。必要时向相关单位或部门进行设备的拆除告知、编制设备拆除方案、组织设备拆除交底等一系列满足安全要求的工作。

8. 测量设备管理

根据现场需要确定测量设备需求，通过自有、采购及租赁方式满足现场测量设备使用需要。测量设备应实行分类管理原则，并由专业部门或人员执行。应严格按照企业或现场制定的测量设备采购、校准检定、建账、分发、配备、保管、维修、保养、报废等方面的管理文件执行。

（1）测量设备的校准检定。现场应根据国家或行业规范规定对测量设备进行分类或分级，建立相应的检定或校准计划，同时将分包方的测量设备纳入计划之中。对于强检设备的检定工作应按照国家计量行政管理部门的管理规定办理；对于自校设备要编制相应的自校规程，并按照规程执行，由授权人进行校准，保存自校记录。检定合格的设备要进行有效标识，并保存校准证书及检定合格证书。

（2）测量设备的维护。测量设备的储存（存放地点应清洁、干燥、无振动、无强磁场或腐蚀气体和高温等）、维护、保养及日常检查应按照测量设备管理规定进行，确保测量设备的良好使用状态。对高标准（或精密）测量设备应委托相应资质的单位或人员进行维修，必要时进行再校准，测量设备经修理校准后应重新进行检验。

9. **设备节能降耗管理**

现场应针对所使用设备的特点，制定相应的节能降耗方案，并对方案的实施效果进行跟踪验证、动态更新，从而达到提高现场工作效率，降低现场损耗和浪费的目的。现场的设备节能降耗方案，应从设备的选型至退场全生命周期进行综合考虑，从设备管理的经济性、技术性、安全性、环保节能等出发，重点关注如下几方面。

（1）优选设备。要根据使用范围和负载的大小选用相匹配的机械设备，避免大功率施工设备低负载长时间运行；国家明令淘汰的能耗高、技术含量低、环境污染大的施工机械禁止进入施工现场；施工现场应选择对环境污染小的设备，如低噪声的设备等。

(2) 合理安排施工工序。在时间和空间上优化工序间的衔接，使之有利于设备的集中使用，从而提高各机械设备的使用率和满载率，如在防止超载运行的前提下安排集中使用塔吊进行吊装，减少设备的空载或轻载运行。

(3) 强化日常维护。设备的操作人员和检查人员定期检查设备有无“水、油、气”的“跑、冒、滴、漏”现象，并及时采取措施，减少浪费现象。

(4) 确保设备长周期稳定运行。积极推行预防性维修，建立设备监测与评定机制，消除设备潜在故障，降低故障发生频次。

10. 设备租赁管理

施工现场设备租赁可进行设备供应商分级管理，并进行招标选择。

(1) 供应商分级管理。现场应按照不同设备等级对供应商采取分级管理，应对大型设备供应商的设备使用能力、设备维护能力、综合服务能力、资质能力进行综合考评；针对常用设备应重点关注供应商的设备质量、供应能力及调遣能力；对于消耗型或易损型的小型设备应建立稳固可靠的供应商资源，以确保设备的及时供应。具体供应商评价要求可参照本书的采购管理中的相关内容。

(2) 大型设备租赁招标管理。现场大型设备租赁需要进行招标，现场应组成专业招标组，并制定科学的招标方案。招标过程需要满足国家或地方相关法律法规及企业管理要求；设备招标方案应明确招标范围、招标工作机构及职责、招标方式、招标工作程序等内容；确定中标单位后，应与供应商签订租赁合同，明确租赁的范围、费用及结算方式、设备使用、设备维护和保养以及合同争议解决等方面内容。

11. 建立完备的设备评价机制

现场应建立评价细则对现场设备运行状况及管理水平进行评价改进，设备评价包括两个方面内容。

（1）设备运行状况评价。通过对设备的各项参数进行监控，及时收集数据，进行综合分析，掌握设备的运行及完好情况，为设备进行计划性、预防性维修以及合理确定备品备件提供基础资料。

（2）设备管理水平评价。通过日常检查及联合巡检等方式，定期对制度落实情况、现场设备管理及运行情况进行评价，如设备利用率目标实现情况、定机定岗制及专人专机负责制执行情况等。通过设备管理能力的监控，及时发现管理上的薄弱环节，为优化管理流程和实施有效改进奠定基础。

【常见工具方法】

设备点检制、5S 管理、目视化管理、TPM 管理、全员维护制度、三检制、定期检查制度、设备点检制度等方法。

【案例 1】设备综合效率（OEE）法在现场设备管理中应用

某现场采用 OEE 方法计算 A 电焊机的综合效率，A 电焊机 1 天的工作时间为 480min，计划停机时间为 120min，外因停机时间为 30min，设备故障停机时间为 40min，1 个工作日加工 6m 焊道，有 5m 焊道合格，每米焊道实际加工周期（时间）为 50min，理论加工周期（时间）为 40min。

计算公式如下：

设备综合效率＝时间开动率×性能开动率×合格品率

时间开动率＝实际开机时间/计划开机时间×100％

计划开机时间＝工作时间－计划停机时间

性能开动率＝速度开动率×净开动率

速度开动率＝理论加工周期/实际加工周期×100％

净开动率＝加工数量×实际加工周期/实际开机时间×100％

合格品率＝合格品数量/加工数量×100％

引入相关数据并计算得出：

设备综合效率＝时间开动率×性能开动率×合格品率

＝80.56％×77.42％×83.33％

＝51.97％

通过计算，可以分析出影响设备综合效率有以下几方面的原因。

(1) 计划停机损失。时间开动率为80.56％，可通过优化维修模式，做好日常维护，减少计划维修时间等手段提高设备利用率。

(2) 外因及故障停机损失。时间开动率为80.56％。可通过配备应急设施，加强对装置的日常维护，减少外因停机损失；做好设备维护保养，减少设备故障，考虑设备使用时间，不超时使用设备，以提高设备时间开动率。

(3) 空转及速度降低损失。性能开动率为77.42％，可减少空转停机，提高劳动效率，从而提高设备性能开动率。

(4) 废品损失。合格品率为83.33％，可加强过程质量控制，减少废品损失，提高产品合格率。

以上计算可以得出，影响设备综合效率的因素除设备自身客观的原因，还与设备操作人员的素质、工作效率、操作技能有直接的关系。操作人员正确操作，可以减少设备故障造成的停机损失；操作人员具有较高的操作技能，可以提高工作效率，提高设备的性能开动率，减少废品损失。因此，提高设备综合效率，还需要提高操作人员的操作技能。

【案例分析】

亮点：通过进行设备综合效率的计算，现场准确清楚地了解了设备效率情况，在设备使用的哪个环节有多少损失，以及现场可以进行哪些改善工作。现场可以轻松地找到影响生产效率的瓶颈，并进行改进和跟踪。

改进：可以尝试引入 IEM 设备产能系统以实现 OEE 的信息化管理，通过对重点设备的开关机、空转时间、运行、维修时间、维修请求时间等状态进行监控，同时系统自动采集并录入每个人、每台设备任何时间段的工作情况、生成实时可查询数据报表，让现场清楚地知道设备运行、人员及运行管理的薄弱环节，通过分析给出对策，并进行管理流程优化，实现管理的持续改善。

【案例 2】设备故障手册应用

A 项目正处在施工高峰期，由于施工任务重、设备负荷大，现场大型机械设备故障问题频发。某日现场大型自动焊机出现故障，现场操作人员急忙进行修理，经过 3 个多小时修理，故障未被排除。现场又聘请专业设备维修人员进行修理，后经专业人员检查找到故障原因，但现场又不具备维修条件，只能送出现场委托专业维修单位进行修理，前后共花费 30 多小时，导致现场施工进度滞后。

为解决该问题，现场积极采用设备故障分级管理的办法，将主要设备的常见故障状况进行汇总，进行分析后将故障类别分为三级（一级为设备操作人员可修复故障，二级为专业技术人员可修复故障，三级为机械设备维修单位可修复故障），编制主要设备故障处理手册（见图 5-98），将故障的表现、原因分析、解决方法清楚列出，在故障发生后，设备管理人员迅速对故障作出判断并提出解决方案，有效地缩短了维修时间。在运行一段时间后，现场的自动焊机再次出现故障，设备操作人员在参照手册后判断出设备出现的故障属三级故障，于是立即将设备送出现场维修，仅用了 5 小时就排除故障，恢复使用。同时建立稳定的备用设备调用资源，保证设备在短期无法恢复使用的情况下能够迅速调遣替代设备参与施工。

图 5-98　设备故障处理手册

【案例分析】

亮点：项目采用设备故障分级及编制设备故障手册，有效缩短了设备故障排查和处理时间，提高了设备的维修效率，同时利用可靠的备用设备资源，为现场施工提供了有力保障。

改进：现场仍将眼光放在事后维修的范围内，而没有注重故障前的维护以及预防性维修。应对设备的运行状况和运行环境及时监测，对可能发生的故障进行预判，降低设备失效可能。

【常见问题及应对措施】

1. 机械设备的保养不到位

导致现场维修、运转费用增加，设备使用寿命降低。

应对措施：

（1）提高制度的执行力。细化落实设备保养制度，加强日常的监督考核及奖惩机制，对违章及过度使用造成不良后果或造成经济损失的人员进行处罚。对于重点设备需要建立可视化的设备维护保养规程。

（2）加强培训教育。采取多种方式对设备管理制度要求的内容进行培训，提高管理及操作人员的设备管理意识，避免只重进度、不重保养现象的发生。

（3）建立监督检查机制。通过专人巡检、专项检查等方式检查现场设备维护保养情况，并将其作为现场考核目标之一。

2. 设备过度使用，带病作业

现场强调进度要求，过度使用设备，导致设备严重磨损老化、损坏甚至报废，缺乏“预防维修”意识，多为“事后维修”，导致不必要的维修费用，造成浪费。

应对措施：

（1）强化机械设备责任成本管理。责任成本的考核应将设备管理指标与人员利益紧密挂钩，充分调动维护保养设备的积极性，通过会议讲评、设备管理评价等方式总结分析设备运行状况，提高人员预防维修意识。

（2）及时收集、分析数据。专业管理人员应按制度要求，及时收集设备运行数据，对设备的故障及劣化现象早发觉、早预防、早修理，减少不必要的维修费用。

（3）合理储备备品备件。保障易磨损老化配件的及时供应，降低维修保养所占用的时间，推动定期保养维修工作的落实。

（4）提高操作规程执行力度。通过目视化管理等手段，降低员工的理解难度；同时通过定期培训，班组早会等手段增加员工对操作规程的理解和执行能力。

(5) 制定设备定期维修计划。并通过日常监督、经济考核等手段确保计划的有效实施。

3. 对现场发包方设备管理不到位，维护维修职责界定不清

应对措施：

(1) 明确发包方设备管理责任。现场施工使用发包方提供的设备，应与发包方签订相关协议，明确设备服务内容（如设备使用权限、维护维修责任、备品备件供应等）。

(2) 强化设备进场检查。设备在进入现场前，需要由发包方、施工方以及第三方监督单位（如有必要）的专业人员共同对进场设备进行验收，如验收合格则签字确认移交，如验收不合格则需与发包方协商进行清退或更换。

(3) 完善发包方设备管理。发包方设备进场后，可按现场设备管理程序实施管理，并保证其运行始终保持受控状态。如设备使用过程中发生问题（如损坏、丢失或不适用等）应及时与发包方沟通解决，并保持相关记录。

（九）5S和目视化管理

【指南要求】

——施工现场结合项目的特点，建立系统的现场5S活动推进机制，依据作业现场的特点，制定明确的现场5S管理标准。

——制定系统的现场目视化内容和标准，确保作业现场的状态和信息能够及时传递。目视化包括但不限于规章制度与工作标准公开化、施工进度与完成情况图表化、视觉显示信号标准化、作业控制手段的形象化与使用便利化、物品的码放标准化、人员分类着装与挂牌制度、色彩的标准化管理等，实现现场中的任何异常能够及时被发现并解决。

【理解与实施要点】

1. 5S 管理

"5S"是整理、整顿、清扫、清洁和素养这五个词的缩写。开展以整理、整顿、清扫、清洁和素养为内容的活动，称为"5S"活动。"5S"在改善现场形象、降低成本、提升效率、安全生产、标准化作业等方面发挥重要作用，开展"5S"管理对建筑企业有着重要的现实意义。现场推行 5S 活动应注意以下几方面。

（1）建立有效的推进机制。施工现场需要结合实际制定实施方案和实施计划，设定"5S"工作目标，并层层分解，落实到具体责任人。同时要给予人力、物力、资金等方面的支持。

（2）营造良好的活动氛围。通过强化员工教育培训、张贴海报、制作宣传栏、召开专题会议等方式，加大 5S 宣传力度，使 5S 管理的理念深入人心，使员工自觉执行 5S 各项管理要求，提升员工素养。

（3）实施分区域管理。将施工现场划分为若干区域，如划分为施工作业区、材料设备存放区、办公区、生活区等，针对不同区域的关注点（见表 5-31），参照 5S 各阶段标准制定相应的目标（见图 5-99），并按照标准开展 5S 活动。

表 5-31 现场各区域 5S 关注点

5S	施工作业区	材料设备区	办公区	生活区
整理	1. 是否存在多余工具； 2. 是否存在多余原材料； 3. 是否存在无关杂物； 4. 是否存在闲杂人员	1. 材料储存是否符合最低库存要求； 2. 是否存在无关的材料及设备； 3. 是否存在报废材料、设备及施工垃圾	1. 是否存在报废的杂物与垃圾； 2. 是否存在多余的电器、娱乐设施及用具； 3. 是否存在违规电器等危险源	1. 是否有废物、废品堆积； 2. 是否存在危险源
整顿	1. 材料及工机具是否摆放整齐； 2. 现场所用材料及设备是否易找易搬； 3. 施工道路是否通畅； 4. 危险源是否有警示标识； 5. 消防设施是否齐备	1. 材料是否进行分类摆放且整齐有序； 2. 材料类别是否有标识且易于辨认	1. 纸质文件是否分类标识、摆放整齐； 2. 电子文件是否分类标识、便于查找； 3. 室内办公用品是否摆放井井有条	1. 生活设施及物品是否摆放整齐、美观
清扫	1. 是否进行全面清扫，没有死角； 2. 污染源是否进行了合规处置	1. 是否对设备存在的“跑、冒、滴、漏”现象进行及时处理； 2. 工具设备出现问题是否能得到及时修理	1. 室内外地面是否整洁； 2. 办公设施是否整洁	1. 室内外地面是否整洁，墙壁是否干净； 2. 餐饮原材料及器具是否符合卫生标准
清洁	1. 施工作业面是否整洁； 2. 设备及操作位置是否整洁； 3. 安全隐患是否得到及时、有效处理； 4. 现场特殊施工部位的防风、防雨措施是否到位	1. 材料及设备是否整洁； 2. 现场材料、设备的储存条件（如温度、湿度、磁场等）是否符合规定要求	1. 办公区是否能够定期进行清扫，人员能够自觉维护办公区整洁； 2. 办公文具、文件摆放有序； 3. 是否能严格遵守各项管理规章制度	1. 生活区内的各种设施是否能够合理使用且得到有效维护； 2. 生活区各部位（如食堂、宿舍等）是否能够定期进行清扫，人员能够自觉维护办公区整洁

续表 5-31

5S	施工作业区	材料设备区	办公区	生活区
素养	1. 人员是否能正确佩戴劳动保护用品； 2. 危险作业是否有保护措施； 3. 是否存在违规作业； 4. 是否存在消极怠工现象； 5. 班会早会制度能否得到有效落实	1. 是否能够针对设备开展预防性维修； 2. 是否能够采取措施动态平衡库存	1. 员工是否能够按时出勤； 2. 员工着装是否符合要求； 3. 是否能够保证工作纪律的有效执行； 4. 员工是否能够和谐互助、具有团队意识	1. 现场员工是否能够开展有益身心的业余活动； 2. 现场员工是否能够自觉遵守作息时间

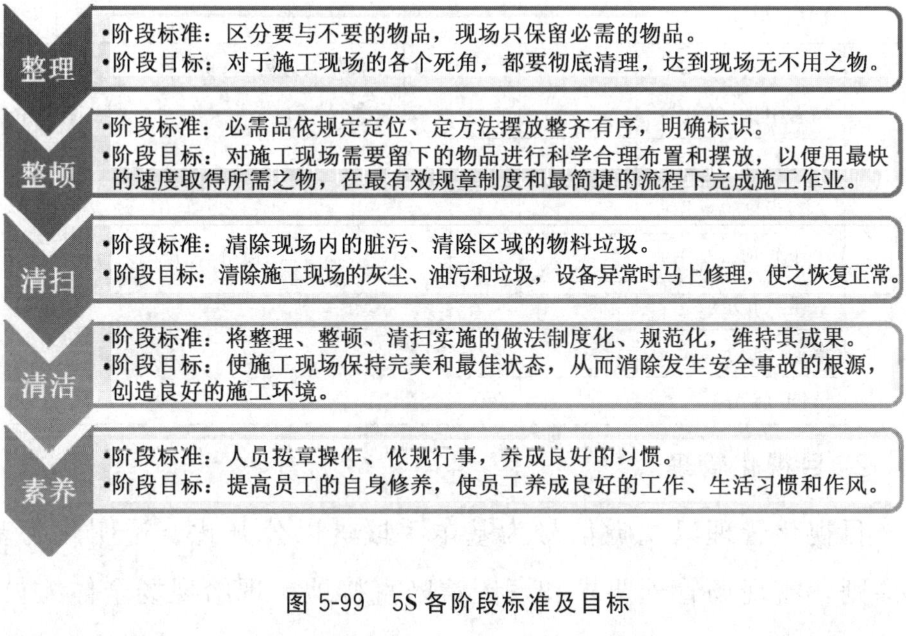

整理
•阶段标准：区分要与不要的物品，现场只保留必需的物品。
•阶段目标：对于施工现场的各个死角，都要彻底清理，达到现场无不用之物。

整顿
•阶段标准：必需品依规定定位、定方法摆放整齐有序，明确标识。
•阶段目标：对施工现场需要留下的物品进行科学合理布置和摆放，以便用最快的速度取得所需之物，在最有效规章制度和最简捷的流程下完成施工作业。

清扫
•阶段标准：清除现场内的脏污、清除区域的物料垃圾。
•阶段目标：清除施工现场的灰尘、油污和垃圾，设备异常时马上修理，使之恢复正常。

清洁
•阶段标准：将整理、整顿、清扫实施的做法制度化、规范化，维持其成果。
•阶段目标：使施工现场保持完美和最佳状态，从而消除发生安全事故的根源，创造良好的施工环境。

素养
•阶段标准：人员按章操作、依规行事，养成良好的习惯。
•阶段目标：提高员工的自身修养，使员工养成良好的工作、生活习惯和作风。

图 5-99 5S 各阶段标准及目标

（4）建立科学的检查监督机制。现场开展“5S”管理活动，可采取多种形式来监督检查实施效果，其中“阶段性检查评比”是较为常用且普遍为大家所接受的一种。开展阶段性检查评比要设定检查评价标准和检查评价内容（见表 5-32），确定检查组人员，明确检查方式，检查评比的结果要总结公示，并对不合格部分进行及时整改，也可适当采取物质或荣誉奖励以提高员工积极性。

表 5-32 5S 检查评价表

________工地　　　　　　　　　　　　年　月　日

内容		检查情况	得分	内容		检查情况	得分
办公区	施工道路（5 分）			作业区	隔离防护（5 分）		
	场地卫生（4 分）				标牌标识（4 分）		
	标牌标识（5 分）				安全防护管理（5 分）		
	五牌一图（5 分）				劳保用品佩戴（5 分）		
	物品摆放（4 分）				场地平整（5 分）		
	地面墙面（5 分）				物料堆放（4 分）		
	玻璃（4 分）				水电节能（4 分）		
生活区	用电情况（4 分）				垃圾覆盖清运（4 分）		
	宿舍卫生（5 分）			总分合计			
	制度标准（4 分）						
	燃料设施（4 分）						
	卫生管理（4 分）						
	卫生（4 分）						
	墙面（4 分）						
	节能（4 分）						

2. 目视化管理

目视化管理以视觉信号为基本手段，以公开化、透明化为基本原则，将现场管理要求和意图清晰直接地展现给现场全体人员，借以推动自主管理或自主控制。现场目视化管理表现形式包括但不限于看板、信号灯、操作流程图、反面教材及示例、提醒板、区域线或警示线、告示板、生产管理板、标准化工装等。

目视化管理可以塑造一目了然的现场，使管理者可以直观了解现场是否处于正常状态，便于及时发现问题，采取纠正和改善行动；目视化管理工具的应用，能够提高管理者的管理能力，开展预防性管理，提升现场管控水平。目视化管理包括以下方面。

（1）规章制度与工作标准公开化。施工现场与现场作业人员密切相关的重要要求等，要对全体现场作业人员进行公示；与具体作业人员直接相关的，应分别以岗位责任制、操作手册等形式直观地展示出来，并要保持完整、正确和洁净。

（2）施工任务与完成情况图表化。现场是协作劳动的场所，因此，需要共同完成的任务应进行公示。计划指标、现场任务完成情况等要随着施工进度进行实时更新，并做到层层分解，落实到现场各个作业单位、班组和个人，以统计表、甘特图、网络图、进度完成曲线等进行展示，使现场人员能够清楚了解各项任务执行中出现的问题和发展的趋势，确保安全、高效完成任务。

（3）视觉信号标准化。现场作业中，目视化管理可与定置管理整合应用，利用定置管理中消除物品混放和误置的要求，采用清晰的、标准化目视化符号，如标志线、标志牌和标识色等（见图 5-100），将各种区域（如工作区域、危险区域、休息区域等）、通道（如安全通道、逃生通道、专有车辆通道等）（见图 5-101），各种辅助工具（如料架、工具箱、工位器具、生活柜等）等进行标识，标识应运用标准颜色，且不得任意涂抹或更改。

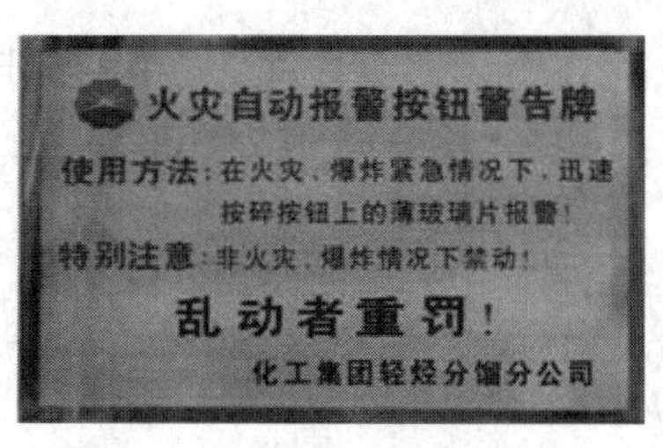

图 5-100 警告牌

图 5-101 应急疏散通道标识

（4）作业控制手段形象化与使用便利化。为了有效进行现场作业控制，使每个现场作业环节、每道工序能严格按照标准作业，要采用与现场工作状况相适应的、简便的目视化管理手段，如通过样板展示方式（见图5-102）；各施工环节和工种之间的联络，也要设立方便实用的信息目视化，以尽量减少工时损失，确保生产的连续性；现场作业控制除了进度控制外，质量和成本控制等也都要开展目视化管理，如在现场质量控制中，应使用质量控制图表，以便清楚地显示质量波动情况，及时发现异常，及时处理。

图5-102 样板展示

（5）物品码放标准化。按照目视化管理的要求，对现场的物品摆放和运输实行标准化管理。各类工位器具、施工用设备和机具、现场用施工材料，包括箱、盒、盘、物料摆放场等，均应设定合理的摆放要求和摆放标准，并按照规定的标准进行放置，方便施工、搬运和检验人员进行清点、检验及运输。

（6）现场人员分类着装与挂牌制度。现场作业人员要进行分类着装，除了起到特殊劳动保护的作用，也可使现场对不同单位、工种和职务之间进行有效、直观的区别，为组织指挥作业、开展文明施工管理等创造方便条件。

挂牌制度包括现场牌匾和个人佩戴标志。设置标准现场牌匾可以提升现场对外形象，现场牌匾包括现场的临时设施（如大门、围挡、宣传条幅、宣传栏等），还可包括企业及现场文化（战略的徽标、图案或宣传画）、内部形象等；现场人员个人佩戴标志，如胸章、胸标、臂章等。实施现场人员分类着装及挂牌制度，可区分现场人员不同工种和职务，便于单位内部或单位之间现场人员清晰简便地了解个人的工作内容和职责（见图 5-103）。

（7）色彩管理标准化。现场的目视化管理要充分考虑适宜的色彩运用，色彩会受到诸如技术因素、生理和心理因素、社会因素等制约，因此，要对现场内使用的标识色彩进行标准化管理（如红色代表警示、绿色代表安全等）。

图 5-103　标准化着装示意图

【案例 1】5S 活动在施工现场中的应用

某项目在施工现场开展 5S 活动。采用自上而下强制推行的方式，项目成立了推进领导小组，制定了计划，开展了 5S 评比活动。为增强推行效果，项目针对现场薄弱部位组织了突击检查。受检查部位的负责部门也针对检查进行了清洁。经过一段时间的推行，现场废料得到了处理，施工通道得到了疏通，材料能够分类进行摆放，现场的脏乱差现象得到了改善（见图 5-104、图 5-105）。由于多次开展突击性的大清扫活动，对正常的施工任务产生了影响，同时打扫干净的区域经过一段时间施工后又有杂物出现，现场员工认为这种重复的劳动没有必要，还耽误正常的施工，因而情绪很大。

图 5-104　施工现场整改前后对比　　图 5-105　仓储区域整改前后对比

【案例分析】

亮点： 现场能够通过建立推进机制、成立职能机构及建立监督检查机制保证 5S 管理在现场的运行效果。

改进：

（1）宣传和培训的力度有待加强。员工对 5S 管理有误区，片面认为 5S 就是搞搞清洁，开展大扫除，并没有认识到 5S 活动实施的本质。

（2）以循序渐进的方式开展活动。现场可以开展试点区，用员工身边具体的实例进行示范，以点带面，逐步开展工作。

【案例 2】目视化管理在施工现场的应用

某施工现场开展目视化活动，并且在三个方面开展工作：在安全管理方面（见图 5-106），通过设立危险警示牌、JHA 风险分析及安全技术交底公示牌、属地管理牌、票证公示板等手段将现场的危险源、危险区域、区域负责人等信息展现给现场施工人员。

同时利用样板引路（见图 5-107），要求现场人员施工以样板为指导，各施工方法均按样板要求，保证了该工序的质量标准均达到样板的要求，通过目视板对主要工序控制点进行公示（见图 5-108），使现场人员能够清晰地了解主要的质量控制点。

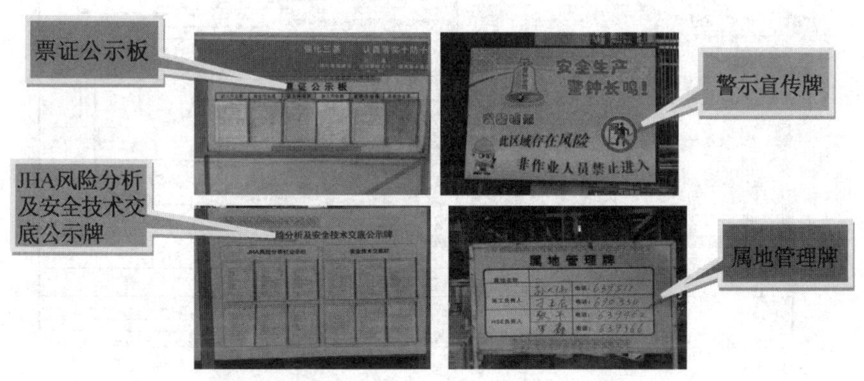

图 5-106 现场安全管理目视化应用

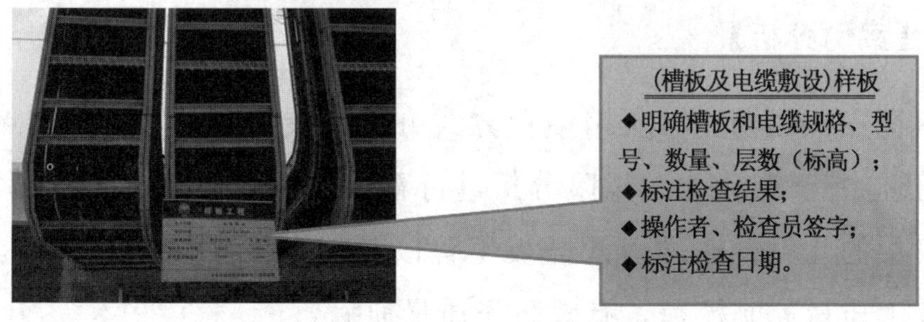

图 5-107 现场电缆敷设样板

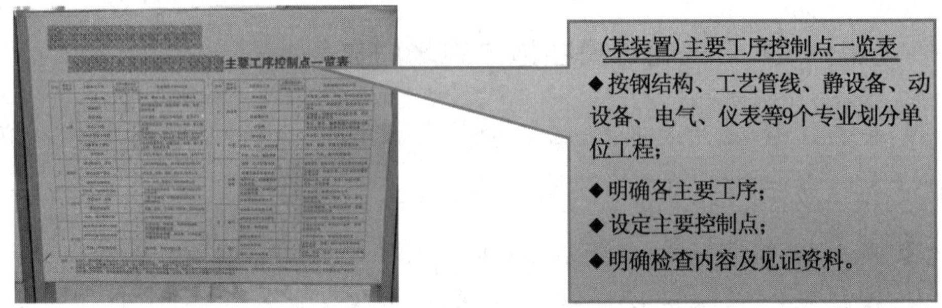

图 5-108　工程主要工序控制点看板

在进度控制方面采用网络计划图以及甘特图(见图 5-109),体现现场关键工序的衔接以及工作进度情况。

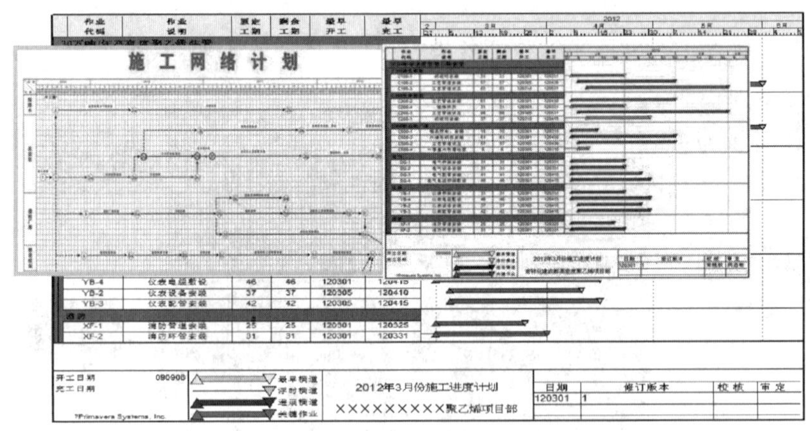

图 5-109　网络计划图及甘特图

【案例分析】

亮点: 现场能够应用多种方式方法开展目视化活动,如在安全管理中能够将 JHA 风险分析进行看板公示,降低了现场安全事故发生的几率;通过引入样板工程以及关键工序控制点公示,规范施工质量控制流程,有效防止质量通病。

改进: 现场对目视化的应用还处于相对初级的阶段,应进一步与信息化管理手段相结合,增加目视化的预警与分析功能。

【常见问题及应对措施】

1. 目视化实施流于形式

应对措施：

（1）建立目视化管理标准。现场应结合自身特点，制定标准化的目视化方案，方案应对施工区、仓储区、办公区、生活区的人员、设备、机具、进度情况、工作描述等制定规范化的目视化要求。

（2）强化对员工的目视标准的认知。通过专项培训、早会、班会提示、配发目视化手册等方式，提高员工对现场的标识、图表、色彩等目视化手段的认知程度。

（3）注重目视化应用的实效性。对现场的目视化手段要进行动态调整，及时清除过时、过期或不当的目视化标志，如对现场的安全工时统计、滚动施工计划等要根据现场实际施工情况进行调整。

（4）分阶段逐步推进目视化工作。现场目视化工作应从基础入手，首先要实行现场定置管理及标准化管理；然后对各定置区域进行管理要素目视化（名称、数量、操作方式、注意事项、安全要素等），实现管理辅助工具功能；最后对管理要素实现防错管理。通过基础管理目视化、要素目视化管理、目视化管理防差错这三个阶段达到全面推行目视化的效果。

2. 5S 活动无法形成长效机制

应对措施：

（1）突出领导作用。在推进过程中，领导层需要以身作则，积极参与“5S”实施的整个过程，要强化领导对现场的监督。

（2）开展宣传和培训。要建立随时、随地、随人的宣传培训机制，使员工随时、随地接受教育。使员工了解“5S”的含义、目的、要领及实施方法，使“5S”活动深入人心。

（3）建立监督检查机制。现场应成立“5S”检查小组，针对不同阶段进行检查指导，保证“5S”管理达到预期目标；采用精神奖励、物质奖励等手段提升员工参与活动积极性；将“5S”实施效果纳入绩效管理体系中。

（十）财务管理

【指南要求】

——为项目运行提供充足的资金保障，严格资金收入与支出及资金使用管理，有效控制资金风险。

——按照成本控制计划严格实施成本控制，有效实施标价分离、成本关键节点控制和成本风险防范措施。

——建立各分部、分项工程目标成本，针对成本控制风险制定相应的风险防范措施。

——通过工程成本分析及时调整施工组织和工艺，降低工程成本。

——建立成本激励机制，运用适宜的管理工具和方法，确保财务、成本控制有效。

【理解与实施要点】

建筑业现场财务管理的主要任务是运用管理知识、技能、方法，对企业资金的筹集、使用以及分配进行控制的活动，其重点工作是资金和成本管理。

1. 资金管理

现场资金管理应以保证收入、节约支出、防范风险、提高经济效益为目的，要严格按照国家、行业法律法规的要求，根据自身经营特点，建立管理制度，落实责任，计划合理使用资金，提高资金利用率，保证施工生产对资金的需要。

（1）依据资金预算管理制度，推行资金计划管理。根据需要，及时编制年度、月份、周资金收支计划并上报企业财务部门审批实施，每一笔收款和付款均纳入计划管理，严格按照批复的资金计划控制付款。

（2）注重资金时间价值，及时收回各种款项。项目应以合同为依据，及时进行进度签证和结算，尽快收回已完成的进度款，增加资金拥有量，控制坏账损失。重视货币时间价值，包括新开工项目按合同收取预付款、月份进度款；工期奖、质量奖、索赔款等应与进度款同时收取，工程尾款应根据发包人认可的工程结算金额及时回收。

（3）加强资金使用评价，确保项目正常运行。项目应定期对资金计划执行情况、债权债务变化、资金使用情况进行分析，对资金使用的合理性、合法性进行评价，考核和监督工程回款，监控资金使用，确保项目资金收支平衡。

2. 成本管理

现场成本管理是指在项目全过程中围绕所发生的费用和形成的实际成本所进行的一系列管理工作。在确保合同规定的工期和质量要求前提下，制定成本控制目标，通过“标价分离”，明确项目责任成本，使项目在实施过程管理时有据可依，并把责任目标分解到岗位，落实到人。

(1) 全面成本管理。随着项目施工实践和管理科学的发展，成本管理已从一般的成本核算和成本的事后分析发展成为全面成本管理，其基本特点是如下。

①项目全过程的成本管理，指对成本形成的每一个环节进行管理。

②综合性的成本管理。工程成本的高低是由现场众多综合因素决定的，如材料供应、劳动力调配、技术方案、机械设备利用、质量管理、安全施工、施工组织等。成本控制水平是现场管理水平的综合反映。因此，成本管理是综合性的管理，现场各业务部门都负有一定的经济责任。

③全员参加的成本管理。工程成本是由各业务部门、各生产岗位的职工通过所从事的各项施工活动，分散地、以不同形式逐步积累形成的。因此，项目施工的成本管理必须与每个职工的本职工作结合起来，必须是全体员工共同参与的管理。

④成本的预防性管理。成本管理不能停留在事后核算上，应以成本预测和成本控制为重点。要改变以前“干了再算”，即工程完了才知道成本的做法，形成“算了再干”的成本管理控制工作体系。

综上所述，所谓全面成本管理，就是对成本实行全过程的、综合性的、全员的和预防性的成本管理，其核心是成本控制。

(2) 成本管理的工作内容和流程。根据成本管理的概念和全面成本管理的要求，现场应建立清晰的管理流程（见图 5-110)，并明确重点管理内容。

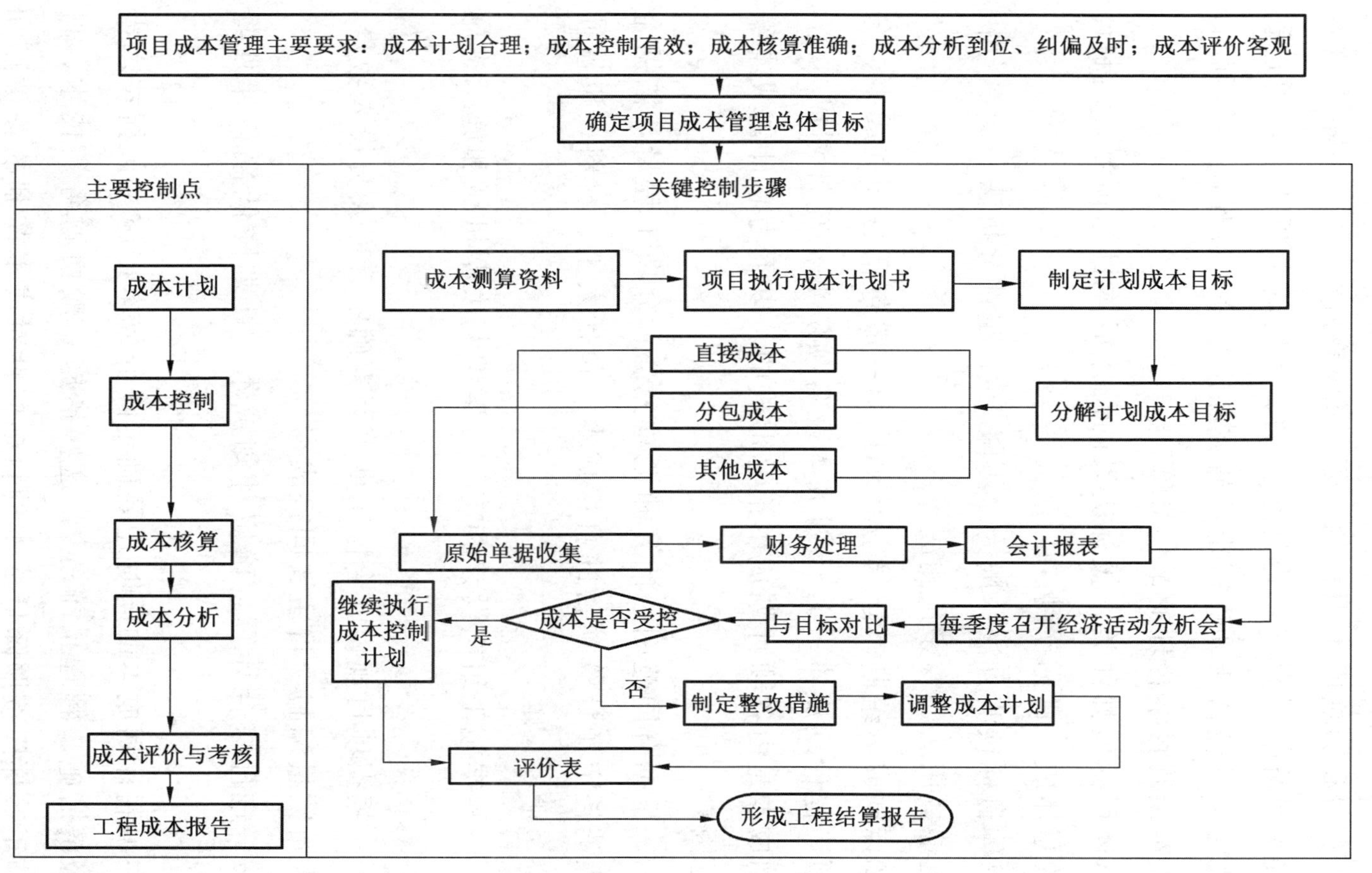

图 5-110 项目成本管理流程图

①确定总体目标。总目标确定是以成本预测为基础，根据企业综合实力和影响成本因素的市场变化趋势制定的。成本预测要广泛收集经济信息资料，进行全面的、系统的分析研究，通过科学方法对未来经营活动进行定性研究和定量分析并作出科学判断，找出成本预测科学合理的最佳方案。

总体目标预测种类：投标决策的总体成本目标预测；编制计划前的总体成本目标预测。

总体目标预测方法一般为（不限于）：定性分析法、定量分析法、近期费用法、专家预测法等。

②计划成本编制。建筑业计划成本一般包括总计划成本、分部分项工程计划成本、月计划成本及各项资源消耗计划成本等，总计划成本是由各项计划成本汇总形成的。以下为总计划成本编制考虑因素。

——根据合同范围，计算和汇总分部、分项工程量，依据企业工程消耗定额计算项目的直接成本（包括人工、材料、机械使用和分包成本）。

——根据施工组织设计和施工方案编制大型机械和施工措施成本。

——根据项目规模、合同工期等因素确定管理人员投入数量，依据人员数量编制项目主要间接成本。

——进行综合计算，确定计划成本、计划降低额和计划降低率。

在编制计划成本的同时还要确定降低成本措施（包括技术措施、经济措施、管理措施等），这些措施一般由财务、技术、材料、施工等部门按照降低成本的目标并针对成本控制的关键点和主要风险点而提出的具体控制方法，一般以成本措施计划体现，内容包括但不限于控制目标、节约项目、降本措施、责任部门和执行人，便于执行和检查。

项目计划成本（责任成本）形成后还要分解到相关岗位及责任人，同时对于实施过程中资源计划也应一并编制。

③实施有效成本控制。成本控制是在现场实施过程中，通过从制度及约束机制加强管理从而预防偏差及浪费发生的控制活动。其主要任务为：

——在企业内部建立以成本为中心的成本责任制，将成本控制指标及任务落实到相关部门和岗位（见表5-33）；

表5-33 施工项目成本控制责任明细表

人员	内容
项目经理	1. 全面负责项目成本控制工作，是项目成本控制的责任中心； 2. 负责项目的成本预测、目标成本、成本控制实施、成本核算、成本分析、考核工作
合同预算员	1. 根据合同内容、预算定额和有关规定编制施工图预算； 2. 深入研究合同规定的“开口”项目，准确把握相关要求； 3. 收集工程变更资料，及时办理预算外签证、归回垫付的资金； 4. 参加对外经济合同的谈判与决策和经济合同的数量、单价和金额管理
工程技术人员	1. 合理规划及优化施工现场平面布置，为文明施工、减少浪费创造条件； 2. 严格执行工程技术规定，降低质量成本损失； 3. 优化及深化工艺流程，推广新技术和方法，降低工程施工成本
质量检查人员	严把质量关，避免质量通病，提高质量水平，减少返修，控制质量成本
安全员	做好预测预控，杜绝安全事故发生，有效控制安全成本
材料人员	1. 对材料实行招标采购管理，选择质高、价低的供应商； 2. 合理组织材料及构配件的供应，杜绝因停工待料造成的损失； 3. 严格执行限额领料制度，控制材料消耗，做好余料回收和利用管理； 4. 严格管理周转材料，做好进出现场清点、使用后回收、整理、堆放及退场控制； 5. 合理安排材料储备，减少资金占用和提高资金的利用效率
机械管理人员	1. 合理选择机械的型号规格，充分发挥机械的效能，节约机械费用； 2. 合理调配机械设备，提高机械利用率，减少机械费成本； 3. 负责机械维护保养管理，保证机械完好

续表 5-33

人员	内容
定额员	1. 严格验收施工任务单，不高估冒算，工程量准确； 2. 严格按企业定额控制人工费用； 3. 核发工资、奖金、劳务费等； 4. 定期开展工效分析并制定改进措施
行政管理人员	1. 合理安排项目管理人员和后勤服务人员，节约工资性支出； 2. 严格控制非生产性开支； 3. 做好行政办公用的财产物资管理，防止损失和流失； 4. 合理安排生活后勤保障服务
成本员	1. 严格审核各项成本费用，控制成本支出； 2. 建立月度财务收支计划制度，有效平衡调度资金； 3. 做好信息反馈以便对资源消耗进行有效控制； 4. 开展专项、月度及综合成本分析，采取针对性措施纠正成本执行的偏差； 5. 在项目经理的领导下，做好各部门、单位及班组成本执行情况检查与考核

——建立健全成本管理制度，如生产消耗定额、成本开支范围、费用开支标准和摊销办法等；

——加强管理人员职业教育和业务培训，提高管理人员从业素质，增强员工成本控制的自觉性和积极性。

总之，成本控制是按照事先制定的成本标准，对实际发生的各种生产耗费进行管理，以实现降低成本的目标。一般通过成本标准控制、成本差异分析、责任成本控制等方法进行控制。

④成本核算。成本核算是对施工生产过程中的各项耗费进行审核、记录、汇集和分配，以计算工程的实际成本，内容一般包括如下：

——人工费核算分为内部和外雇人员；

——材料费核算包括工程主材、工程消耗材料、周转性材料；

——机械费核算包括自有和外租；

——其他直接费核算包括水电费、材料二次搬运费、临时设施费、生产工具使用费、检验试验费等；

——分包成本核算；

——间接费用核算包括规费和现场管理费。

⑤成本分析与预警。成本分析与预警是成本管理的重要内容。

——成本预警。利用项目管理软件对收入、成本进行管理；项目成本管理人员通过各相关部门的信息录入，了解项目的实际成本情况；项目的成本控制达不到目标，项目管理软件的成本预警功能可及时给出预警；分析预警原因，查找责任人，落实整改并按成本控制激励约束措施考核。

——成本分析。项目在执行过程中应定期召开成本分析会，通过成本分析可以找出影响成本升降的原因和主要矛盾，总结成本管理的经验与问题，从而采取相应的改进措施，同时为编制后续工程降低成本计划提供必要的资料数据。成本分析一般通过指标对比分析、数值变动分析、因素变动分析等方法进行。

⑥建立成本考核激励机制。实行业绩考评是责任成本控制的一个重要方面。现场应制定业绩考核方案，建立成本约束机制，定期地对各成本责任中心实行考核，并与奖惩相结合。在项目竣工后对项目总的成本管理进行评价，按业绩考核方案对项目团队进行业绩考核兑现（见表5-34）。

表5-34 施工项目成本考核的内容

考核对象	考核内容
企业对项目经理考核	1. 项目成本目标和阶段成本目标的完成情况； 2. 成本控制责任制的落实情况； 3. 成本计划的编制和落实情况； 4. 在成本控制中对责、权、利相结合的执行情况

续表 5-34

考核对象	考核内容
项目经理对项目管理人员的考核	1. 本岗位责任成本的完成情况； 2. 本岗位成本控制责任的执行情况
项目经理对作业队的考核	1. 对劳务合同规定的承包范围和承包内容的执行情况； 2. 对班组施工任务单的管理情况； 3. 对班组完成施工任务后的考核情况
承包队长对生产班组的考核	考核班组责任成本（以分部分项工程成本为责任成本）完成情况

⑦形成评估成本报告。工程竣工后要对完成工程进行评估，形成工程评估报告。报告应对项目工程概况、工程收入情况、工程成本情况、经验总结等方面进行详细说明。对项目费用（包括收入和成本）管理好的经验进行总结，同时查找不足之处，提出改进措施及建议，为企业后续类似工程提供指导和借鉴。

【常见工具方法】

控制法、专家预测法、财务软件、差异分析法、比较法、比率法、因素分析法、综合指标法等。

【案例 1】项目全过程、全员成本管理

某石油化工工程施工现场，在合同签订进入现场后，项目经理组织项目管理人员依据总部的管理要求制定了符合该现场的管理规定，同时组织相关人员对项目计划成本进行预测，在编制计划成本过程中严格执行企业的消耗定额，形成执行成本计划书，并将成本计划分解到相关管理岗位，落实责任具体到人。下面是该现场编制的执行成本计划书（见表 5-35）与岗位责任分解表（见表 5-36）。

表 5-35 执行成本计划书

工程名称	某化工乙二醇项目一期乙二醇单元				
合同工期	暂定 2012.6.15～2013.11.15				
合同价款	80317000 元				
结算方式	固定单价				
预计结算金额	80317000 元				
直接成本（1）（单位：元）	安装专业	主材费	施工费			合计
	1. 工艺管道		10771615			10771615
	2. 设备安装		5227318			5227318
	3. 钢结构					0
	4. 防腐					0
	5. 保温					0
	6. 大型机械费用		3000000			3000000
	7. 措施费					189989
	小计					19188922
分包成本（2）（单位：元）	分包专业	直接费（含主材）	人工费	综合费率	取费	合计
	1. 电气	4207760	2100963	25%	525241	4733001
	2. 给排水	211888	23785	60%	14271	226159
	3. 仪表	7799447	4912075	25%	1228019	9027466
	4. 暖通	899771	494568	30%	148370	1048141
	5. 探伤					178750
	6. 土建	25672642	22117896	8%	1769432	27442074
	7. 装饰	4157881	1169709	35%	409398	4567279
	小计					47222869
间接成本（3）（单位：元）	费用名称	人月	人均标准			合计
	1. 管理人员间接费	437	12000			5244000
	2. 辅助人员间接费	76	4800			364800
	小计					5888800
成本合计（4）	72300591 元					

续表 5-35

税金	2648496 元
成本控制率	93.09%
成本降低率	2%

表 5-36　岗位责任分解表

职能部门人员	关键点风险	职责要求及措施
技术员	机械使用费 人工费	技术方案优化；大型设备安装前，施工技术方案进一步优化，在保证安全的情况下，要进行经济比对，降低机械使用费；采用新技术提高工效，降低人工成本
计划统计员		进度计划及时准确，合理整合资源，使现场均衡，合理利用
调度、设备员		对机械进行分级管理，合理调配，保证机械的利用率、完好率
材料员	材料费	做好采购、验收、保管、领退料、利旧利废、材料代用等材料的节约；准确编制材料计划，严格按计划领料，材料进行招标采购，降低采购成本
质检员	不合格返修	严格各项工作质量，避免质量通病，提高焊接质量，减少返修，控制质量成本
安全员	安全事故	做好预测预控，杜绝安全事故发生，有效控制安全成本
会计员		把好收支关，准确及时归集工程成本，做好核算和分析工作
预算员		做好预结算工作

在项目执行过程中，工作人员各负其责并严格执行管理制度和成本计划书，具体做法如下。

（1）人工成本控制。合理调控各类用工比例和总量。定岗定员、严把项目职能人员入口关；按照项目定员编制及工期对项目进行总体人工成本监控；项目职能人员对作业人员计件工资进行管理。

（2）材料成本控制。按要求对项目材料采购进行招标，对采购成本进行控制。技术员根据施工进度和企业定额规定的消耗用量签发单位工程限额领料单，严格控制材料的领用和发放。对工程中超用的材料及时查找原因，进行费用索赔。

(3) 机械成本控制。施工过程中，外租车辆的数量及费用在项目使用前按规定上报审批。项目部对每日使用吊车进行记录，每月上报吊车使用情况表，根据项目月份施工计划，对吊车使用情况的合理性进行分析。项目部对进入现场的所有施工机具按规定进行核对，确认并建立台账。在施工机具使用维护方面，严格执行“点检制”改善设备运行及安全状况，提高施工机具利用率。

(4) 分包成本控制。现场按程序进行分包项目招标或议标。项目部上报工程分包合同价格审批表，审批后方可签订分包合同，以此来控制项目分包成本。严格审批分包结算，项目相关人员在分包单位项目发生的成本确认表上签字。审批结算时项目技术人员、费用人员等确认分包工程量并在结算书上签字。

(5) 其他间接成本的控制。工程施工过程中，依据项目执行成本计划书中的费用标准，对各类间接成本进行严格控制。项目召开季度经济活动分析会，对施工过程中每季度项目实际成本与计划成本的偏差进行分析。对发生的成本偏差，提出可行的整改方案，制定具体的措施，并在下一阶段实施整改，确保项目成本在受控范围内，项目最终达到预期制定的目标，取得良好的经济效益。

【案例分析】

亮点： 该项目能够做到项目全过程、全员成本管理，在成本控制上运用科学的手段和方法对成本进行管理，取得了良好的效果；拥有能反映企业实际消耗水平的企业定额并在项目执行过程中应用。

改进： 在成本管理过程中，没有运用信息化的项目管理系统对成本计划、成本核算与分析、成本评价与考核、成本控制及预警等方面进行管理。

【常见问题及应对措施】

1. 成本计划不够科学，准确性差，调整不及时

应对措施：

（1）及时收集和整理编制成本计划所需要的各项资料，如有关各项技术经济定额、材料、劳务供应价格及费用开支标准等变动情况资料。

（2）要分析上期成本计划的执行情况，总结上期成本计划执行过程中的经验和存在的问题，并以此作为本期编制计划的基础。

（3）要在成本预测的基础上，对影响成本降低的各项主要因素及降低成本措施进行试算平衡。

（4）以企业先进合理的技术经济定额为基础，修订各项消耗定额，拟定增加产量、提高质量、降低材料消耗、提高劳动生产率和节约各项开支的措施，使成本计划达到先进水平，根据工程执行情况变化，及时对成本计划进行调整。

2. 过程控制不严，分析不到位

应对措施：

（1）建立健全成本管理制度可对成本管理起到有效的约束和控制作用，如生产消耗定额、成本开支范围、费用开支标准和摊销办法等。

（2）对成本形成过程中实际发生的各种生产耗费，严格计算和监督并及时纠正发生的偏差，杜绝一切超支浪费现象，使生产成本控制在成本计划范围之内。

（十一）分包管理

【指南要求】

——根据项目特点评价、选择专业劳务队伍，依法订立分包合同，在施工前进行分包工程施工和服务要求的交底，审核分包方编制的施工或服务方案，对其提供的施工或服务条件进行确认，监督、指导分包方的过程实施。

——按时支付劳务工资。

——与专业及劳务队伍共同成长，持续提升专业队伍和劳务队伍等战略合作伙伴的综合能力。

【理解与实施要点】

分包管理是现场管理的重要控制要素，按照各系统及专业要求进行管理和监控，坚决杜绝以包代管、包而不管现象。重点控制以下方面。

1. 分包商选择、评价与再评价

要根据项日特点确定分包形式即专业分包还是劳务分包。现场专业分包队伍选择时，要从企业合格供方名录中选择。合格供方名录外的专业队伍使用前，收集临时分包商的资质、业绩等资料，通过审核、考察等方式形成临时供应商名单，报企业相关部门进行审核备案。

分包商确定后依法签订合同，在签订分包合同时要明确分包单位的施工和服务标准，同时依法签订安全环保合同及保修合同。合同生效后，分包商必须全面履行分包合同条款，可在执行过程中对其合同履行情况进行跟踪管理，按规定的频次和方法对分包商的核心能力进行考核并给予评价，把考核评价结果反馈给主管部门，便于对分包商的再评价。

2. 完善分包商备案制度

分包商进入现场后现场按要求对其资质、设备、现场特殊工种人员有效证件等进行备案管理，以便进行报验。

3. 开展分包商教育培训

组织分包商进入现场的各项教育培训，通过现场指导和培训将管理经验和施工技术传授给他们，使他们能不断学到知识，提高他们的质量意识和实际技能，持续提升专业队伍等战略合作伙伴的综合能力。现场应根据管理的重点、难点注重进场分包商的安全、技术、质量等方面的培训。及时签订安全环保合同，开展风险告知及制定预防措施，避免安全事故发生。

4. 现场重点控制内容

在现场管理上，将分包商纳入总包方自身管理范畴，按照各专业要求进行管理，其主要包括：现场安全、质量、技术、材料、进度等方面的日常管理。在过程实施中，着重关注分包人员管理、专业培训、系统交底、方案审批、过程资料审查与报验、危害因素识别与控制、应急准备与响应、监控检查及整改验证等。

5. 分包结算的控制

依据完成的工作量，按照分包合同约定及时对分包商进行结算并监督劳务工资能够发到劳务人员手中。

6. 建立完善监督监控机制

项目制定可操作的分包管理办法，明确项目各级管理人员责任，把分包商现场人员纳入项目的监督考核之中。项目各系统要制定检查考核细则，对分包商进行检查，对发现的问题以信息反馈单的形式反馈并限期整改，及时跟踪验证整改情况。

【常见工具方法】

统计表、比较法、调查表、项目管理综合信息系统相应模块等。

【案例】现场分包商的管理

某施工现场有5家分包队伍进行施工，在对分包商的日常管理中采用了考核评比形式，每个月对分包商的现场组织实施、质量管理、职业健康安全与环境管理、成本管理、进度管理、清洁生产和产品防护管理、信息资料管理、诚信履约等方面进行考核打分（见表5-37），并向第一名颁发流动红旗。

表5-37 ××月份项目部对分包商业绩测评排序表

分包商					分数								
评价日期	单位名称	装置及单元名称	所从事的专业	现场负责人姓名	项目组织实施（10分）	质量管理（20分）	职业健康安全与环境管理（20分）	成本管理（10分）	进度管理（10分）	清洁生产和产品防护管理（10分）	信息资料管理（10分）	诚信履约（10分）	合计（100分）
××年××月	建筑一公司	泵房楼	土建	×××	10	18	17	10	10	9	10	10	94
××年××月	建筑二公司	东西配楼	土建	×××	10	19	17	10	10	7	10	10	93
××年××月	电气公司	主楼及东西配楼	电气	×××	10	19	19	10	10	9	10	10	97
××年××月	管道安装公司	主楼及东西配楼	管道	×××	10	19	18	10	10	9	10	10	96

续表 5-37

分包单位					分数								
评价日期	单位名称	装置及单元名称	所从事的专业	现场负责人姓名	项目组织实施(10分)	质量管理(20分)	职业健康安全与环境管理(20分)	成本管理(10分)	进度管理(10分)	清洁生产和产品防护管理(10分)	信息资料管理(10分)	诚信履约(10分)	合计(100分)
××年××月	×××基础公司	主楼及东西配楼	桩基础	×××	9	19	18	10	10	9	10	10	95

【案例分析】

亮点：该项目在项目组织实施、质量、安全、进度、文明施工等方面制定了对分包商的评价标准，并能定期组织评价和考核。

改进：对于过程中发现的问题没有在表上体现，监督整改结果没有反馈。

【常见问题与应对措施】

疏于对分包商管理，导致很多安全、质量事故都发生在分包队伍上。

应对措施：

(1) 强化对分包商的培训，采用灵活多样方式实施交底和培训，提高他们的质量安全意识和操作技能，提升遵守现场管理要求的自觉性。

(2) 增强现场可视化工具等方法的应用，对于现场关键风险作业设置告知牌及警示标志等。

(3) 将对分包商的管理落实到具体责任部门和责任人，与岗位人员绩效考核挂钩。

(4) 要制定各项检查考核细则，对分包商进行定期检查，对查出的问题以信息反馈单的形式反馈、限期整改，并及时对整改情况进行验证。

（十二）合约和预结算管理

【指南要求】

——对合同的订立、实施、控制和综合评价进行管理。严格合同评审控制，对合同实施作出总体安排，对合同交底、合同跟踪与诊断、合同变更管理和索赔、合同终止与评价进行管理。

——在合同执行过程中，及时进行工程洽商、变更、签证和预结算，按照项目预结算程序及时进行预结算。

——运用适宜的管理工具和方法，实施合同履约管理，并进行整理、分析、改进，为后续工程提供指导。

【理解与实施要点】

现场合约和预结算管理包括合约管理和预结算管理两个部分。

1. 合约管理

合约管理是对合同洽谈、合同签订、合同变更、合同履行等全过程进行有效控制。要做好此项工作，需建立完善相关各项管理制度，制定清晰管理流程，重点控制以下内容。

（1）合同评审。合同评审是合同管理的关键环节，很多合同纠纷都是合同签订时条款不严密造成的，因此，在合同签订前必须组织合同评审。评审包括：成立合同评审工作组；明确合同的谈判、评审及签订等管理职责及要求；针对合同条款进行分解，相关职能部门按负责的合同条款进行评审；及时发现和确定可能存在的法律风险和经营风险等；根据评审结果与合同对方进一步沟通，完善合同条款；针对有风险的条款，制定预防控制措施。通过洽谈及完善合同条款，规避现场的经营风险。

(2) 合同交底。项目经理在合同实施前要了解合同内容和条款，同时要对所有的现场相关人员进行合同交底，要详细说明合同内容，提示合同风险，明确履行要求。

(3) 合同跟踪及诊断。要及时收集合同执行中变更情况、索赔实施证据等信息，适用时，作为长期保存资料，移交档案室存档。在合同执行过程中，对履行时间长、风险大的合同开展阶段性风险评估，定期排查，及时发现和解决履行中出现的问题。

(4) 合同变更。合同签订后，由于工程范围、工程量、工期、质量验收标准、安全设施要求标准等变化，发生与已生效合同条款不一致的事件都属于合同变更。发生上述情况，合同双方应经过会谈对变更内容达成一致，签署会议纪要、备忘录、修正案等变更协议。只有签订以上书面变更协议后，方可实施具体变更项目，最大限度地规避经营风险。

(5) 合同后评价。合同履行结束后，应当对工程类合同进行后评价，合同后评价应当将总包与分包合同共同进行。合同后评价的内容包括：合同预算执行情况、实际盈利情况、应收和应付工程款情况、未结项目应对措施及责任分工、合同管理建议等。

2. 预结算管理

合同是预结算管理的基础，预结算人员要把合同有关费用的条款理解透彻，依据合同的结算方式制定预结算工作的重点，一般合同的结算方式分为固定总价和可调价格两种方式，两种结算方式的管理关注点有所不同。

（1）固定总价合同的结算重点是把握工作范围，在合同执行过程中，着重关注合同价款外发生的费用，及时进行工程洽谈、变更、签证和结算。

（2）可调价格合同的结算重点是依据施工蓝图工程量编制预算，工程费用要计算准确。预算人员要深入施工现场，了解现场实际情况并及时发现与所编预算不符之处，通过调查原因、办理签证和索赔资料，完善材料代用、设计变更、技术方案、现场签证等资料，建立结算资料台账，确保资料及时、完整、准确。

无论哪种结算方式，每月都应及时对本月完成工作量的预算内和预算外费用进行进度结算，为了真实反映成本，对分包单位也要同步进行结算。

【常见工具方法】

统计表、调查表、对比法、预算软件等。

【常见问题及应对措施】

合同变更协议签定不及时，导致结算争议、索赔、诉讼无法律依据。

应对措施：建立健全合同变更管理制度，落实相关责任人，施工过程中严格履行合同条款，如项目实施过程中合同条款发生重大变更（工期、质量标准等），项目相关责任人及时报主管部门和主管领导审批，现场要在签订书面变更协议后方可实施具体变更项目，从而最大限度地规避经营风险。

(十三) 采购管理

【指南要求】

对施工所需的生产材料、设备及施工机具和专业或劳务分包服务的采购管理实施控制。运用适宜的管理工具和方法，对采购过程控制与管理，提升过程效率，确保实现采购成本最小化。包括：建立完善的供应商和分包商选择、评价及再评价的管理体系；合理安排各类采购计划，确保采购信息准确、完整；采用招标、询价或其他适宜方式有效控制采购实施；对于重要物资材料、设备供应商进行实地考察，并采取措施进行重点监控；采购产品在检验、运输、移交和保管过程中，遵守质量、职业健康安全和环境管理要求；建立完善的供应链管理信息系统，及时准确地反馈供应链信息，对过程进行及时调整。

【理解与实施要点】

采购管理分为物资采购管理、专业或劳务分包服务采购管理、供应链管理信息系统等三个方面。

1. 物资采购管理

物资采购指现场材料、设备及施工机具的采购。

(1) 明确现场采购权限。很多企业为了降低采购成本，采取总部集中采购方式，因此，现场应依据合同或协议中有关材料采购范围的界定，通过企业的采购授权，负责本现场采购权限以内的材料采购；现场应制定相应管理制度，明确相关人员职责及权限，必要时实施材料分级管理。

(2) 优选供应商。现场优选供应商包括两个方面：通过企业的合格供应商名单，挑选符合现场采购要求的供应商；收集临时供应商的资质、业绩等资料，通过审核、考察等方式形成临时供应商名单，报企业相关部门进行审核备案。必要时，可建立供应商分级制度，分级可依据对最终产品影响程度、数量、质量、供货周期、价格、资金垫付能力、服务等因素，分为战略供应商、重要（关键）供应商、一般供应商或划分为其他类别。

对重要原材料、设备供应商可进行实地考察，考察内容包括：质量体系建设、产品质量、供应及时性等内容。

(3) 采购计划管理。采购或租赁计划一般按计划期的长短划分，如年度计划、季度计划、月度计划、紧急补充计划等；采购计划可单独编制或利用现场提供的材料计划；计划应进行审批，保证采购信息的准确、完整。如采购计划对生产材料、设备及施工机具按照品种进行分类，建立编号，便于采购信息索引；现场应根据市场结构、供货能力、施工消耗、资金，及潜在的竞争性等，确定采购批量、时间及合同段划分。

(4) 签订合同或协议。现场应按照规定与供应方及时签订采购合同或协议，履行相应的审批程序。合同或协议中除采购单价、数量、供货期限等专项条款外，还应详细规定采购产品（尤其是危险化学品和易燃易爆物品）的检验、运输、移交和保管的质量、职业健康安全和环境管理要求。

(5) 采购控制。现场应按照“公开、公平、公正”和“质量优先，价格优先”的原则，建立科学化、合理化的采购制度和监管制度，通过合理的竞价、议价谈判，有效降低采购成本，提高采购效率，实施阳光采购。具体应做好如下四个方面工作。

① 按计划实施采购。按照企业要求获得质价双优物资，以实

现企业的低库存甚至零库存。

② 推进招标过程标准化。做到计划合理、流程优化、结果合理公开、过程受控、实施透明，各个流程环节过程应连接紧密、运转高效。

③ 全过程监督。对物资采购过程实施全方位监督，对物资采购的结果以及重大事项的决定要做到集体研究、集体参与、集体决定。

④ 信息化保障。完善信息化设施投入，以推进信息平台建设，确保运转高效。

(6) 采购验收。现场采购的材料、设备及施工机具在使用前应经过验收，必要时进行相应检验。具体内容可见本书“现场原材料管理”和“设备、施工机具管理”的内容。

(7) 供应商的评价和再评价过程。现场应按照企业对供应商的评价和再评价的具体要求，履行现场相应的管理职能。如将现场授权选择的供应商提请企业相应管理部门批准，列为合格供应商或临时合格供应商；对供应商进行日常监督，将相应的供应记录上报企业相应管理部门，按照要求积极参与企业的再评价过程等。

2. 专业或劳务分包服务采购管理

现场要制定相应的专业分包或劳务分包服务、设备租赁服务、咨询服务等管理流程、明确管理职责，对分包商选择、评价、现场过程的实施及监督全过程进行管理。

现场专业或劳务分包服务管理包括专业分包、劳务分包、租赁、咨询、检测等管理，其管理过程与物资采购管理过程基本相同，但是，二者关注点存在一定差异性，要认真分析其差异性，才能更好地实施控制与管理。

物资采购主要关注两个方面，一是拟采购物资本身的特性值，如规格、型号、尺寸、外观及内在性能指标等；二是附加在物资上面的内容，如供应商资信、供货及时性、价格等。而专业或劳务分包服务关注的是服务提供过程及结果，包括服务保证体系建设、服务提供过程要素的控制及交付标的物的实体质量及服务保障能力等，如服务提供方资质、质量、安全与环境体系建设、关键人员资格能力、关键设备保障、安全、进度、质量等要素的控制情况，提供的最终产品符合要求程度及服务质量等。

由于物资采购及服务采购关注点上的差异性，在供方选择、评价及再评价、采购合同及协议、招标、采购过程控制及监督管理上的侧重点会有所不同。因此，现场管理中要根据各自特点在相应管理文件中明确管理要求，设置控制流程及关键控制点，组织实施并进行监督检查。

3. 供应链管理信息系统

供应链管理信息系统一般可由企业单独建立，或与其他管理内容共同集成，可包括供应商管理、合同管理、计划管理、招投标管理、统计分析、日常报表等模块。现场通过各个功能模块进行信息录入、流程执行、逐级审批、建账管理、统计分析等工作，可以规范现场各项采购工作流程，使工作标准化、制度化，也能保证企业与现场的信息沟通顺畅，提高工作效率。

现场应制定供应链信息采集及使用的管理办法，确定责任人员及信息更新时间，建立检查制度保证信息录入准确及时。应对相关人员进行专项培训，使其能全面了解供应链管理信息系统中各项功能，能够熟练掌握软件的各项操作，灵活运用信息系统提供的各项信息，为现场施工提供支持。

【常见工具方法】

统计表、比较法、因素分析法、打分法、考察法、信息系统、检查表。

【案例 1】综合项目管理信息系统在现场采购管理中的应用

某现场运用综合项目管理信息系统中物资管理模块进行现场采购管理。该物资管理模块包括材料供应商、物资需求计划、分析查询等子模块（见图 5-111）；材料供应商管理分为材料供应商和材料采购合同两个方面内容。对现场涉及的供应商建立合格供应商名单（见图 5-112）；在材料采购合同方面，建立材料采购合同清单（见图 5-113）。所有采购合同通过软件的审批流程进行审批；物资需求计划列出所有计划并标明审批状态（见图 5-114）。需求计划需要预算员、项目经理、主管部门进行审批。对采购计划制定专门表格，规定了需求计划的必填项目、必填内容，如填写不完整将不能进入下一步骤；对物资管理要素进行分析，如对计划资金和实际资金进行对比等（见图 5-115）。能够通过软件上报汇总项目各项材料报表。

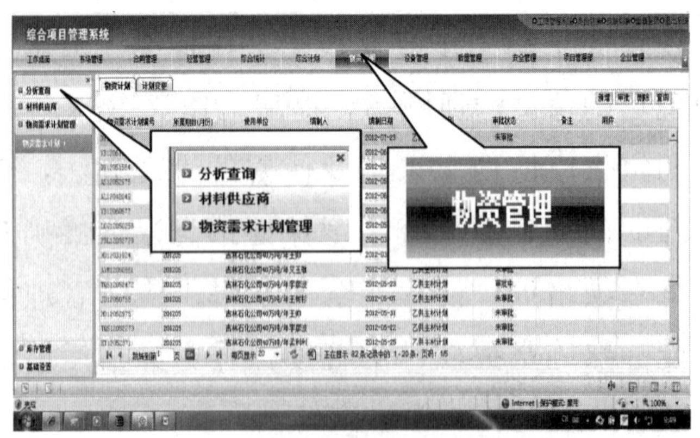

图 5-111　物资管理系统主要管理内容

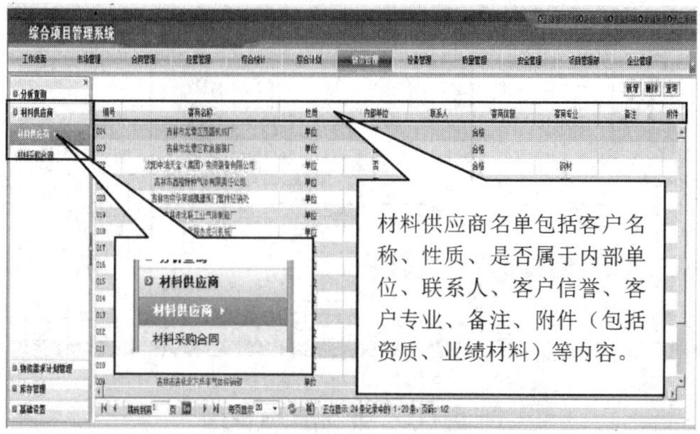

图 5-112 材料供应商相关内容截图

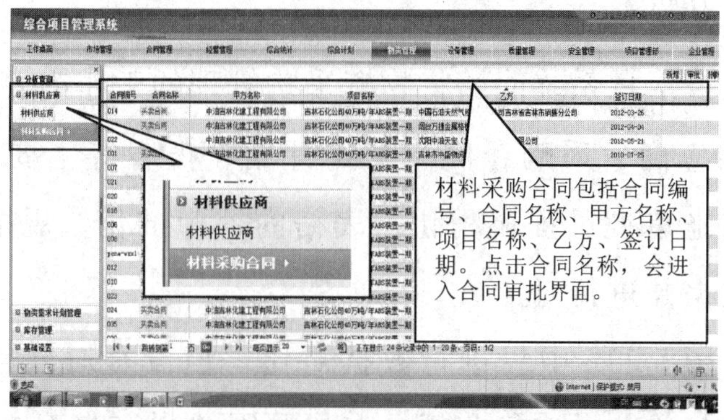

图 5-113 材料采购合同相关内容截图

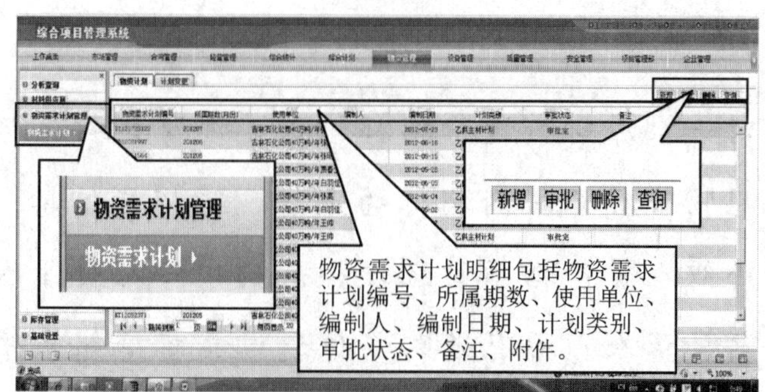

图 5-114 物资需求计划管理截图

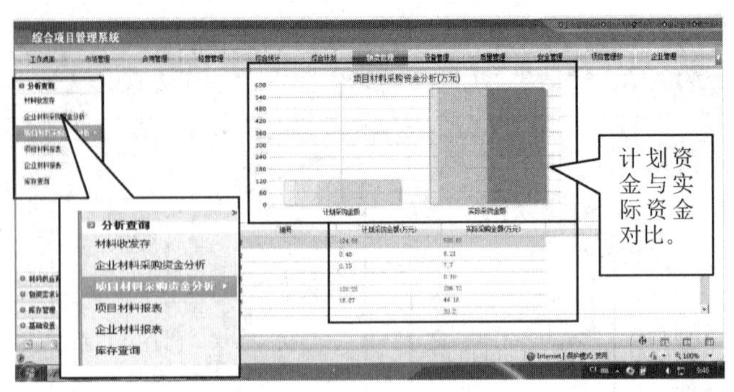

图 5-115　分析查询截图

【案例分析】

亮点：该信息系统能够将物资采购管理的工作内容进行整合，覆盖采购供应商、采购合同、采购计划、报表等主要管理内容；同时能够实施审批过程流程化、表格内容标准化、规范化；能够统计相关数据并进行对比。

改进：图 5-115 中只进行数据对比，但没有对异常情况进行分析。应对相关差异进行分析，查找原因并制定改正措施。

【案例 2】现场原材料招标采购

某现场对一批原材料进行招标采购，涉及钢材××吨，水泥××吨。采用物资公开挂网招标的方法，将招标信息、招标流程公开。招标小组人员包括项目经理、采购中心人员 1 人、专家库人员 5 人，共计 7 人。所有采购单位通过招标小组采用打分的方式，由小组人员共同确定结果。在规定的时限内公示评标结果。通过这次招标，在质量或供货时间充分满足的前提下，降控主材的采供成本，水泥中标价低于市场价 7.87％，钢材中标价低于市场价 2.78％，节约总额 804.2 万元。通过现场多次使用该流程，将所有制度、标准给予固化。

【案例分析】

亮点：该次招标活动能够满足阳光采购的要求，如：信息公开、流程公开、结果公开；关键的结果能够采用集体研究决定的方式进行；各过程运行比较紧密、高效；采购即用即购、质优价廉；固化管理标准；采用信息化技术，实现信息共享性。

改进：本次招标过程的参与人员包括项目经理、采购中心人员1人、专家库人员5人，共计7人，没有监督人员参加。应加强监督管理，派遣专门监督人员对物资采购的全过程监督，以确保实现阳光采购。

【常见问题及应对措施】

1. 采购计划随意性

应对措施：

(1) 要以制度作保证。明确各类采购计划的提出周期，使采购更具计划性；对特殊原因提出的计划可以作为补充计划，不影响紧急材料的供应；加强采购计划的审批工作，挑选熟悉现场情况且经验丰富的人员对计划的内容和数量进行把关，防止遗漏；对库存采取计划管理，确定安全合理的库存量，按照一定的供货周期给予保证。

(2) 提高管理人员素质。采购计划的提出人员应加强自身经验的积累，认真计算各阶段材料量，熟悉各类材料的消耗定额，了解现场材料的消耗速度，保证采购计划科学合理。

2. 采购信息提供不全

应对措施：

（1）加强专项培训。使相关人员熟悉现行的材料标准及要求，使填写规范无遗漏。

（2）及时收集采购信息。通过图纸、施工规范、作业指导书等文件收集各类材料信息。

（3）编制标准范本。制定采购信息的标准化表格及填写范本，详细规定各类物资的采购信息填写标准。

（4）加强采购信息审核。明确采购信息审核程序，通过授权相应能力要求的人员审核，及时发现问题进行改正。

（5）加强信息化建设。运用信息化手段，提升管理效率，如建立采购信息模板、材料标准自动审核程序，通过模板必填项杜绝遗漏，通过自动审核避免材料标准错误。

3. 在招标采购过程中招标程序控制不严格

应对措施：

（1）严肃招标程序。通过对招标过程逐步完善，减少招标程序的漏洞或不足；全面对招标程序进行固化，提高招标过程的执行力。

（2）加强招标监督。通过全方位的监督促进采购招标过程的规范化。

（3）实现全过程公开。以广泛参与、实施过程透明促进招标过程程序化。

4. 对临时供方控制不严格

应对措施：

（1）规范管理。以流程化、制度化的管理手段加强对临时供方的审查，如采用分类检查、分流程审查等方式。

(2) 加强审核。应加强临时供方的资质审核工作，采用多层审批，层层把关的方法。

(3) 信息化管理。将采购合同与合格供应商或临时供应商名单联网，名单中没有临时供应商的将无法签署合同。

二、过程测量与监控

【准则要求】

企业通过完善的信息采集、统计和分析系统，对现场管理过程进行有效测量与监控，并及时纠偏，确保过程信息有效应用于管理决策，实现现场管理过程稳定、高效运行。

【指南要求】

a) 过程和产品测量与监控

企业应采用适宜的方法对现场管理过程进行监控，并在适当时进行测量，确保过程实现所策划的结果，实现有效的过程控制。

——识别需要监视和测量的过程，规定各部门在过程监视和测量中的职责，制定完整的现场过程监控流程图，并对监控点的分布进行规划设计；根据实际情况，考虑监视和测量的类型与程度。

——确定监视、测量、检验和试验的项目、方法、频次和判定准则，包括原材料、半成品和成品，在每一监控点上制定相应的作业指导书，作业指导书将监控的质量特性和监控项目以图文和数值的形式表现出来。

——保持过程监视和测量的记录以及采取措施的记录；确保过程信息真实、准确并得到传递，传递能满足相关方要求。

b）过程异常处理

建立异常处理程序，规定异常情况控制以及处置的有关职责和权限，确保过程异常情况得到及时有效的控制和处理，以防止其非预期的发生。

【理解与实施要点】

1. 建立过程信息收集系统

要关注信息系统建立情况，是否能及时、准确收集绩效指标信息，不仅对结果类指标信息收集，还包括过程类指标相关信息。建立项目综合信息系统能够快速、准确获得信息，监测过程能力。

2. 关注过程能力协调一致

过程监控主要关注各个过程的过程能力，同时，有利于各个过程之间协调统一，以现场整体绩效为导向，力求整个系统综合最优。尽量避免单一过程监控指标很好，而整体绩效结果不佳。

3. 关键过程监控

现场过程包括管理过程和施工工艺过程。对这些过程的监控可通过过程质量审核、过程能力分析、统计过程质量控制、过程成熟度评价等方法。对现场过程的监控，包括定性的检查、半定量的统计和特性值的实量实测等。

4. 管理过程监控

一般包括两个方面内容：一是对项目运行的要素，诸如进度、质量、安全、设备和施工机具、采购等过程指标完成情况进行监控，包括结果性指标及流程中关键控制点指标的监控；二是通过过程检查、体系审核等监控过程成熟度，综合评价过程能力等级。

5. 施工工艺过程监控

一般通过建立质量检验计划，对检验批、分项、分部、单位工程特性值进行监测实施，往往要提供实测数据。质量检验计划是对施工质量管理点和工序质量进行有效控制的重要策划文件，与合同、图纸、验收标准等要求紧密相关，一般从原材料、半成品及最终产品三个方面明确检验项目、检验标准、检查点、控制点、责任人、判定准则、质量记录等。检验分为自检、专检、互检，由不同授权的有资格人员完成。按照检验点往往划分为自检点、专检点、隐检点、停检点。质量检验计划要细化到检验批上，明确关键工序和特殊工序检验要求。

6. 质量信息反馈

现场应建立完善项目信息反馈系统，要明确识别信息源，建立信息管理计划，包括信息需求分析、信息编码系统、信息流程、信息管理制度要求、信息的来源、内容、标准、传递时间、传递途径、反馈范围、人员以及职责和工作程序等内容。信息系统既能保证信息传递的及时性，也对过程运行效率提升、促进成本降低起到重要作用。

7. 过程异常处理

在现场管理过程中，由于过程输入、过程活动安排、资源配置等方面与预期要求不一致，都可能会导致运行的异常情况发生。为了对各个过程实施中内外部异常做好事先预防、及时处理和事后改善的相关工作，应建立并保持文件化的现场过程异常管理办法，对可能出现的异常情况进行系统识别、明确处理职责和权限、规定处理程序，减少或防止非预期结果发生。

现场过程异常包括但不限于以下方面。

（1）质量控制异常。由于质量控制因素异常变化导致检验批或工序等过程产品出现质量控制异常波动，如检验批检验允许偏差值连续异常波动等。

（2）进度控制异常。由于各种原因导致进度出现滞后影响下道工序的异常情况。

（3）设备及施工机具异常。因设备故障或水、电、气等原因而导致的异常。

（4）材料及构配件异常。因原材料及构配件供应不及时、材料误用等导致的异常。

（5）技术及施工工艺异常。因设计、施工工艺或其他技术问题而导致的控制过程的异常。

现场处理异常的常见程序包括：明确异常类别及处理的职责和权限，根据异常情况对后续进度及产品质量影响情况，应进行识别或发现异常、报告异常、分析异常类别及异常原因、采取措施处置异常、结果验证，适用时分享处置经验或纳入企业知识库管理。

【常见工具方法】

三检制、旁站监督、过程能力评审、对比分析、过程能力指数监控、调查表、因果图、排列图、直方图、控制图、抽样调查、分层法、散布图、流程图、PDPC 法、KJ 法、概率测绘等方法。

【案例 1】现场管理过程的监控（见表 5-38）

表 5-38 过程监视和测量计划

序号	监控过程	监测指标	执行标准	监测频次	鉴证资料
1	职责管理	现场组织机构满足要求，人员职责落实全面	项目部设立与解体管理规定、岗位工作标准	半年	工作标准
2	目标管理	目标设置适宜； 目标完成统计准确； 目标考核覆盖率 100%	《质量、环境、职业健康安全管理手册》 《目标管理程序》	季度	目标展开表、目标完成情况统计表、考核统计表
3	文件管理	文件审批、发放、处置符合标准要求； 有效文件控制率 100%	《文件控制程序》 《公文管理规定》	半年/不定期	文件评审记录； 文件审批表； 文件更改申请单； 文件发放(回收)登记表
4	记录管理	标识清晰，贮存保护符合要求	《记录控制程序》 《档案管理规定》	半年/不定期	各类记录及系统检查记录
5	施工方案	方案执行率 100%； 大中型项目作业计划书审批合格率 100%	《HSE 目标、指标、方案管理规定》 《HSE 作业计划书管理规定》	半年/季度	方针目标管理检查表； 作业计划书
6	法律法规	适用法律法规识别准确率 100%； 有效版本的收集率 100%	法律法规和其他要求控制程序	半年	法律法规和其他要求清单及其有效版本
7	资源配置管理	施工资源管理：信息灵通，指挥有力，协调及时，配备均衡	《施工机械、设备、商砼资源配置管理规定》 《施工任务分配管理规定》 《施工资源信息管理规定》 《周转材料配置管理规定》	季度	人力、机械、周转材料等资源需求计划； 人员分布表； 施工任务分包计划等记录

续表 5-38

序号	监控过程	监测指标	执行标准	监测频次	鉴证资料
8	人力资源管理	岗位任职资格明确	《人力资源管理程序》 《培训管理规定》 《员工绩效评价管理规定》	季度/半年	岗位任职资格标准
		培训计划实施率 100%			员工培训计划； 培训完成情况表
		绩效考核覆盖率 100%			员工绩效考核表
9	基础设施管理	设备完好率 96%以上； 主要设备完好率 98%； 特种设备四率均达 100%	《施工机具管理程序》 《固定资产管理规定》	季度/半年	机动月报表； 目标完成情况统计资料； 项目部能源及设备检查记录
		能源管理考核达标率 100%； 能源消耗节约指标达标率 100%	《能源计量及使用管理规定》		
		HSE 设施配备、完好率 100%	《HSE 设施完整性管理规定》	季度/半年	内审检查记录； HSE 检查表
10	检测设备管理	在用检测设备周期检定率 100%； 计量标准器周期检定率 100%	《检测设备管理程序》	月份/季度/半年	项目部检测设备检查记录； 周检计划； 检测设备检定证书； 月检计划与记录
11	合同管理	合同上线审批率 100%； 工程承包合同履约率 100%； 合同评审率 100%	《合同管理规定》 《工程承包合同管理程序》	半年/不定期	合同履约跟踪表； 合同评审记录
12	采购及物资管理	合格供方采购比例 100%	《材料、构配件和设备管理程序》 《物资采购管理规定》 《材料成本控制管理实施细则》	季度/不定期	合格供方名录； 项目部材料综合统计报表； 项目部自查记录表
		入库物资合格率 100%			
		材料成本降低率 2%			20　年(　)季度材料成本控制完成表

续表 5-38

序号	监控过程	监测指标	执行标准	监测频次	鉴证资料
13	工作环境管理	清洁生产工地合格率 100%； 清洁生产工地优良率≥85%	《清洁生产管理规定》	季度/半年/不定期	清洁生产检查记录； 清洁生产管理检查汇总评分表
		办公用品的摆放达标率 100%； 环境卫生清洁达标	《文明办公环境管理规定》	季度/不定期	文明办公环境检查记录表
14	技术管理	施工组织设计、质量计划、三类方案审核合格率 100%	《施工组织设计管理规定》 《质量计划管理规定》 《施工技术方案管理规定》	季度/半年/不定期	审核意见记录及整改记录、施工组织设计、质量计划、三类施工技术方案
15	顾客满意管理	顾客满意度 90 分以上； 满意度调查覆盖率 100%； 顾客投诉有效处置率 100%	《顾客满意程度测量控制程序》	季度/半年	顾客满意度调查表； 季度目标完成情况统计表； 顾客反馈处置记录
16	质量管理	创省部级以上优质工程	《工程创优管理规定》	不定期	创优计划、创优项目申报资料、项目质量管理检查表
		质量问题整改率 100%	《工程项目施工质量管理程序》	季度/半年/不定期	质量验收统计表； 质量信息反馈单
		焊接一次合格率 96%以上	《工程项目施工质量管理程序》	季度/不定期	月份焊接合格率统计表
		成品保护达标率 100%	《工程项目施工质量管理程序》 《清洁生产管理规定》	季度/半年	成品保护检查记录； 成品保护检查汇总评分表

续表 5-38

序号	监控过程	监测指标	执行标准	监测频次	鉴证资料
17	分包管理	分包资质审查率 100%	《工程分包管理程序》	不定期	分包资质材料及审批表
		分包结算审核率 100%	《工程分包结算管理规定》 分包合同相关条款	季度	分包进度结算书、分包结算书
		工程供方评定率 100%; 工程分包考核率 100%	《工程分包管理程序》	项目施工前	工程分包方能力调查表; 临时工程分包方评价表; 工程分包方综合考核评价表
18	环境管理	施工垃圾、废弃物处置率 100%; 重要环境因素(粉尘、噪声等)监测率 100%	《噪声污染与防治管理规定》 《废气、废水(污水)及扬尘管理规定》 《废弃物管理规定》	季度/半年/不定期	环境指标监测报告; 方针目标管理检查表
19	职业健康安全管理	员工上岗前、在岗期间、离岗时的职业健康检查率 100%; 职业健康检查率 95%以上; 职业病危害检测率 95%以上; 全员培训教育率 100%; 员工 HSE 二、三级教育监控率 100%; 施工现场安全监控率 100%; HSE 隐患整改措施有效性监控率 100%; 在岗特种作业人员操作证办理率 100%,持证上岗率 100%等	《HSE 运行控制程序》 《HSE 教育管理规定》 《HSE 设施完整性管理规定》 《HSE 生产责任制管理规定》 《安全生产管理规定》 《安全检查管理规定》 《交通安全管理规定》 《施工过程安全管理规定》 《消防管理规定》 《职业病防治管理规定》 《特种作业人员安全管理规定》	半年/不定期	职业健康检查记录及检查结果报告; HSE 检查表; 目标完成情况统计表; 培训记录; 隐患整改通知单及整改验证记录; 特种人员作业证及台账

续表 5-38

序号	监控过程	监测指标	执行标准	监测频次	鉴证资料
20	应急管理	应急物资配备完好率； 应急预案计划实施率 100%	《应急准备与响应控制程序》	季度/半年	应急预案、应急演练计划、应急演练及评审记录
21	工程交付与服务	单位工程验收合格率 100%； 交工资料与施工进度同步； 服务质量计划回访完成率 100%	《交工技术文件管理规定》 《工程交付与服务管理程序》	季度/不定期	工程质量统计表； 交工技术文件最终审查记录； 服务质量回访计划； 质量回访调查表
22	数据分析管理	统计工具重点领域应用率 100%； 公司级重点数据分析率 100%	《数据分析控制程序》	半年/不定期	数据分析相关记录，如分析报告
23	创新与改进	技术进步 1 项； 省部级以上 QC 成果 1 项； 内、外部检查整改有效实施率 100%	《技术创新与新技术应用管理规定》 《质量管理小组活动管理规定》 《纠正措施控制程序》 《预防措施控制程序》	季度/半年	开题设计报告、技术进步成果、月份技术开发计划及完成表； QC 小组活动计划、QC 成果及 QC 小组活动记录等； 内、外部检查记录； 纠正(预防)措施表及相关见证资料

【案例分析】

亮点：能够对现场管理过程建立监控计划，并结合各个过程关键监控点设定专业监控指标；监控计划中明确执行标准、监控频次、监控记录，执行起来更具有操作性。

改进：指标设置与过程要求及关键过程监控节点不能有效对应，如质量管理过程的要求包括：质量策划充分、质量控制有效、产品质量合格、达到部优工程、过程检查规范、质量改进成效，设置的监控指标中对于质量策划充分性、过程检查和质量改进方面等均未设置相应监控指标；监测指标设置不可测量，如资源配置、职责管理监测指标未量化。

【案例2】质量检验计划（见表5-39）

表5-39 多层钢结构分项工程质量检验计划

<table>
<tr><td colspan="2">单位工程名称</td><td colspan="2">××××土建工程</td><td>分部工程名称</td><td colspan="2">钢结构安装</td></tr>
<tr><td colspan="2">分项工程名称</td><td colspan="2">多层钢结构安装</td><td>检验标准</td><td colspan="2">GB 50205《钢结构工程施工质量验收规范》</td></tr>
<tr><td>序号</td><td>检验批</td><td>检验项目</td><td>控制等级</td><td>检查数量</td><td>检验方法</td><td>工作鉴证</td></tr>
<tr><td>1</td><td rowspan="5">多层钢结构安装检验批</td><td>钢构件验收</td><td>C</td><td>按构件数抽查10%，且不少于3个</td><td>观察、拉线、钢尺</td><td rowspan="5">SY03-A034</td></tr>
<tr><td>2</td><td>钢柱安装允许偏差</td><td>B</td><td>标准柱全查，非标准柱抽查10%且不少于3个</td><td>全站仪或激光经纬仪、钢尺</td></tr>
<tr><td>3</td><td>钢主梁次梁的垂直度和侧向弯曲矢高允许偏差</td><td>B</td><td>按同类构件数抽查10%，且不少于3个</td><td>吊线、拉线、经纬仪、钢尺实测</td></tr>
<tr><td>4</td><td>主体结构整体垂直度和整体平面弯曲允许偏差</td><td>B</td><td>主要立面全部检查</td><td>激光经纬仪、全站仪</td></tr>
<tr><td>5</td><td>钢结构表面</td><td>B</td><td>按同类构件数抽查10%，且不少于3件</td><td>观察检查</td></tr>
</table>

续表 5-39

<table>
<tr><td colspan="3">单位工程名称</td><td colspan="2">××××土建工程</td><td>分部工程名称</td><td colspan="2">钢结构安装</td></tr>
<tr><td colspan="3">分项工程名称</td><td colspan="2">多层钢结构安装</td><td>检验标准</td><td colspan="2">GB 50205《钢结构工程施工质量验收规范》</td></tr>
<tr><td>序号</td><td>检验批</td><td>检验项目</td><td>控制等级</td><td colspan="2">检查数量</td><td>检验方法</td><td>工作鉴证</td></tr>
<tr><td>6</td><td rowspan="6">多层钢结构安装检验批</td><td>钢柱等主要构件中心线及标高基准点标记</td><td>B</td><td colspan="2">按同类构件数抽查10%，且不少于3件</td><td>观察检查</td><td rowspan="6">SY03-A034</td></tr>
<tr><td>7</td><td>钢构件安装允许偏差</td><td>B</td><td colspan="2">按同类构件或节点数抽查10%，柱梁各不少于3件，主梁次梁连接节点不应少于3个</td><td>附录E.0.5钢尺、拉线</td></tr>
<tr><td>8</td><td>主体结构高度</td><td>B</td><td colspan="2">按标准柱列数抽查10%，且不少于4列</td><td>全站仪、水准仪、钢尺</td></tr>
<tr><td>9</td><td>安在混凝土柱上支座中心对定位轴线精度</td><td>B</td><td colspan="2">按同类构件数抽查10%，且不少于3榀</td><td>拉线、钢尺</td></tr>
<tr><td>10</td><td>钢平台、钢梯、栏杆安装允许偏差要求</td><td>B</td><td colspan="2">抽查10%，平台不少于1个，栏杆不少于5 m，钢梯不少于1跑</td><td>附录E.0.4</td></tr>
<tr><td>11</td><td>现场焊缝组对间隙允许偏差</td><td>B</td><td colspan="2">按同类节点数抽查10%，且不少于3个</td><td>钢尺</td></tr>
</table>

【案例分析】

亮点：能够按照分项工程建立检验计划，明确了检验标准、检验批、检验项目、控制等级、检查数量、检验方法、工作鉴证等，具有较强的操作性。

【常见问题及应对措施】

1. 未建立各管理过程监控细则

多数现场能够实施日常检查，但是检查的标准、频次、检查责任人不明确，检查结果因检查人的个人能力决定，不能确保及时发现过程控制中的问题，采取改进措施。

应对措施：在过程策划同时明确检查要求。在过程识别时，确定需监控过程名称，在明确过程要求和设计过程流程时，对过程关键控制点及关键活动，确定检查要求及合格指标，汇总形成对管理过程的检查计划和细则。

2. 检验计划的指导意义不强

一般企业质量管理部门下达质量检验计划的模板或通用要求，现场管理存在直接照搬照抄，不能根据现场范围及相关各方要求明确各级检查点、检查应用的工具、方法、工作记录的要求等。

应对措施：建立有针对性的质量检验计划。根据每个项目现场的范围及 WBS 分解，结合确定的分部、分项工程明细表，按照每个分项工程，从原材料、工序产品（检验批）验收要求、分项、分部、单位工程等特性要求予以明确并展开。明确自检、专检、停检点等监控点。过程中根据工作任务的变化，调整检验计划的内容。

第四节　过程改进与创新

【准则要求】

企业应建立系统的现场管理过程改进机制。运用与企业管理实际相协调的技术和方法，对现场管理过程的效率和效能进行评价、分析与改进，确保过程不断优化。企业应识别现场管理创新机会，确定创新目标，实施创新活动，评价和固化创新成果。

【指南要求】

a）过程改进

通过对施工管理过程质量、成本、交期、人员技能、效率、安全等结果评价现场的适宜性和有效性，制定改进计划并组织实施。可采用合理化建议、标杆对比、QC小组等方法，并将改进成果及时纳入相应的现场管理体系。

b）过程创新

企业建立项目创新管理机制，识别重大改进的机会，开展技术和管理创新的立项，包括工法立项、新技术研发、管理创新课题等，确定创新目标，制定创新方案，配置充分资源，并组织实施。

企业应定期总结改进与创新的成果，及时固化成企业技术标准、作业指导书、工法、论文、专利管理标准等，纳入知识库管理，实现知识的共享。

【理解与实施要点】

企业的改进与创新能力，体现在现场管控上，因此，以现场为依托开展改进和创新是非常重要的。应建立系统方法对改进与创新进行管理，确定改进和创新目标，有计划、有步骤地开展渐进性改进，运用新技术、方法对施工工艺进行重大创新等，提高项目的质量、安全、工期等绩效水平。

1. 建立过程成熟度评价机制

围绕过程开展改进与创新，通过过程指标监控、过程能力分析、过程评审等方法找到需改进的方面。由于现场管理水平参差不齐、各专业过程能力各不相同，因此，要结合现场实际管理状况，建立过程成熟度评价模型，找到优先改进的方面。过程成熟度模型可采用定性与定量相结合的方式，综合考虑对战略支撑程度、竞争能力评价、过程控制水平、过程稳定性等方面确定。

2. 系统管理改进活动，识别创新机会

改进分为渐进式的持续改进和变革式的改进。建立改进与创新的管理制度及流程，对改进和创新全过程进行管理，确保达到预期目标。主要步骤包括：

（1）识别和确定改进机会；

（2）调查把握现状；

（3）寻求要因或最佳方案；

（4）制定对策计划；

（5）实施对策计划；

（6）确认改进效果；

（7）巩固和分享改进成果。

3. 改进计划的建立与实施

通过识别改进需求，对于渐进式改进列出改进计划，通过QC小组、合理化建议等方式实施，明确改进内容、步骤、时间、责任人等。

4. 创新立项与实施

现场涉及到新技术、新工艺、新方法等应用，应在项目策划阶段开展技术开发立项和工法立项，明确改进目标、实施阶段划分、时间、资源配置要求、成果验收等。

5. 改进工具

应当正确和灵活地应用统计技术和其他工具方法，充分利用数据、信息和知识，为改进提供支持，如QC新老七种工具、质量经济性分析、过程能力分析、测量系统分析、回归分析、统计过程控制、失效模式分析等，这些质量工具按照用途可分为：

(1) 项目计划和实施工具：箭头图、流程图、甘特图、矩阵图、过程决策程序图、关联图、树图等；

(2) 创意类工具：亲和图、标杆比较法、头脑风暴法、关联图等；

(3) 过程分析类工具：对标分析、因果关系矩阵、不良成本分析、关键质量特性分析、失效模式和影响分析、质量屋、SIPOC分析图表、工作流程图等；

(4) 数据采集和分析工具：对标分析、检查表、控制图、相关分析、试验设计、直方图、假设检验、过程能力分析、散布图、分层法、调查表、抽样等；

(5) 原因分析工具：失效模式与影响分析、故障树分析、鱼骨图、关联图、分层法、树图、散布图等；

(6) 评价和决策类工具：决策矩阵、决策树、矩阵图、优先级矩阵等。

6. 知识管理与知识分享

现场管理经验的总结和积累是企业重要的无形资产，现场管理中应总结改进和创新成果，纳入标准化或企业知识库管理。根据形成的知识资产的不同类别，分别归入质量、技术、安全等管理知识库中，使管理的经验能够为后续现场管理提供有价值的借鉴。

【案例】成熟度评价模型在过程评价中的应用

某现场为了评价过程的成熟度，建立过程成熟度模型（见表 5-40），每半年对关键过程进行了评价。

表 5-40 过程成熟度评价模型

序号	评价维度	评价内容	权重比例	评价频次	评价形式
1	对战略支撑程度（15%）	相关战略目标完成程度	8%	次/月	例会
2		关键指标的完成情况	7%	次/月	例会
3	竞争能力评价（10%）	关键指标与竞争对手或标杆对标结果、行业地位	10%	次/月	月度例会
4	过程控制水平（60%）	过程成本控制程度	10%	次/月	调度会
5		过程周期控制程度	10%	次/月	例会
6		技术和工具应用水平	20%	次/周	周例会
7		信息系统的利用程度	10%	次/半年	问卷调查
8		过程资源利用率	10%	次/月	例会
9	过程稳定性（15%）	监测指标的波动情况	8%	次/月	例会
10		下道工序顾客反馈	7%	次/年	问卷调查

【案例分析】

亮点：能够结合现场特点，从对战略支撑程度、竞争能力评价、过程控制水平、过程稳定性分析四个方面构建过程成熟度评价的模型，评价过程能力水平；成熟度模型能够对评价内容给出权重指标、评价频次、评价形式等，便于操作及检查评价实施情况。

改进：如果能将评价更加细化，操作性更强，如明确根据成本控制程度、过程周期、监测指标波动等控制结果，相对目标完成比例确定得分，更能对控制结果一目了然。

【常见问题及应对措施】

1. 数据收集及工具应用不够充分

现场由于人员、信息化等资源配置不充分，过程的信息不能及时收集，统计技术及工具应用处于比较初级阶段，不能为分析、评价提供数据的保证。

应对措施：建立信息管理的制度和计划。现场策划时，明确内外部信息收集的类别、渠道、频次及分析工具，确定责任人，并形成定期分析报告。现场管理者要定期评价信息的准确性，提出管理的相关要求。以信息系统为载体明确传递和共享的平台，确保信息传递及应用的准确性、及时性和完整性。

2. 过程评价开展不系统

大部分现场不能定期对过程能力进行系统评价，还处于救火式管理，只针对建设单位或监理方提出的问题，去解决问题，不能主动评价过程能力的改进。

应对措施：运用多种方式组织过程评价。现场应明确通过调度会、月份经济活动分析会、周例会、进度协调会等方式，及时发现过程管理问题。应加强对各种会议的策划，明确会议的内容、会议输入要求等，确保重要过程能够及时得到关注，并不断提升过程的有效性和效率。

3. 创新管理缺乏计划性

现场虽然开展一些改进活动，但明显缺乏计划性，有些创新创意在现场忙碌中被忽视，很多好的创新点子没有得到落实，影响创新效果。

应对措施：强化各类创新过程管理。明确通过QC活动、合理化建议、工法立项、工艺革新、技术研发、管理创新等方式实施改进活动。建立现场适用的创新方式及管理要求，确定创新目标，组成攻关课题组，强化从课题立项、资源配备、过程实施监控、创新结果评价及成果推报奖励等全过程管理，确保创新实施。主管部门要跟踪创新课题实施情况并及时给予指导，促进创新成果的形成。

第六章 结 果

现场管理的结果包括质量、效率与效能、履约、员工素质、成本、安全、环保与资源利用等方面的内容。

现场管理的结果体现了施工项目在关键业务方面的绩效和改进。包括质量、效率、成本、交付、安全、绿色施工等方面的内容。现场管理的绩效指标结果因项目特点不同，绩效指标的设立及结果统计方式也不尽相同，但结果部分应与过程相对应，以提高现场绩效指标的适宜性和经营结果的有效性。参照实施指南，列举了常用的现场管理的指标仅供参考。现场应定期对关键绩效指标和结果数据进行统计分析，建立数据库，适当时，可搜集竞争对手或标杆项目的可比数据。现场应定期组织对绩效指标和经营数据当前水平和趋势的分析，并与管理目标、历史数据（月度）、竞争对手或标杆数据（适当时）进行对比，以反映现场管理水平和差距，寻找改进机会，提高现场整体绩效管理水平。

绩效结果指标表达方式一般以图表为主，常用的图表有直方图、折线图、比例图、饼分图、表格等。应对图表数据趋势和状态进行说明，特别是当图形或表格数据出现异常或波动情况时，应进行注解并说明原因，确保图表数据清晰、意思表达准确。

第一节 质　　量

【准则要求】

企业应描述现场输出的质量满足过程要求的结果，包括内外部顾客满意程度和投诉情况等相关结果。

【指南要求】

企业描述现场输出的质量满足过程要求的结果，例如：

a）产品质量

检验批合格率、分项工程一次验收合格率、分部工程合格率、单位工程合格率，同时设计、同时施工、同时投入使用（三同时）验收结果；

b）策划质量

项目策划质量、图纸会审质量、施工组织设计编制质量、施工方案编制质量、优化和深化设计程度、技术交底编制及执行情况；

c）过程质量

“三检制”落实程度，质监部门抽查结果，质量事故结果、质量损失率，项目监理结果、监理报审报验完成率、监理通知整改落实率、项目监理满意度；

d）其他

项目监理结果，顾客质量投诉处理结果，新技术、新材料、新设备、新工艺应用程度、“建设部十项新技术”（混凝土技术、钢结构技术、绿色施工技术等）应用结果，技术资料及时性和完整程度，信息化推行程度，工法立项结果，科技开发立项结果，科技推广立项结果，专利，原材料合格率等。

【理解与实施要点】

建筑企业应描述现场输出的质量满足过程要求的结果。其中应包括适当的对比性数据。

现场反映质量方面的关键绩效指标如下。

1. 产品质量

工程一次验收合格率（包括检验批、分项工程、分部工程、单位工程）、原材料检验合格率、工程优良率、质量目标达成率、优质工程创建及验收结果、工程项目环境保护设施验收合格率、工程项目职业健康安全设施验收合格率。

2. 策划质量

项目质量策划活动完成率、项目管理规划或质量计划编制审批率，施工组织设计编制审批率、施工方案编制审批率、施工方案优化取得的成效，图纸深化设计取得的成效、图纸会审完成率，技术交底及时率等。

注1：施工方案优化取得的成效——施工方案经过优化后，与原方案相比在工期、质量、安全、经济效益、施工工艺、技术创新、绿色节能等方面取得的好的效果。

注2：图纸深化设计取得的成效——图纸经深化设计后，与深化设计前相比在工期、质量、安全、经济效益、施工工艺、技术创新、绿色节能及满足相关方需求等方面取得的好的效果。

3. 过程质量

班组自检合格率、自检记录完整率、工序交接检合格率、工序交接检记录完整率、质检员专检合格率、上级质量监督部门抽查结果、质量事故及处理结果、质量损失率、监理报审报验完成率、监理报审报验及时率、监理通知整改落实率、项目监理满意度等。

注：质量损失率＝（报告期内部损失成本＋报告期外部损失成本）/报告期施工总产值×100％。

4. 其他

新技术、新材料、新设备、新工艺应用成果，“住建部十项新技术”应用成果，技术资料与施工进度同步完成率，项目计算机软硬件配置率、综合管理信息系统应用效果，工法立项及成果、专利立项及成果、科技开发项目立项及成果、科技推广项目立项及成果，论文撰写成果，顾客满意度、项目重大投诉数量、投诉处理满意度等。

第二节　效率与效能

【准则要求】

企业应描述现场涉及的流程、设备、材料、人员作业等方面的管理效率和效能结果，包括外包过程、供应链衔接等结果。

【指南要求】

企业描述现场涉及的流程、设备、材料、人员作业等方面的管理效率和效能结果，例如：机械设备完好率、机械设备利用率、机械设备维修计划完成率、测量设备校验按时完成率、预结算及时性、工程签证及时性、施工计划执行（完成）率、全员劳动生产率、项目赢利能力（利润率）等。

【理解与实施要点】

建筑企业应描述施工项目所涉及的主要业务流程、设备、材料、人员作业等方面的管理效率和效能结果。其中应包括适当的对比性数据。

现场反映效率与效能方面的关键绩效指标通常有：项目管理工作流程编制率、施工工艺流程编制率，设备完好率、设备利用率、设备故障率、设备停机时间、大型关键设备数量、设备维修计划完成率、监视和测量设备按期校准率、监视和测量设备校准合格率，材料供应及时率，全员劳动生产率、人均产值、人均利润、合格分包方数量，工程变更及时性、工程洽商签证及时性，施工进度计划节点完成率，预结算及时性、产值利润率等。

第三节 履　约

【准则要求】

企业应描述现场计划执行、关键节点、现场输出产品的履约结果，以及对最终产品履约的影响。

【指南要求】

企业描述现场计划执行、关键节点、现场输出产品的履约结果，以及对最终产品履约的影响，例如：合同履约率、分部工期履约率、计划执行率等。

【理解与实施要点】

建筑企业应描述施工现场所涉及的质量、工期、安全、文明施工、环保、服务等方面满足施工合同要求的绩效结果，以及对最终产品履约的影响。主要内容包括：

(1) 为满足合同工期要求所进行的项目施工总体部署、项目进度计划、关键节点或里程碑节点控制。

(2) 为满足合同质量目标及质量承诺所进行的过程质量控制、质量验收、质量创优目标的实现。

(3) 为满足合同中工程质量保修要求，在工程保修期内所进行的工程回访和质量保修工作。其中应包括适当的对比性数据。

现场反映履约方面的关键绩效指标通常有：合同履约率、《项目目标经营责任书》履约率、准时交付率、里程碑节点工期履约率、分部工程工期履约率、施工进度计划执行率、质量承诺兑现结果、竣工工程回访计划完成率、保修质量合格率、保修结果满意率等。

第四节 员 工 素 质

【准则要求】

企业应描述与现场员工职业生涯发展相协调的员工培训、参与现场管理、技能提升等素质成长结果。

【指南要求】

企业描述与现场员工职业生涯发展相协调的员工培训、参与现场管理、技能提升等素质成长结果，例如：

a）培训

人均培训学时、培训计划完成率、培训满意度、培训有效性结果（与现场效率提升相匹配）、员工职业生涯管理等；

b）技能

技能工比例、多能工比例、持证上岗率、人岗匹配率等；

c）改进与创新

合理化建议参与率、人均合理化建议件数、QC小组活动参与率等；

d）员工士气

员工满意度等。

【理解与实施要点】

建筑企业应描述与现场员工职业生涯发展相协调的员工教育培训、员工参与现场管理、现场改进与创新、员工技能、员工素质提升、员工权益等学习与成长方面的结果。其中应包括适当的对比性数据。

施工项目反映员工素质方面的关键绩效指标如下。

1. 培训

人均培训学时、培训人次、培训费用、培训计划完成率、培训满意度、培训效果评估（与现场效率提升相匹配）、员工晋升率、员工学历结构、职称结构、注册执业资格等。

2. 技能

项目管理人员(如项目经理、质量检查员、技术员、试验员、安全员等)持证上岗率、特种作业人员持证上岗率、关键岗位人员(如防水工、机械工等)持证上岗率、技能工比例、多能工比例、人岗匹配率等。

注1:技能工比例——指参加国家认可的职业技能培训机构培训,考试合格并取得资格证书的人员占项目操作工人总数的比例。如手工木工、精细木工、架子工、钢筋工、抹灰工、油漆工、混凝土工、砌筑工等。

注2:多能工比例——指具备两项以上职业技能资格的技能工人数占项目操作工人总数的比例。

3. 改进与创新

合理化建议数量、合理化建议采纳率、QC小组活动成果率、QC小组活动参与率、改进与创新成果数量、获得改进与创新荣誉数量、成果转化率等。

4. 员工士气

员工权益、员工薪酬水平、员工满意度、员工流失率等。

第五节　成　　本

【准则要求】

企业应描述现场成本控制结果,如:生产成本、服务成本以及质量成本等。

【指南要求】

企业描述现场成本控制结果,例如:项目成本目标完成率、标准成本降低率，质量损失成本，物资采购成本降低率等。

【理解与实施要点】

建筑企业应描述现场所涉及的成本控制方面的绩效结果。企业应根据现场的实际情况确定现场成本控制目标或指标，应确保这些目标和指标能够真实反映现场成本管理水平，并根据所列目标、指标描述成本控制结果，必要时可描述与竞争对手或标杆的对比性数据。

反映成本控制方面的关键绩效指标通常有：项目成本目标完成率、单方造价指标、项目预算执行率、工程结算报出率、工程结算及时率、质量损失成本、材料采购降本率、标准成本降低率、项目累计盈亏数额、成本费用利润率等。

注1：质量损失成本——报告期内部质量损失成本＋报告期外部质量损失成本。

注2：标准成本——通常是指参照国家或地方定额计算的成本，即预算成本，人、材、机价格及数量均按当地定额水平计算，与实际成本相比较，即得出项目标准成本降低率。但由于市场价格变动较大，材料消耗定额滞后等因素，导致标准成本和标准成本降低率参考价值较小。

注3：项目累计盈亏数额——项目自开工至报告期的盈亏累计数量。

第六节 安　全

【准则要求】

企业应描述现场安全管理结果，包括人身安全、设备安全、消防安全等。

【指南要求】

企业描述现场安全管理结果，例如：安全措施费占工程造价的比重、安全检查落实程度、死亡事故数、千人负伤率、特殊工种持证上岗率、工人入场教育落实率、分项工程安全技术交底落实率、安全资料及时性及完整程度，特种设备按期校验率，应急预案演练按时完成率等。

【理解与实施要点】

建筑企业应描述施工现场安全与文明施工方面的绩效结果，内容涉及人身安全、设备安全、消防安全等。其中应包括适当的对比性数据。

反映安全与文明施工方面的关键绩效指标通常有：年负伤频率、千人负伤率、千人伤亡率、亿元产值伤亡率、生产安全事故起数、安全工时、百万产值损失率、安全措施费用比、安全达标合格率、安全检查覆盖率、现场安全防护设施到位率、重大危险源施工方案专家论证完成率、安全事故隐患整改率、安全教育覆盖率、“三类人员”持证上岗率、项目专职安全生产管理人员配置数量、安全技术交底落实率、安全资料及时性及完整性、特种设备备案及按期校验率、特种设备进场验收合格率、应急预案演练按时完成率、安全文明工地创建与验收、现场安全质量标准化建设成果等。

注 1：年负伤频率——用千分比表示，一年内因工负伤的人次数同企业期末在册平均人数的比值。

注 2：三类人员——建筑施工企业主要负责人、项目负责人、专职安全生产管理人员。“三类人员”持证上岗率指建筑施工企业“三类人员”中持证上岗人员的数量占总人数的比值。

注3：安全达标合格率——按国家或行业安全检查标准评价结果进行统计。如JGJ 59《建筑施工安全检查标准》。

注4：安全措施费用比（安全生产、文明施工措施费比）——安全生产、文明施工措施费经造价管理机构、安全监督管理机构实际测定数值与按省级建设工程计价依据规定计算值的比。

第七节 环保与资源利用

【准则要求】

企业应描述现场的环境保护、节能减排、资源再利用等管理结果。

【指南要求】

企业描述现场的环境保护、节能减排、资源再利用等管理结果，例如：噪声、扬尘、废水、固体废弃物等污染物排放达标率，废旧物资回收或重复利用程度，节能减排推广结果，万元产值能耗，绿色施工结果。

【理解与实施要点】

建筑企业应描述施工现场环境保护、节能减排、资源再利用、绿色施工等方面的绩效结果。其中应包括适当的对比性数据。

施工项目反映环境保护、节能减排、资源再利用、绿色施工方面的关键绩效指标如下。

1. 环境保护实施效果

建筑垃圾、噪声监测、污水监测、扬尘治理、光污染控制、危险化学品控制、固体废弃物等指标结果，污染物排放达标率等。

2. 节材与材料利用实施效果

主要材料的损耗控制、边角余料及废旧物品合理利用等指标结果。

3. 节水与水资源利用实施效果

办公区、生活区、施工（生产作业）区节水量，节水设备配置情况，水资源利用情况等指标结果。

4. 节地与土地资源保护实施效果

施工绿化面积与占地面积比率，土石方开挖节约量，施工现场平面合理布置情况，原有建筑物、构筑物、道路和管线的利用情况，土地原貌恢复情况等指标结果。

5. 其他

节能减排推广、绿色施工创建与验收、绿色建筑创建与验收、节电指标、万元产值综合能耗等指标结果。

【常见工具方法】

事故树、事件树、调查表、因果图、柱状图、折线图、饼分图、雷达图、数理统计等。

【常见问题及应对措施】

1. 指标数据与过程不对应，缺少对比指标

现场不能结合实际合理设置测量指标，如：绿色施工过程，

除了污染物控制指标外，还应设置节水、节地、节材和节能方面的指标。另外，竞争对手或标杆的对比数据也难以获得，缺乏对比。

应对措施： 在项目策划阶段，进行现场管理目标和指标体系的策划，根据工程特点合理设置与施工过程相对应的指标，定期进行目标、指标数据的统计分析，及时反映项目质量、进度、安全、成本等运行状况，为决策层提供有效的数据信息。竞争对手数据可以通过行业协会、上级主管部门、网站等渠道获得。标杆可在企业外部选择，也可在企业内部选择同类项目作为标杆，进行内外部的学习对比，可以进行数据对比，也可通过现场观摩、经验介绍等形式进行学习交流，以达到绩效改进和提高的目的。

2. 计算方法不清晰，计算结果不准确

建筑业统计“万元产值综合能耗”指标相对较为困难。万元产值综合能耗计量单位一般工业企业为吨标准煤，建筑业不同品种的能耗常出现统计结果不准确的问题。

应对措施： 现场应明确指标定义及计算公式。如现场在统计万元产值综合能耗指标时，建议采用万元产值用水量、万元产值用电量等统计结果反映节能情况。现场对因计算方法不确定导致数据结果不确切的指标，应核准计算方法，确保数据的准确性。现场不适用的指标，应予以删减，并注明理由。

3. 计算依据不充分，不能提供数据结果的支撑性资料

某建筑现场提供的结果表述中有“施工现场安全达标率100%，‘三类人员’及特种作业人员持证上岗率100%，环境监测达标率100%”等。但项目部不能提供按JGJ 59标准进行施工现场安全检查、“三类人员”持证上岗、特种作业人员持证上岗、环境监测报告等相关的支撑性材料，使得数据的可信度受到影响。

应对措施：项目部应建立系统的数据资料采集方法，学习和理解各项指标数据的定义、计算公式和统计口径，保证原始数据的真实可靠、统计数据完整、客观证据充分。数据结果所依据的人员台账、岗位证书、标准规范、检测记录、试验报告等证实性材料应予保存，第三方监测、检定等结果应能提供检测报告、检定证书等有效文件，确保结果数据的可追溯性。

第三篇 建筑企业现场管理准则实施

第七章　全国现场管理星级评价活动

第一节　全国现场管理星级评价活动介绍

一、全国现场管理星级评价活动开展背景

全国现场管理星级评价活动是中国质量协会于 2009 年起开展的企业现场管理改进提升活动。该项活动旨在引导企业重视和加强现场管理工作，通过《企业现场管理准则》的导入和实施，建立和完善企业内部现场管理体系，将先进质量管理工具方法系统运用到基础管理工作过程中，不断增强企业管理水平，促进企业品牌价值和核心竞争力的提升。

国家质量监督检验检疫总局和国家标准化管理委员会于 2013 年正式发布《企业现场管理准则》（GB/T 29590—2013）。该项国家标准由中国质量协会负责组织起草制定，是我国第一部原创性的管理类国家标准。标准的出台，为企业提供了系统开展现场管理工作的方法。

二、全国现场管理星级评价活动发展历程

1. 试点、探索阶段（2009—2010 年）

在政府主管部门的指导和支持下，中国质量协会在 2009 年组

织专家，借鉴国内外成功实践，制定出《现场管理星级评价标准》和《现场管理星级评价评分方法》，在部分制造业企业的生产现场启动了全国现场管理星级评价活动的试点工作。共有20个现场参加了首批试点活动，取得了良好的效果。试点企业普遍反映通过实施现场管理评价标准，找到了现场管理的系统方法，使得企业的战略和运营管理落了地，现场作业管理有了切实可操作的抓手，尤其是一线的员工，弄懂、学会了质量管理工具和方法的实际运用。2010年，在总结试点工作经验的基础上，中国质量协会在全国范围的制造业全面开展全国现场管理星级评价活动，并开展服务业、建筑业等行业的试点工作。

2. 完善调整阶段（2011—2012年）

2011年，中国质量协会在前期试点推广的基础上，对“现场管理准则”进行了课题研究，从理论上系统梳理和总结现场管理的要求，为国家标准的立项、制定打下了良好的理论基础。2012年，在经过调查研究和企业的充分实践基础上，经国家标准化管理委员会的批准，由中国质量协会组织的“现场管理准则”国家标准起草工作全面启动。伴随国家标准的立项和起草，全国现场管理星级评价活动各项工作也逐渐完善起来，活动领域拓展到制造业的绝大部分领域，并在建筑业、服务业中也蓬勃开展起来。

3. 全面推广实施阶段（2013年至今）

2013年，由中国质量协会负责组织制定的《企业现场管理准则》国家标准顺利通过全国质量管理和质量保证标准化技术委员会审查，并于2013年12月1日正式实施，该项国家标准也是我国独创的管理类标准。为了更好地指导企业实施《企业现场管理准则》，相关国家标准解读书籍也同步出版发行。在全国质协系统的共同努力下，全国现场管理星级评价活动覆盖的区域和领域不断延伸，活动的效果显著。全国所有省、自治区、直辖市均有企业参与了全国现场管理星级评价活动。

三、全国现场管理星级评价活动实施效果

全国现场管理星级评价活动的开展，推动了《企业现场管理准则》国家标准在各个行业领域的全面实施，活动范围已涵盖全国所有省、市、自治区，包括电子、钢铁、机械、军工、船舶、航天、通信、交通运输、金融、建筑等各个行业的数百个星级现场。一批批具有代表性的企业在开展现场管理改进提升工作过程中，结合现场的特点，建立系统的推进机制，普及运用先进质量管理工具和方法，在管理过程中持续改进创新；同时在标准的导入实施过程中，逐渐形成具有各自特色的现场管理体系和现场管理氛围，激发了基层现场员工的工作热情和积极性，促进企业战略在现场的落地和实施，取得了良好的效果。

第二节　全国现场管理星级评价活动开展程序

一、全国现场管理星级评价活动原则

全国现场管理星级评价活动坚持“科学、客观、公正”的原则，依据《全国企业现场管理星级评价管理办法》的相关规定，按照《企业现场管理准则》（GB/T 29590—2013）的要求进行。

申报现场的范围和条件如下。

1. 制造业

独立的生产车间或独立的生产线。

2. 服务业

独立的服务现场。

3. 建筑业

(1) 工程项目启动，即按《企业现场管理准则》要求导入，开展现场管理工作；

(2) 现场评价时，工程项目工程量完成50%～80%；

(3) 已完成的分部、分项工程验收合格；

(4) 申报的施工现场无安全、质量事故；

(5) 项目监理未发现重大安全、质量问题。

二、全国现场管理星级评价活动安排

1. 资料申报

全国现场管理星级评价活动申报截至每年的4月30日。拟参加当年全国现场管理星级评价活动的企业，将包含以下全部材料电子版本的光盘一张寄送到中国质量协会（不接收纸质申报材料）：

(1) 申报现场简介（word版本）；

(2) 申报现场组织结构图（word版本）；

(3) 申报现场作业流程图及现场布局图（word版本）；

(4) 申报表（从中国质量协会网站下载最新版本，将首页加盖企业公章后扫描为电子文件）；

(5) 现场管理策划方案（word版本，企业制定的中短期现场管理策划方案及实施情况，包括目标、计划、实施方法、项目等）；

(6) 申报现场管理报告（word版本，依据《企业现场管理准则》（GB/T 29590—2013）条款要求撰写）；

（7）本行业现场涉及的相关国家标准、行业标准、企业标准（或规范）（提供目录即可）；

（8）施工进度计划表（或图）、施工组织方案（或摘要）（建筑业申报现场提供）；

（9）所属行业或所在地区质协推荐意见（加盖公章后扫描为电子文件）。

2. 现场指导

中国质量协会将组织专家对申报材料审核通过的现场，进行现场指导和评价。

第八章　建筑企业现场管理案例

第一节　数字化技术在施工管理中的应用

一、数字化工程管理背景

上海城建市政工程（集团）有限公司（以下简称“公司”）不断拓展信息技术在工程管理领域的应用，以打造“数字化工地”为目标，追求现场管理信息化和标准化，取得良好的经济效益和社会效益。

随着建筑业科技水平的迅猛提高，国家对建筑行业安全标准和监管力度的逐步加强，建立一套完整的数字化工地管理系统已经成为未来的主流趋势。

在这一大环境下，城建市政数字化工地管理系统的建立旨在达到以下目的：

(1) 科学地使用信息化管理工具、方法，高效率管理施工现场，实现公司战略赋予项目的安全、高效、高质量目标；

(2) 施工管理水平上升到新的高度，更好地为业主服务；

(3) 提高团队素养，培养团队能力，激发员工积极性、创造性，鼓励员工自觉参与到现场管理和流程改进工作中。

二、工程概况

上海轨道交通12号线11标工程地处徐汇区滨江开发区，该工程是上海城建市政工程（集团）有限公司地下工程板块当中重要的地铁工程项目。工程主要包括龙华站—浦江南浦站区间隧道和浦江南浦站—大木桥路站区间隧道推进工程及旁通道两座泵站一座。区间从龙华站出发，途径华容路、宛平南路、船厂路、小木桥路，穿过中山南二路高架桥墩后接入大木桥路站，其中龙华站—浦江南浦站区间隧道长1021 m，浦江南浦站—大木桥路站区间隧道长1220 m，区间采用4台Φ6340盾构推进。

三、数字化创建工作

（一）数字化工地建设目标

1. 总目标

通过多项物联网技术组合，有效提升工程管理能力。

2. 子目标

（1）实现工程质量、安全、物资的实时管理；

（2）增强工程质量、安全、物资管理的可追溯性；

（3）实时掌控项目工料机计划及实际耗用分析；

（4）强调多子系统联动校验分析；

（5）项目风险节点及时发现及预警；

（6）项目运行综合数据远程智能展现。

（二）数字化系统架构

上海城建市政工程（集团）有限公司上海轨道交通12号线11标段数字化工作主要包括三个子系统（见图8-1）。

（1）数字化系统，包括：

① 门禁管理子系统；

② 视频监控管理子系统；

③ 人员定位子系统。

(2) 数字化管片管理系统。

(3) 数字化物资管理系统。

(4) 数字化隧道 BIM 模型。

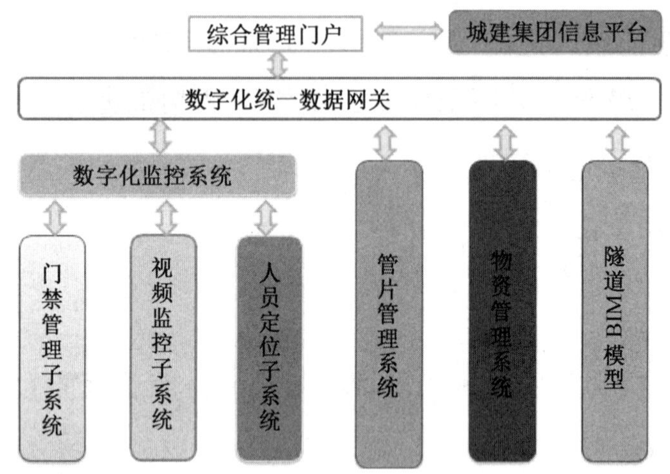

图 8-1 数字化工地系统架构示意图

(三) 数字化系统及其功能概述

1. 数字化安全管理系统

数字化安全管理系统是将传统门禁系统、视频监控系统结合数字化射频识别（Radio Frequency Identification，RFID）人员定位系统形成的数字化管理平台。

(1) 安全管理系统实现的目标：

① 工程施工安全管理信息化；

② 工程施工安全追溯性；

③ 实时掌握施工安全动态；

④ 施工风险源动态控制。

(2) 系统核心技术：RFID 人员定位系统。在安全帽上安装 RFID 射频芯片，通过固定位置读头读取 RFID 芯片信息确定佩戴安全帽的人员位置。读头将信息通过无线传输逐级传递到中央监控室中（见图 8-2）。

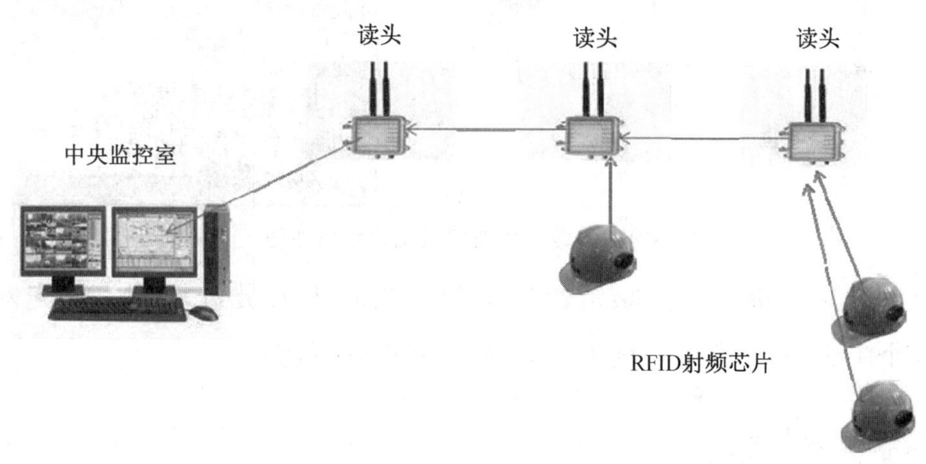

图 8-2 RFID 芯片系统传输图

射频识别（RFID）：俗称电子标签。射频识别是一种非接触式的自动识别技术，它通过射频信号自动识别目标对象并获取相关数据，识别工作无需人工干预，可工作于各种恶劣环境。一般由标签（Tag）、阅读器（Reader）和天线（Antenna）三个部分组成。

数字化监控系统现场拓扑图如图 8-3 所示。

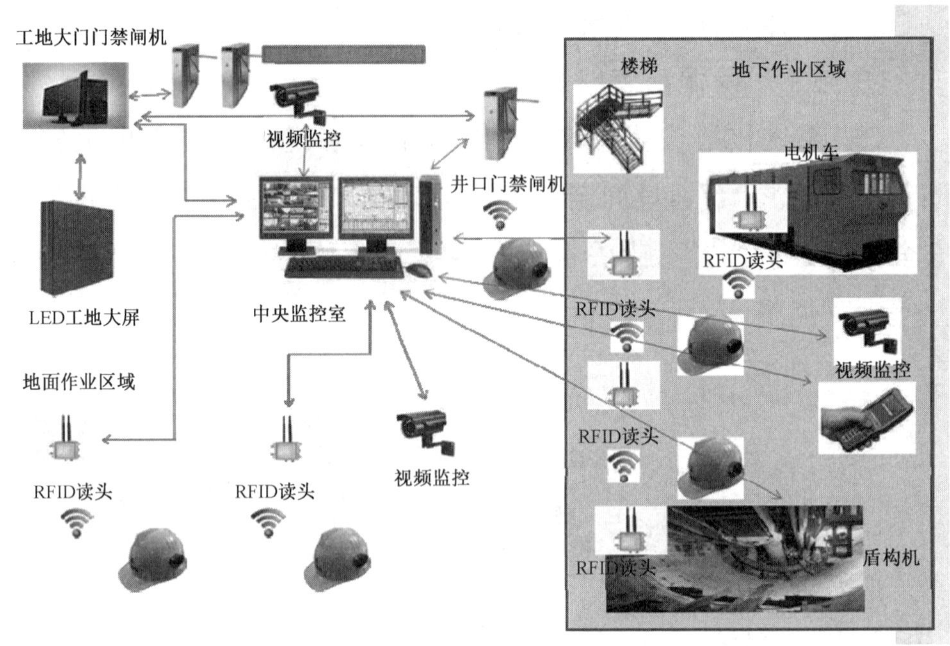

图 8-3　数字化监控系统现场拓扑图

(3)基础工作：原始数据采集。在施工人员进场前，首先对每个工人进行基本信息采集，主要包括以下信息：

——姓名；

——身份证号；

——户籍地址；

——联系方式；

——合同签署情况；

——社会保险（或其他保险信息）；

——体检信息；

——工种；

——操作证；

——三级安全教育信息；

——安全交底；

——零违章签约情况；

——所属分包；

——所属班组；

——劳保用品发放信息；

——发放日期。

在以上信息收集确认后，对进场人员办理专属 IC 信息卡，发放带有个人信息的安全帽。

(4) 门禁系统。办理信息卡后，人员获得进入施工现场许可，可以通过信息卡进入施工现场。该试点门禁系统有两部分组成：进入现场门禁及进入工作井门禁。

① 现场门禁：进入现场门禁需通过员工专属 IC 卡，IC 包含基础信息及照片信息（见图 8-4）。

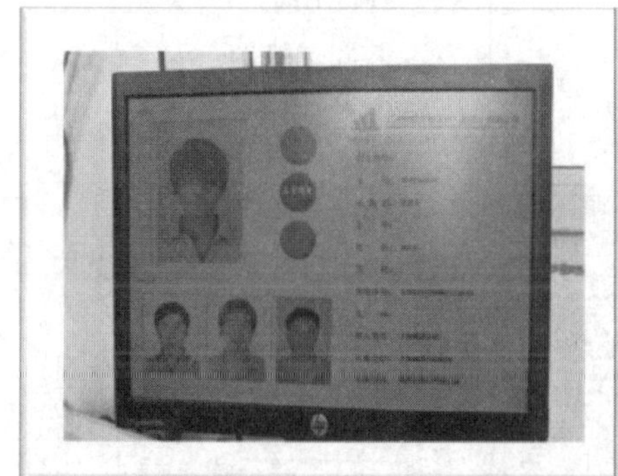

图 8-4　现场门禁准入图

② 进入工作井门禁：盾构施工工作井下为盾构施工危险源区域，施工主要危险源均位于工作井内，因此项目下井门禁采用刷“帽”下井，即：通过安全帽上的 RFID 芯片才能获得进入工作井许可（见图 8-5），这样就避免了不佩戴安全帽下井的情况，并且安全帽内包含工人的安全教育信息、安全交底信息等，如果信息存在问题，工人将无法进入工作井内，这样从根本上杜绝了未接

受教育人员、场外人员、存在违规记录人员进入工作井内的情况。

图 8-5　下井门禁

（5）人员定位。依托 RFID 定位系统为核心，结合安全帽芯片、定位读头、无线传输设施、后台系统构成完整的人员定位系统（见图 8-6）。

井下定位 → 浦江南浦站～大木桥路站区间 → 区间上行线
区间上行线
龙华站～浦江南浦站区间 → 区间上行线
区间上行线

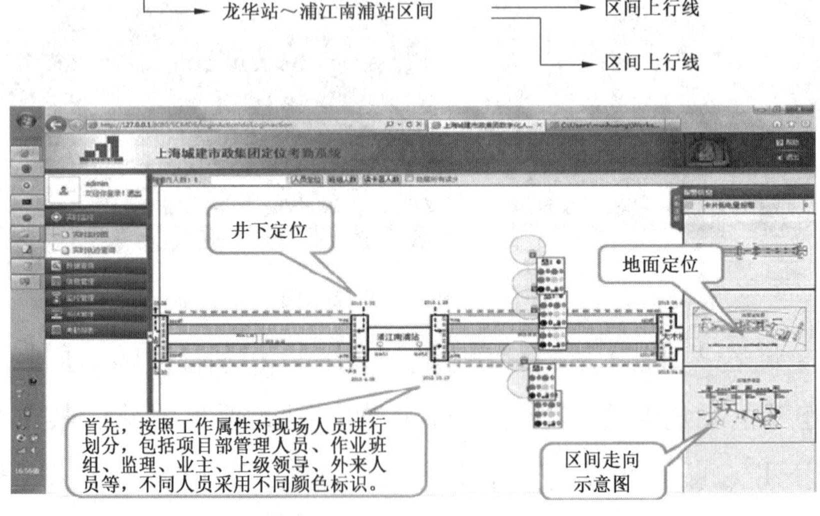

图 8-6　人员定位系统定位图

① 按照人员工作内容进行性质划分。主要包括：管理人员、作业人员、监理人员、业主、上级领导、参观人员等。其中作业人员内部按照作业班组、所属分包不同进一步划分。

② 根据施工现场作业面对定位区域进行划分。该工程包含两个盾构区间，因此，区域划分为地面定位及井下地面定位。

（6）实现风险源管理功能。针对盾构推进施工的相关风险源进行分析，通过定位系统实现风险源分类定点管理。

首先，针对相关风险源位置设置定点定位信息读头（见图 8-7），将风险源的安全及技术交底信息、安全设施验收信息、安全管理人员到岗信息等设置到读头内。风险施工前，将此风险源涉及的相关人员信息圈定，将风险源相关技术交底、安全交底信息等上传到后台系统中。并将风险源相关管理人员同时输入后台系统中。形成完整的风险源管理信息。

编辑

读头编号：1
读头名称：暗埋段
监控每日安全讲评：是　否
安全培训交底：--请选择--
危险源监管人员：徐云海,还鑫,曹军,江顺浩　选择人员 清除
所属监控图：地下监控图
读头半径：10
备注：1
确定　取消

图 8-7　风险源管理读头的设定

在风险源施工过程中，系统读头一旦发现非该风险源施工人员进入该区域或未经该风险源交底人员进入该区域，立刻发出报

警，报警信息通过短信推送到相关安全管理人员手中，相关安全管理人员如未在规定时间内作出处理并闭合该报警，系统会将报警信息推送至更高级别管理人员手中。

同理，如该风险源安全管理人员未按时到位或脱岗，系统同样会发出报警信息，相关人员需针对系统报警信息进行闭合处理。

(7) 拓展功能。将风险源位置设置摄像头与定位读头结合，增加风险现场监控视频。

除了对进入施工现场人员进行实时定位外，系统后台还对读头读取到的 RFID 芯片信息进行记录，记录信息存储在系统后台电脑中。记录数据将对后期管理提供拓展功能。

① 人员轨迹查询。通过记录读头读到芯片信息的时间及不同读头读取时间的记录，系统模拟人员在施工现场的行走轨迹查询（见图 8-8），通过行走轨迹可以考核工人及管理人员是否按照个人角色完成施工任务。

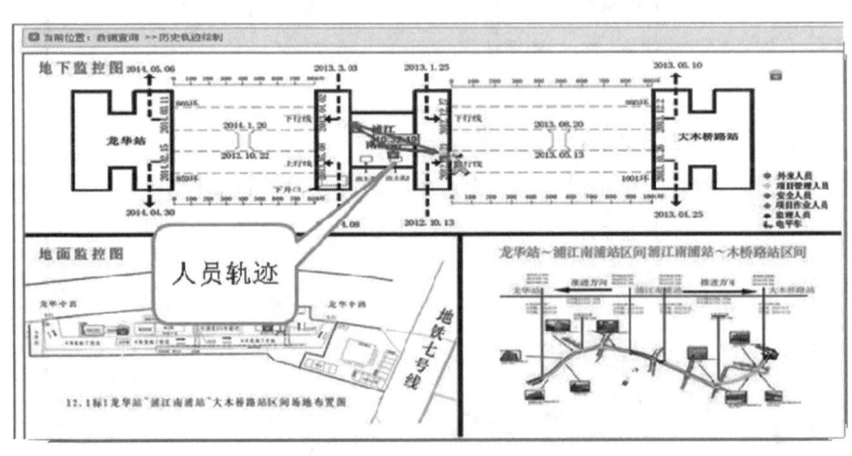

图 8-8 人员定位历史轨迹查询

② 考勤功能。系统记录进入施工现场及走出施工现场时间，

详细统计施工人员（包含作业人员及管理人员）的作业时间，生成考勤记录（见图 8-9）。这对于加强项目人员的管理提供了良好的统计依据，并且这对劳务人员的记录也提供了分包决算的依据。

图 8-9 人员月考勤历史记录

（8）数字化安全管理系统实现如下功能。

① 实时监控。通过数字化监控系统，实现了人员实时定位，为安全管理提供了便利。通过接收安全帽内射频信号，确定工人在井下的具体位置。在监控室中，通过逐步传送来的信息可以反映工人所在位置、工种、参加过安全教育和交底记录、进入施工区域时间和停留时间，其在井下移动过程可以通过读卡器的捕获，全方位跟踪其在井下行走轨迹。尤其是风险源施工位置，安全人员是否到位、工人是否进行过相关交底，均一目了然。

② 精细化人员管理。所有进场人员均经过基本信息的审查，安全教育、交底等信息均到位。对于在施工现场活动的人员可即时查询其各种信息，如：通过定位系统发现工人甲在盾构掘进面，

即可以对甲的相关信息进行查询，其工种是否应出现在该工作面，如果甲为电焊工则可查询工作面是否安排电焊施工、动火证及交底信息是否到位，如果信息出现问题则为安全隐患，立即安排安全管理人员对此问题进行处理。如此类推，数字化定位系统极大加强了人员管理能力，使无关人员、无交底人员等无法进入施工现场。

③ 矫正工作习惯。经过安全教育才能进场、佩戴安全帽出入下井门禁、实施安全讲评才能进场施工、实施安全交底才能进行相关作业，数字化系统开始应用以来，工作人员养成了良好的施工习惯。

2. 数字化管片系统

数字化管片芯片主要是对盾构施工信息进行实时输入及整理，对历史数据进行统计及分析，该工程的数字化质量管理主要是通过安装在管片上的芯片，将动态施工信息、质量信息录入芯片中，通过在控制终端将施工参数动态输入，可以时刻确保动态信息反馈和控制，实现对盾构施工信息的即时控制。

电子芯片固定在区间隧道管片内，以环为单位。施工人员现场手持机终端扫描芯片后进行信息输入，内容包括：环号、管片型号、施工日期、管片合格证信息、施工人员信息、整圆度及注浆量等。手持机信息输入后与监控中心的 PC 机终端进行同步处理，所有信息都可以在后台进行分析处理，形成统计分析。

（1）数字化管片管理系统实现目标：

① 工程施工生产质量管理信息化；

② 工程施工质量追溯性；

③ 实时掌握盾构施工动态；

④ 实现施工信息数字化分析功能。

(2) 数字化管片管理系统架构（见图 8-10）。

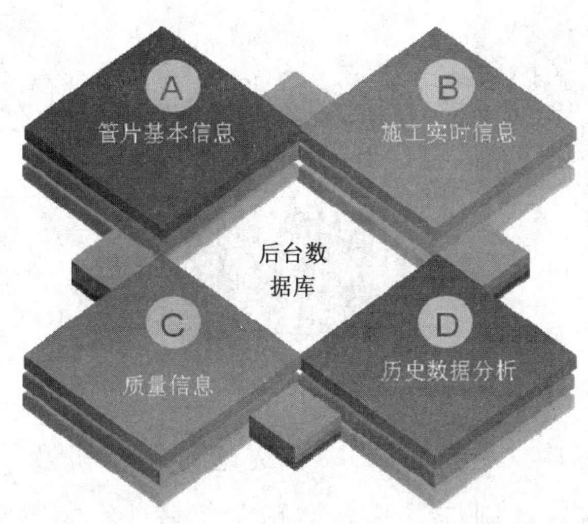

图 8-10　数字化管片管理系统架构图

其中：

① 基本信息包含型号、施工日期、管片生产厂商名称、管片生产日期、合格证编号等信息；

② 施工实时信息包含轴线信息、盾构姿态、管片间隙、注浆量、整圆度、施工人员等信息；

③ 质量信息包含渗漏水、管片碎裂等质量信息；

④ 历史数据分析是对质量信息与实时信息进行汇总分析，形成数据分析图及曲线，通过数据指导施工。

(3) 数字化管片管理系统使用流程（见图 8-11）。

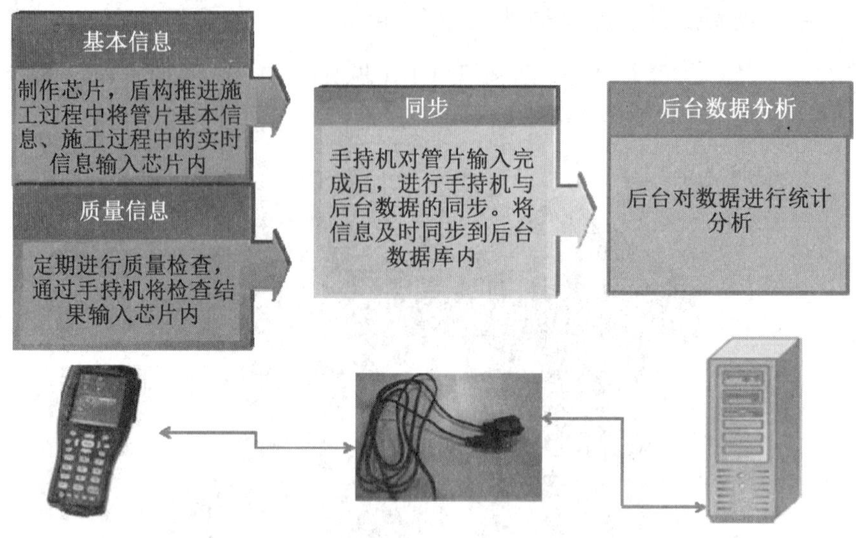

图 8-11 数字化管片管理系统使用流程

① 制作芯片（见图 8-12）。首先通过手持机及后台对管片基本信息进行输入，制作芯片，粘贴至管片上。每环施工结束后，对每环推进数据进行实时输入，盾构姿态信息数据、盾尾、切口、旋转、盾尾间隙等实时信息及时输入。

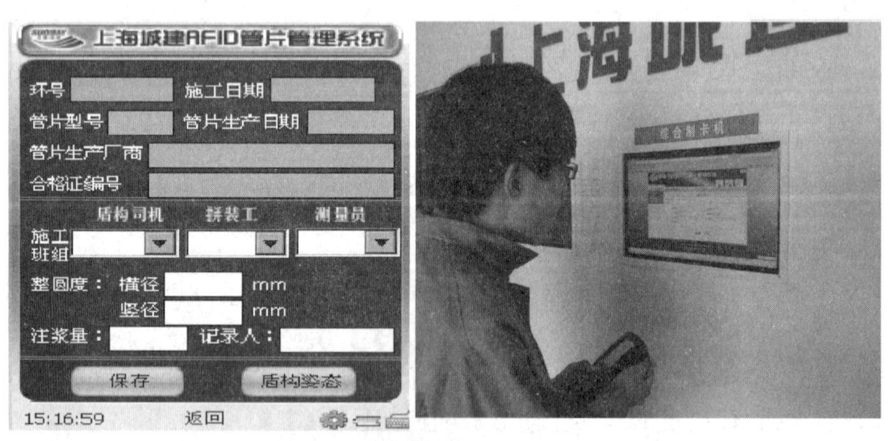

图 8-12 数字化管片芯片制作

② 管片推进质量检查。盾构施工完成后，后续对盾构施工质量进行检查并将检查数据输入管片芯片内。

管片的质量控制是将每环 6 块管片划分为小区域，施工完成后对每环管片进行质量检查，发现有问题的管片在问题区域标注，问题记录后进行分析，安排生产班组进行整改，完成后复查人员对整改质量进行评定，同时将评定结果和复查结果输入终端。质量检查主要分为管片碎裂检查及管片渗漏检查，质量检查信息为动态控制，周期性对隧道质量进行检查，确定检查人及整改人，对于整改后的信息进行检查复核，复核人及检查人信息同时记录在芯片内。

质量控制的所有数据都采用三级确认制度，即现场值班人员记录和检查、质量员复核和当班项目副经理确认三个环节。所有数据经当班经理确认作为数据输入后就无法更改，形成保存至芯片内的最终数据。

③ 数字分析。数字化管片管理系统收集了盾构施工第一手数据并保存为电子档，系统后台存储的数据完整地记录了盾构施工过程数据。后台将对盾构施工形成的数据进行统计分析，统计分析结果用来指导后续盾构推进施工。

例如：将工程地质信息输入系统中，同时将每一环位置标定至地质剖面图中。当管片出现连续碎裂或渗漏时，可以对该区间内各项施工参数进行分析比对（见图 8-13 至图 8-15）。

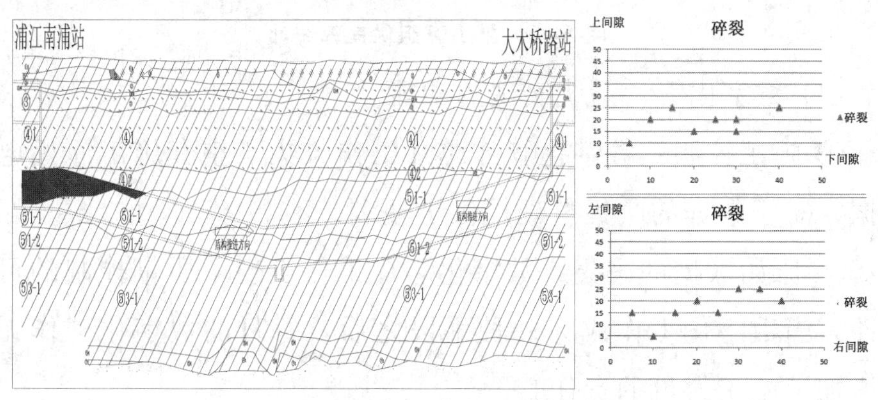

图 8-13　数字化管片芯片数值统计分析地质与渗漏水

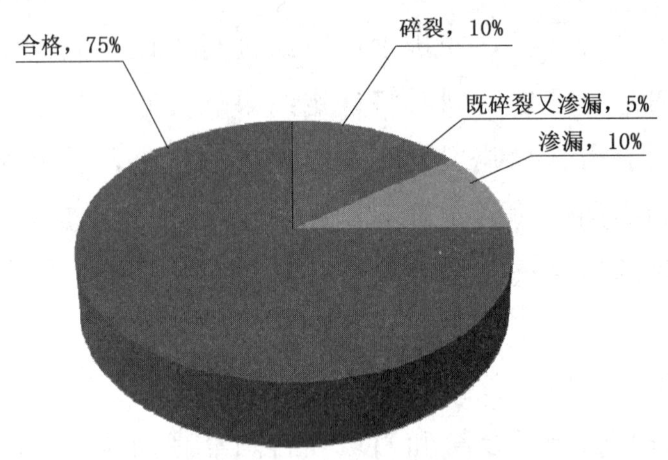

图 8-14　区段质量数据统计

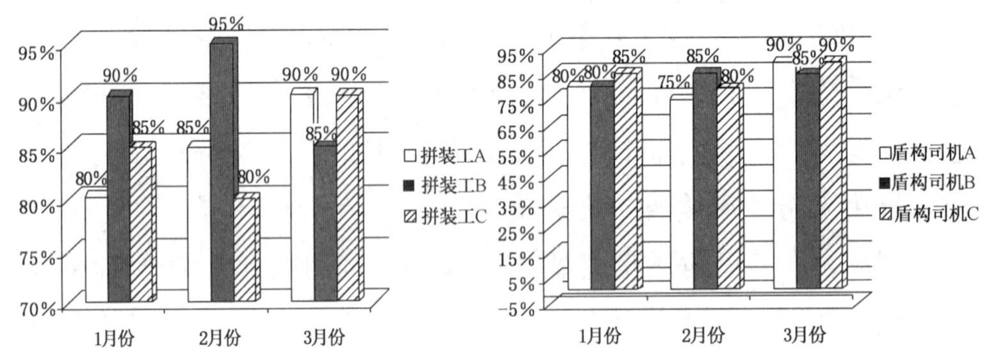

图 8-15　施工班组优良率统计

(4) 数字化管片系统实现的功能。

① 施工控制：数字化管片芯片工作收集了整套施工原始电子数据，对于数据的收集整理提供了便利。

② 原始数据的采集：数字化芯片工作实现了质量控制的可追溯性，当数字化工作成为一种手段之后，每日的数字化工作无形中增加了施工人员的责任心。

③ 数据分析：数字化工作采集了盾构施工的各种数据，相对

于传统报表模式，数字化的数据更便利地将不同数据联系在一起（如盾构姿态与管片碎裂及渗漏水等、间隙与碎裂），系统本身统计分析功能也可以形成各种曲线与分析图，指导实际施工。

3. 数字化物资管理系统

（1）数字化物资管理系统的组成。

公司物资管理系统主要包含材料管理系统和设备管理系统（见图 8-16）。

材料管理包括：材料进出场管理、材料使用管理、材料的质量管理。

设备管理包括：设备进出场管理、设备维护管理、设备检查。

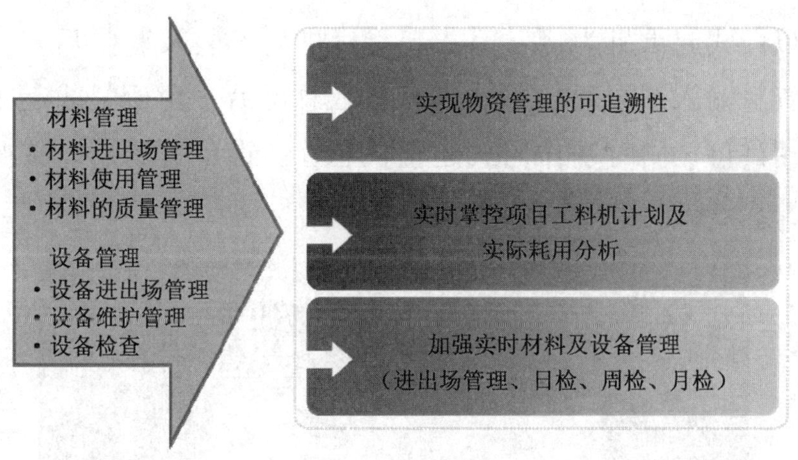

图 8-16　物资管理系统图

（2）数字化物资管理系统的使用流程。

物资管理系统实现方式与管片系统类似，将芯片固定在材料及设备上，通过手持机对材料及设备进行检查及记录实现物资管理数字化（见图 8-17）。

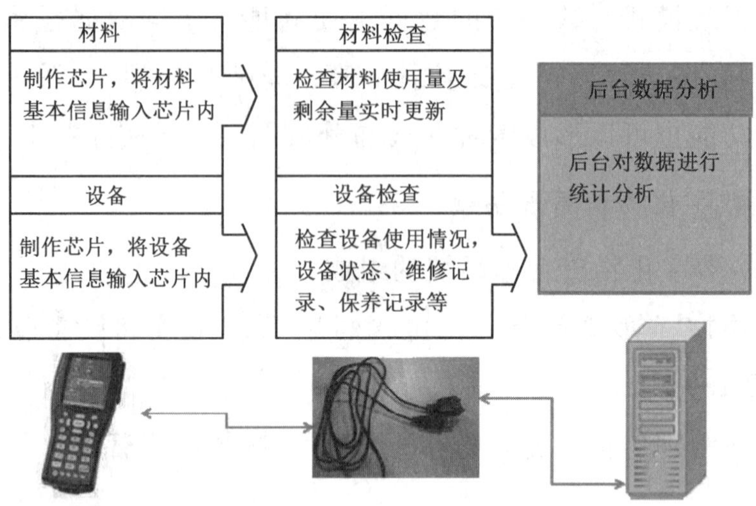

图 8-17 数字化物资系统使用流程

首先在材料及设备进场时进行验收工作，将所有验收信息通过系统后台制作芯片进行输入，然后将芯片固定在相关物资上。

以门式起重机为例：门式起重机进场安装及验收后，将相关验收资料输入系统后台中。当资料汇总至后，台后门式起重机获得使用许可，同时制作门式起重机芯片。设备进场后，按照设备管理要求进行日检、周检及月检（见图 8-18 至图 8-20）。

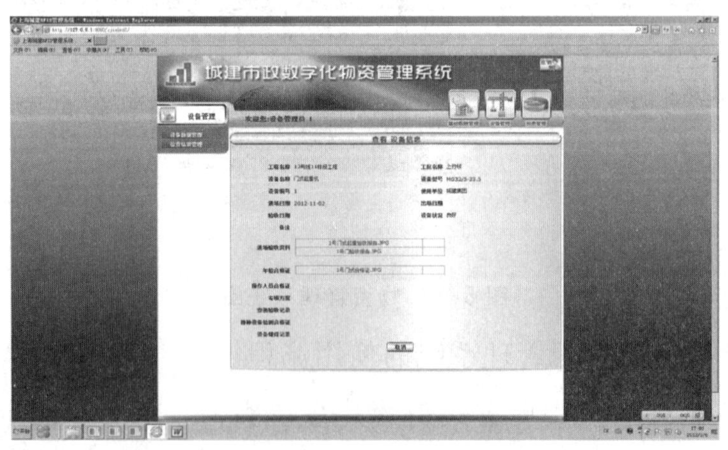

图 8-18 门式起重机进场验收

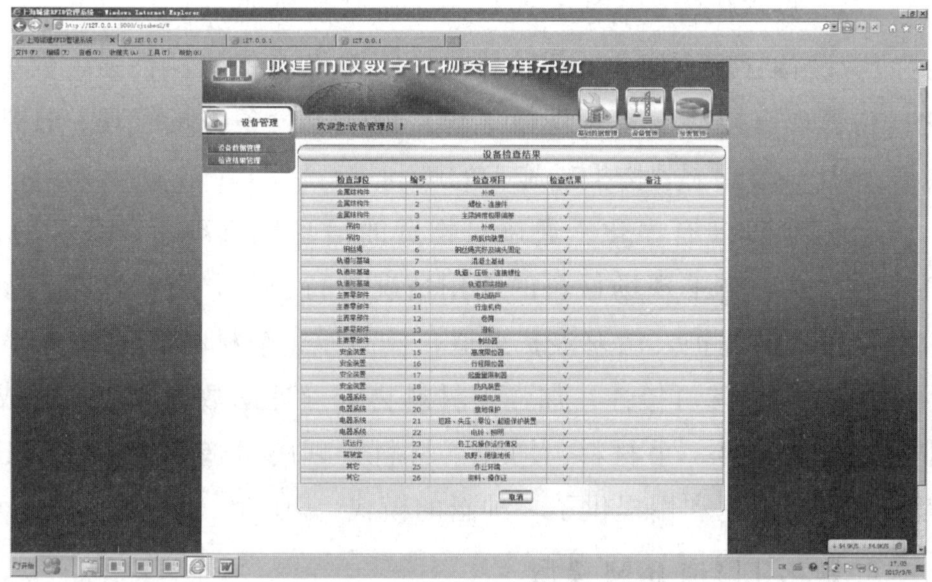

检查部位	编号	检查项目	检查结果	备注
金属结构件	1	外观	√	
金属结构件	2	螺栓、连接件	√	
金属结构件	3	主梁跨度极限偏差	√	
吊钩	4	外观	√	
吊钩	5	防脱钩装置	√	
钢丝绳	6	钢丝绳完好及端头固定	√	
轨道与基础	7	混凝土基础	√	
轨道与基础	8	轨道、压板、连接螺栓	√	
轨道与基础	9	轨道防滑措施	√	
主要零部件	10	电动葫芦	√	
主要零部件	11	行走机构	√	
主要零部件	12	卷筒	√	
主要零部件	13	滑轮	√	
主要零部件	14	制动器	√	
安全装置	15	高度限位器	√	
安全装置	16	行程限位器	√	
安全装置	17	起重量限制器	√	
安全装置	18	防风装置	√	
电器系统	19	绝缘电阻	√	
电器系统	20	接地保护	√	
电器系统	21	短路、失压、零位、超载保护装置	√	
电器系统	22	电铃、照明	√	
试运行	23	各工况操作运行情况	√	
驾驶室	24	视野、绝缘地板	√	
其它	25	作业环境	√	
其它	26	资料、操作证	√	

图 8-19 门式起重机月检信息

图 8-20 门式起重机现场检查

（3）数字化物资管理系统给施工带来的改变。

① 设备管理有序化。盾构推进施工对设备依赖性很强，数字化设备管理直接将设备管理模式化，加强了设备进场管理、日常保养管理，保证了盾构推进施工的顺利进行。

② 材料管理有序化。通过对物资的信息化管理，以系统的、科学的方式对施工现场材料的使用情况进行监控，减少库存，做好存储过程的养护，堵塞浪费渠道，提高原、辅材料的使用率。

③ 成本管理可控性。加强了材料物资管理的数据收集，为成本管理提供了第一手材料。增强了材料管理的可追溯性，对于工程材料的合理化利用提供了一种新的模式。

4. 数字化隧道 BIM 模型

在该现场通过 BIM 技术来建立隧道施工模型（见图 8-21），通过管片来关联相关的施工信息和检测数据，并在模型中用一种独特的形状表示出来。这样通过 BIM 模型就可以很方便地观察出目前隧道施工过程进行到的位置、检测点监测的信息、隧道施工过程中状况等，以便进行分析。同时施工过程的监控也为未来隧道健康运营奠定了基础。

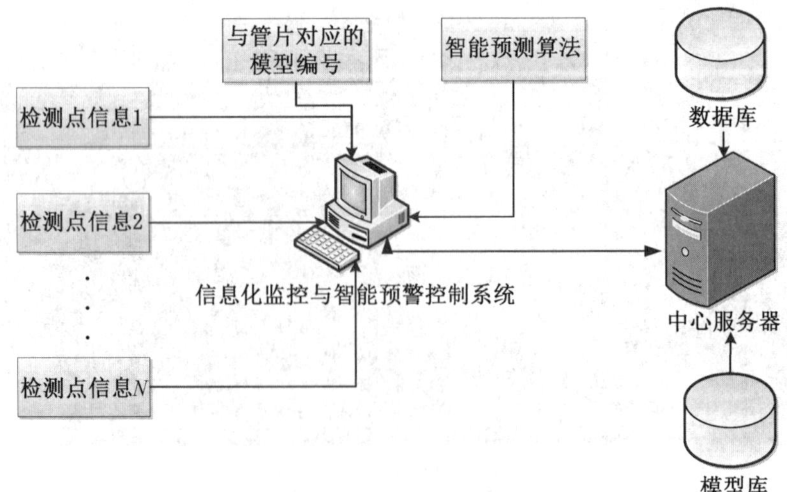

图 8-21　基于 BIM 隧道施工全过程的信息化监控和智能预警框图

四、数字化施工管理展望

数字化施工管理工作在上海轨道交通12号线11标的应用取得了初步的成功，公司在现有数字化管理系统基础上向混凝土预制件、PC建筑、地下开发等领域进行拓展。以下为公司在数字化施工管理中一些新的尝试及对未来的展望。

未来市政集团计划将现有“数字化管片管理系统”向前延伸至“隧道BIM模型建立”“管片生产管理系统”，向后将施工中的信息移交运营，为隧道后期维护管理提供便利，实现盾构隧道全生命周期管理（见图8-22）。

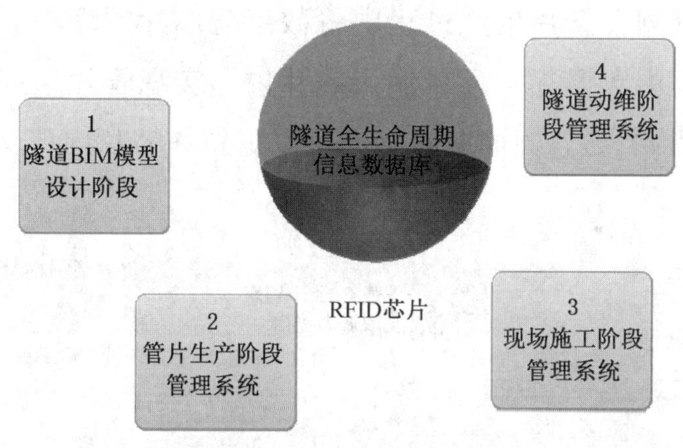

图8-22　数字化全生命周期

1. 隧道BIM模型设计（见图8-23）

根据设计情况、地质条件、隧道周边环境建立隧道BIM模型。通过模型对隧道进行模拟。

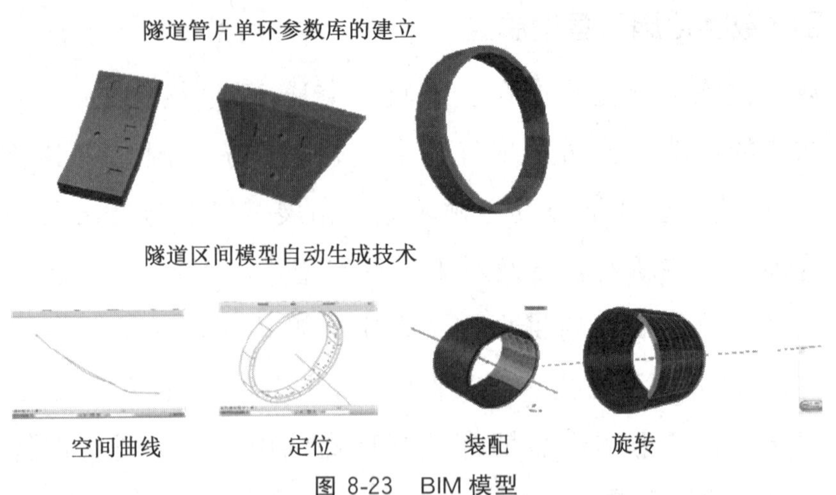

图 8-23 BIM 模型

2. 隧道管片生产信息管理系统

未来计划在管片生产过程中将数字化芯片预埋在管片中，管片生产过程中数据逐个环节输入芯片内，实现管片生产的数字化管理（见图 8-24），并同时将生产信息保留在芯片内移交盾构施工单位。

图 8-24 数字化管片生产管理

3. 管片施工管理信息系统

未来，管片施工管理信息系统将依托市政集团现有管片管理系统，引入 BIM 模型实现对数字化隧道的实时管理及实施监测（见图 8-25）。

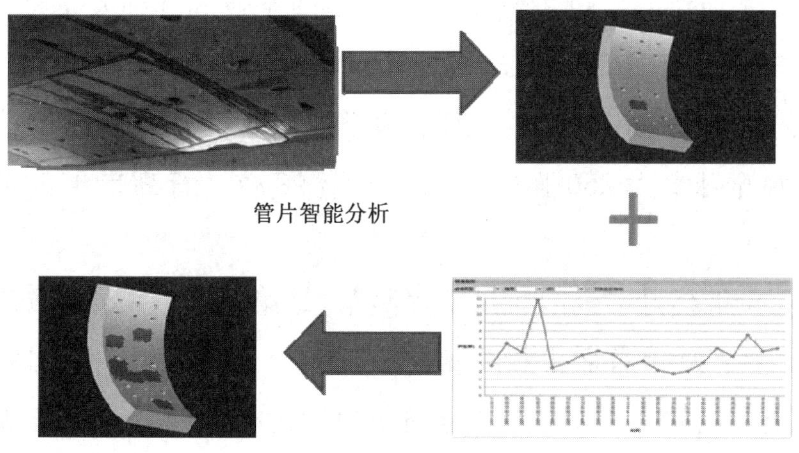

图 8-25 施工过程中的 BIM 模型分析

4. 工程移交

通过 BIM 建模、管片生产信息化记录、管片使用信息化记录，工程完工后建立了一套完整的信息管理系统，包含管片芯片内数据及后台系统数据。施工方将全套数据移交运营方，运营方在维护保养过程中可以调出施工数据，方便对隧道问题的治理。

第二节 精益生产方式在建筑施工现场中的应用

一、公司简介

青建集团股份公司（以下简称“青建集团”）是一家有着悠久历史的、国际化视野的、富有创新精神的、始终在战略引领下的公司。主要从事国内外工程项目建设与投资、地产开发、资本运营、设计咨询和现代物流等业务。

青建集团始建于 1952 年，是一家以建筑施工为主营业务的大型企业集团。是全国首批通过房屋建筑工程施工总承包特级资质的 15 家企业之一。已连续多年荣登中国企业 500 强及 ENR 全球最大 250 强国际承包商、青岛市十大企业排行榜。2014 年，位列中国企业 500 强第 261 位，列中国企业 500 强建筑企业第 20 位，列 ENR 全球最大 250 强国际承包商第 98 位，青岛市十大企业第 3 位。

2005 年获得“全国质量管理奖”，是第三家获奖的建筑企业；2012 年获青岛市首届市长质量奖。近年，公司获得“中国驰名商标”“全国优秀施工企业”“全国用户满意企业”等各类省级以上荣誉千余项。

青建拥有行业内山东省唯一、国内领先的国家级技术中心；设立了山东省建筑行业首家博士后科研工作站。承建了第 29 届奥运帆船中心、青岛市机关办公楼等标志性建筑和重点工程，荣获中国建筑工程质量最高奖“鲁班奖”18 项，“国家优质工程奖”7 项，“詹天佑奖”5 项，全国用户满意工程 20 项，省部级以上工程奖 200 余项。

青建海外三十余载，市场遍布东南亚、中东、非洲、大洋洲等 30 多个国家和地区。

二、精益生产方式的理论框架

1. 提出的背景

(1) 精益生产的概念。精益生产方式是继单件生产方式和大量生产方式之后日本丰田汽车公司诞生的全新生产方式。精益的“精”就是指更少的投入，而“益”指更多的产出。

精益生产的核心是消除一切无效劳动和浪费，它把目标确定在尽善尽美上，通过不断地降低成本、提高质量、增强生产灵活性、实现无废品和零库存等手段，确保企业在市场竞争中的优势，同时，精益生产把责任下放到组织结构的各个层次，采用小组工作法，充分调动全体职工的积极性和聪明才智，把缺陷和浪费及时地消灭在每一个岗位。精益生产方式的优越性不仅体现在生产制造系统，同样也体现在产品开发、协作配套、营销网络及经营管理等各个方面。

（2）精益生产在建筑施工中应用的意义。公司以往建筑施工管理过程中存在操作随意、管理粗放等情况，粗放的管理带来了质量安全隐患、成本的浪费、环境的污染等系列问题。随着社会的发展，特别是人口红利的消失，公司逐步向着精细管理、环境友好方向转型。通过引入精益生产的标准化、看板管理、防错系统等各种管理手段，从管理上转变施工现场的行为习惯，从而打造目标明确、质量领先、安全环保、成本节约的建筑施工过程管理精品。

（3）公司在精益生产的基础。公司构建了“以项目管理规划为先导（加强项目实施计划与控制），以优化项目管理模式为载体（优化管理资源配置），以项目连续审计为手段（加强过程风险监控），以内部定额为基准（实施成本控制标准化），以信息化建设为支撑（以项目管理信息系统集成项目全过程管理），狠抓绩效考核体系建设（实行目标责任激励）”的项目精细化管理六大工程，努力提升创造价值的能力。

2. 理论框架

从领导、战略、顾客与市场、资源、过程管理及测量分析与改进出发，以精益生产贯穿为手段，以全面信息化为保障，通过自上而下的战略目标的分解传承，自下而上的运营监控反馈，全面管控项目策划、质量、安全、进度、成本管理等的项目管理全过程（见图 8-26）。

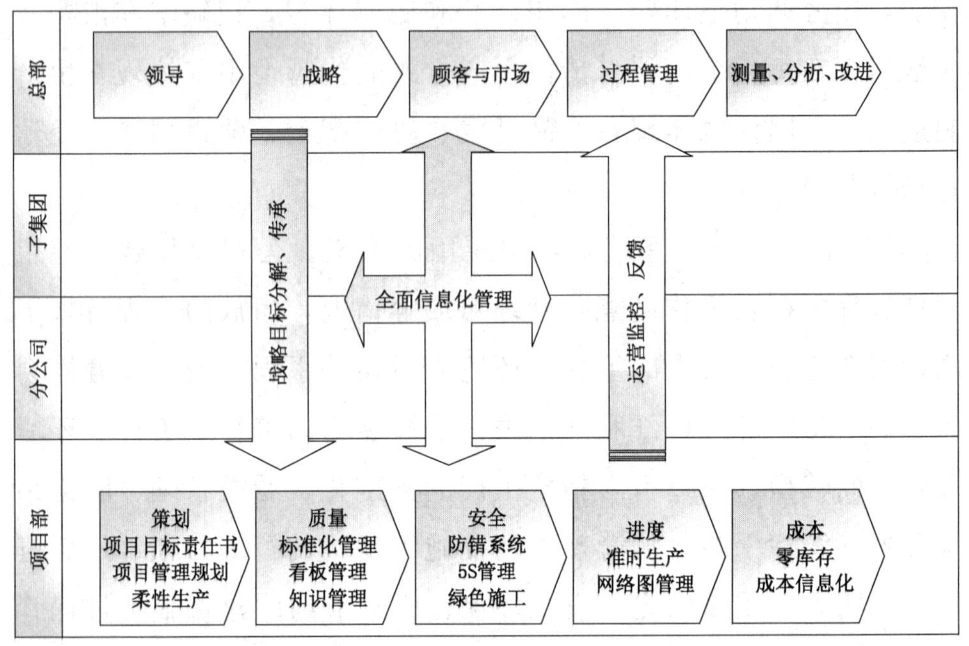

图 8-26　建筑施工精益生产框架图

3. 推进要素

（1）领导重视。精益生产的推进过程中首先体现出了领导重视，在推进过程中，高层领导经常深入施工现场进行调研与评估分析，根据公司发展需求与现场实际情况，提出明确的责任和指标要求。

（2）传承战略。战略始于文化，用企业文化长廊的形式，使员工耳濡目染，规范施工现场的视觉识别系统，提高企业文化的认同感。利用“平衡计分卡”和“目标责任书”两套目标分解体系，保证集团的战略传承，一切工作围绕战略的执行。

（3）组织保证。以“总部、子集团、分公司、项目部”四级管控为基本管控模式，形成了“CEO—子集团总裁—分公司总经理—项目经理”四级授权机制，项目经理部在项目运作的基本事项上有充分自主权，以精益生产管理贯穿项目管理各阶段，推进项目经理部发展成为集团的形象之窗、品牌之基、利润之源、人才之本。

(4) 员工素质。完善了教育培训机制、内训师机制，建立并长期监控“员工职业生涯规划卡”。特别是以公司的管理学院和高层管理培训学院为依托，建立分层级的培训和考评，激发了员工干事创业的热情，打造了学习型团队，不断提高员工满足岗位需要的管理技能和素质。公司的博士后流动站，6 年来，培养了5 名出站博士，承担了7 个国家级科研项目，累计转化经济效益 6 000 万元，获中国博士后基金一等奖 1 项，中国博士后基金二等奖 1 项，通过建设部验收的软科学研究项目 1 项。

三、精益生产方式在建筑施工中应用的实施

公司作为中国质量协会第一批建筑业现场管理星级评价试点企业，率先在建筑施工中推进精益生产方式，形成了企业内部特有的精益生产方式的实践方法及一系列的经验。

1. 系统实施策划

(1) 柔性生产。项目经理部是在矩阵式管理架构下成立的临时性组织，其运作主要通过以下几个方面来体现：首先，组织机构方面。随着工程的承接，根据工程的特点，从专业能力、个人特点、工程规模的需要来组建项目部，并选择合适的劳务分包单位（人），使组织机构上灵活地保证了柔性生产的前提。其次，供应链方面，根据工程的规模及已有施工图预算，组织“合格供方目录”内的材料、机械、劳务供方进行报价，并进行评比，然后

在ERP系统内发布公开招标信息。根据供方报价评比，确定供应商。确保工程从招标至资源到位，在不超过15天时间内完成；遇有特殊情况，可在48 h内完成资源配置。能够实现快速换型(SMED)，公司能够根据工程类型、规模及合同需求，快速组织专业团队，转换生产管理方式，内部高效的流程及决策确保组织、资金、供应链的及时就位。

(2) 工业生产布局。在投标阶段派专业工程师现场查勘，并记录声像资料，根据设计文件要求及现场实际情况，以充分利用现有资源为出发点，按照人体工学原理，研究气候和自然地势，充分考虑安全生产文明施工要求，绘制“施工现场平面布置图”，内容涵盖将现场的分阶段的办公生活设施布置、各大型机具的布置、临时用水用电布置、物料存放加工区域布置进行规划，布局中充分利用U型布局和单元设计，提前预控。项目部进场前再次进行细部调整，并报公司工程管理部门备案，形成过程控制及追溯机制，为以后的工程开展提供相关经验数据支持。

(3) 项目管理规划，指导项目全过程实施。集团公司实施项目“精细化管理”，每个项目在开工之前编制《项目管理实施规划》，对工程项目的“质量、安全、进度、成本”等进行全面策划，分“设计、过程控制和实施、评价分析和改进、过程保持”五步进行全面策划，规划形成后经专家组评审后，在项目全过程中严格按此实施，集团公司内审机构实现连续测量纠偏，保证实施有效。

(4) 项目目标责任书，目标分解到个人。根据集团公司战略总目标，按照“总部、子集团、分公司、项目部”四级管理模式，逐级签订《工程项目管理目标责任书》，建立了完整的目标传递体系。进行量化考核，分层授权，目标责任到人，并建立了分阶段即时考核兑现机制，大大提高了项目部的管理积极性和责任感。

2. 创新质量管理

(1) 现场管理全面采用标准化管理。现场标识、平面布置、材料堆放等按集团现场管理标准统一布置，实现定置化、标准化管理。施工合同、项目管理规划等重要文件的审批均按标准流程网上审批；现场分部、分项工程施工全面实现流程化管理、标准化作业。

(2) 看板管理。实现三阶段控制，并将“十二牌两图”明示张贴于现场大门口，材料半成品状态标识牌、施工材料领用单制度，过程中的工序交接单制度、隐蔽工程报验制度，现场的完工产品检查标识制度。借鉴工业生产的“首签责任”，对工序交接中出现的问题做到相互监督为主要手段，以看板为手段做好质量溯源，现场生产中积极采用过程能力指数评价，以过程能力评价班组及供方供应能力的水平。

(3) QC 活动持续开展，推动现场管理。集团公司鼓励项目部积极开展群众性质量管理活动，全员参与，全过程活动，公司对优秀成果给予奖励。通过开展 QC 活动，完成了多项技术课题攻关。公司共有数十个小组获全国优秀质量管理小组，既解决了现场实际问题，又提高了现场管理水平，推动了精益生产与建筑施工的融合。

(4) 推广应用新技术，实现绿色施工。工程施工中推广应用“建筑业十项新技术”，现场研究成果多项获国家级科技成果奖项，2013 年 4 个现场获“山东省新技术应用示范工程”，并有 1 个现场获“全国建筑业新技术应用示范工程”。现场大力开展“节水、节电、节地、节材和创建环保型”工地活动，将“四节一环保”

创建落到实处、见到实效。

3. 严格安全管理

（1）5S管理。现场通过5S管理，重新整理现场各生产工具和生产资料，根据其常用和可用程度进行分类保管，清除废置机械、过期失效无用材料，安排专人保持生产场地、办公区、生活区清洁，排查各安全隐患源并及时做好防护，将5S制度贯彻至各级操作、管理人员，并严格考核。比较典型的就是通过现场标准化安全文明施工管理，有效地实现了现场场地整洁，操作安全，生活方便。钢筋堆放区域，根据不同的钢筋型号、直径、使用状态、常用程度等，设置专业区域，使用专门工具，分类堆放、整理，方便取用、防止差错，使正确工作成为习惯。

（2）全员生产维护。钢筋加工机械、起重吊装设备，周转机具的维护，公司职能部门、项目部各管理人员、现场实施人员均在生产维护方面负有相关责任。在项目管理规划阶段即进行全员生产维护实施细则的分解，规定项目班子各成员在全员生产维护中的责任、权利和义务。建立设备故障联动机制，将设备故障状况分为三级，三级为现场可修复故障，二级为专业技术人员可修复故障，一级为机械设备维修单位可修复故障。保持生产维护畅通的联络汇报渠道，内部形成设备操作人—材料设备管理员—项目经理三级汇报机制，外部建立材料设备管理员—专业维修队伍—机械租赁方三级联动机制。项目实施阶段，建立各岗位人员生产维护责任制，明确岗位责任，规定项目各责任人随时检查设备运行状况，如塔吊司机在每天上班时检查塔吊标准节固定螺栓的坚固情况，并随身携带扳手，发现不紧固的情况随时进行紧固，在交接班时对检查情况同时进行交接，发现二级以上故障状况随时上报。电工随时巡视塔吊电气运行情况并进行三级故障的排除，作好维护记录台账。材料设备管理员每周两次进行维护记录台账的检查，并于每周生产总结会上向项目经理汇报设备运行状况，出现一级设备故障随时向项目经理汇报。项目岗位责任以月度考核绩效为评价标准，加强全员生产维护的贯彻力度。项目结算阶段以全员生产维护在设备维护中的各种故障排除的及时率、外部维护费用的高低进行项目责任考核资金的兑现。

(3) 防错系统（POKE-YOKE)。在项目质量、安全管理中，积极改进工装。如在抹灰中实现阳角直角的工装，通过改进利用水平仪设置伸缩调节杆装置，实现阳角垂直方正零差错。安全防护方面，通过标准化定型防护工具的使用，在楼层临边等危险位置设置 1. 2 m 以上定型防护栏杆，防止高空坠落的发生。栏杆下部 30 cm 设置高踢脚板防止物体打击事故发生，各种传动装置处强制设置防护罩，避免出现机械伤人。通过这些防错手段的实施，较好地提高了现场质量控制及安全管理水平，防错系统较好地保护了生命安全，提升生产过程安全控制水平。

4. 科学进度管理

(1) 准时生产。根据业主所发招标文件组织各层次专业团队，出具“工程实施预评估报告”，对进度、质量、安全、成本方面出具合理性评估，利用 KANO 模型来分析质量功能及相关成本的所属区域，为决策层提供决策依据。

(2) 网络图。据此配置人、财、物力资源，编制总进度计划“双代号时标”网络图，网络图中将总工期提取为若干个关键控制点，以“里程碑”的方式来分解总目标，并保证准时生产的完成。项目部根据工程合同、图纸、施工材料、机具、劳力组织等诸因素编制进度计划。施工期间，各种因素的变动都可能影响进度计划的实施。现场管理中采用双代号时标网络图和横道图，时刻关注“前锋线”对工程工期实时监控预警、动态管理，以保证关键线路工期目标的实现。

5. 精细成本管理

(1)“成本线”管理。构建以项目成本管理为主线，以项目管理业务为流程，以标准化、集约化、精细化管理为手段的成本线管理模式，明确各层级、各体系、各岗位成本管理的职责和权限。全面推行按特定事项进行的成本分析：成本盈亏异常分析、质量成本分析、安全成本分析、工期成本分析、资金成本分析等，及时发现、分析和解决问题，为经营管理服务。

(2)“零库存”生产。现场仅设置材料周转仓库，对来料进行48 h以内的存放。要求项目部施工、材料、商务人员联动，将材料计划进行分解，要求提前48 h提报材料计划，通过合同约束机制要求材料供应商就近“建库租库”，保证运输及装卸总时间小于12 h，供应商的物流车辆也是现场材料库的组成部分。力求现场材料零库存，减少资金在物流中的占用。

6. 全面信息化管理

公司建立以生产管理系统为核心的全面信息化管理系统，并逐步展开延伸，最终实现系统协同集成与信息资源整合和综合应用。设立信息中心作为信息化建设的统筹管理部门，并成立跨部门领导小组，整合内外部的业务、技术专家资源组成实施团队，制定了实施总计划及资源调配规划，并按照“总体规划，分步实施”的原则，用一年的时间基本实现了项目精益生产管理的信息化应用。

建筑施工精益生产管理系统的基本原理就是通过项目管理信息化系统，构建精益生产各流程间的信息化逻辑，将之整合到统一的信息化管理平台。主要包括：一个信息化核心处理模块，即项目管理信息系统；四个信息管理循环，即项目管理规划管理信息循环、连续审计管理信息循环、绩效考核管理信息循环和内部定额管理信息循环；一个信息管理终端，即项目管理模式信息管理终端。通过信息化平台，实现集中采购、资源共享、物资管控，优化项目资源及组织构架。进一步打通公司管理各环节，实现数据采集实时化、信息共享化、分析自动化、决策智能化。2011 年，公司的项目管理信息系统在住建部特级资质信息化现场第一批考评中获得第一名。同年，该系统获得国家计算机软件著作权。

7. 运营监控及反馈

全程跟踪，制度跟进。在推进全过程中，各相关部门“全程跟踪，落实跟进”，实行分阶段的评价、分析和改进，项目部实施周例会，分公司实时指导项目部精益生产的改进活动。修订《工程项目创优管理规定》，加入了“精益生产”的奖惩内容，提高了项目部开展“精益生产”的积极性。

标准化文件，固化知识。集团公司每年将改进成果、合理化建议，归纳总结。形成《企业工法》《企业技术标准》《企业图集》及管理创新成果，发布到企业信息化平台“知识共享”板块，将已有知识标准化，便于内部推广。

改进与创新。对精益生产推进中存在问题和经验及时总结，修订公司管理整体的流程、制度，并根据项目部、业主、社会等相关方反馈，不断修订制度。

四、取得的效益及改进方向

在中国质量协会全国现场管理星级评价活动中，获评中国质量协会建筑施工五星级现场2个，四星级现场4个，并参加《企业现场管理准则》(GB/T 29590—2013)的编制工作。

自2010年精益生产方式在建筑施工中应用以来，项目管理水平获得提高，明显降低了项目管理成本，进一步拓宽了项目盈利空间。2011年至2013年，公司的项目平均利润率(毛利率)逐年上升，年均利润率增长幅度为6.91%，三年累计创造效益1221万元。

项目管理规划实施率由实施前的67%提升为100%；指标分解率由实施前的59%提升为91%；计划预警总数超过10000次，为及时有效地分析和判断滞后原因，采取相应的管理措施进行修正提供了有力的支持。

项目连续审计覆盖率由实施前的32%提升为82%；单项目审计平均时长由实施前的3个月缩短为1个月；单项目平均审计整改时间由实施前的1个月缩短为1个星期。

项目考核覆盖率由实施前的52%提升为100%；单项目平均绩效考核兑现时长由实施前的6个月缩短为1个月；亏损项目由实施前的5%降低为1%。

内部定额更新频率由实施前的每两年1次提升为每年1次；内部定额使用率由实施前的34%提升为100%，通过实施项目标价分离，对主要材料进行集中招标采购以降低采购成本。2012年经招标采购的物资共计15亿元，材料成本比市场价格降低1%～2%，比业主批价平均降低2%～5%。其中，商砼价格较市场价有较大幅度降低，平均约降低2%～3%，安装材料比市场价低

10％以上，为项目带来效益。项目部通过编制与实施项目管理规划、优化施工方案，使钢筋 2％的定额消耗率降低为 1.5％～1.8％，内部定额的准确率及指导作用得到极大的加强，大大节约了项目成本。

参考文献

[1] 齐宝库. 工程项目管理 [M]. 大连：大连理工大学出版社，2012.

[2] 仲景冰，王红兵等. 工程项目管理 [M]. 北京：北京大学出版社，2012.

[3] 全国一级建造师职业资格考试用书编写委员会. 建设工程项目管理 [M]. 北京：中国建筑工业出版社，2011.

[4] 何伯森. 工程项目管理的国际惯例 [M]. 北京：中国建筑工业出版社，2007.

[5] 孙科柳，李京静. 生产现场管理实操手册 [M]. 北京：中国电力出版社，2012.

[6] （美）柯克帕特里克. 如何做好培训评估：柯氏四级评估法 [M]. 奚卫华等，译. 北京：机械工业出版社，2007.

[7] 覃爱民，夏松，杨波. 施工现场“5S”管理的执行标准及评价研究 [J]. 河南城建学院学报，2014 (5).

[8] 顾勇新. 施工项目质量控制 [M]. 北京：中国建筑工业出版社，2003.

[9] 陈宝江. 质量管理与工程 [M]. 北京：北京大学出版社，2009.

[10] 《建设工程项目管理规范》编写委员会. 建设工程项目管理规范实施手册（第二版）[M]. 北京：中国建筑工业出版社，2006.

［11］　马军海，陈艾荣. QFD 方法在桥梁工程中的应用［J］. 上海公路，2007（2）.

［12］　工程建设项目管理培训教材编委会. 工程建设项目管理培训教材［M］. 北京：北京图书馆出版社，2004.

［13］　张杰. 风险评估和失效数据分析技术及在丙烯腈装置的应用［D］. 杭州：浙江大学，2012.

［14］　中国建筑业协会.《工程建设施工企业质量管理规范》实施指南［M］. 北京：中国建筑工业出版社，2008.

［15］　中国质量协会.《企业现场管理准则》标准解读［M］. 北京：中国质检出版社　中国标准出版社，2013.

［16］　吴涛.《项目管理创新发展与建筑业转变发展方式》［M］. 北京：中国建筑工业出版社，2013.